香港

新思維

從**亞洲都會**到**世界都會**

王春新 著

香港新思維——從亞洲都會到世界都會

作　　者：王春新

責任編輯：黃振威

封面設計：趙穎珊

出　　版：商務印書館（香港）有限公司
　　　　　香港筲箕灣耀興道 3 號東滙廣場 8 樓
　　　　　http://www.commercialpress.com.hk

發　　行：香港聯合書刊物流有限公司
　　　　　香港新界大埔汀麗路 36 號中華商務印刷大廈 3 字樓

印　　刷：美雅印刷製本有限公司
　　　　　九龍觀塘榮業街 6 號海濱工業大廈 4 樓 A 室

版　　次：2018 年 11 月第 1 版第 2 次印刷
　　　　　© 2018 商務印書館（香港）有限公司
　　　　　ISBN 978 962 07 5802 7
　　　　　Printed in Hong Kong

目　錄

導　言

超　級　滯　脹

── 揭 開 香 港 問 題 之 謎

　　記得 2004 年初，筆者到特區政府中央政策組上班不久，因負有協助推動香港與內地合作之責，立即提槍備馬，跟隨時任政務司司長曾蔭權等主理粵港合作的政府官員，一同到廣東考察和商談。在考察路上，筆者明確告訴曾先生及政府同事，廣東 2003 年統計數字雖未公佈，但據本人推算，該省 GDP 總量已超過香港！曾先生在震驚之餘，表示廣東崛起之迅速，實在令人難以置信。到了 2017 年，當深圳這個 40 年前由香港帶起發展的小兄弟，經濟總量也毫不費勁趕上並超越香港時，不少有識人士震驚更甚。

　　香港市民不禁要問：「香港是否真的衰落了？」

　　對香港衰落的擔憂，體現在經濟層面，是增長速度急劇放緩。在 1988-2017 年這 30 年祖國內地強勢崛起的黃金時代，本港 GDP 每年平均增速不足 4%，而且是長年拾階而下，欲振難興。期間又可分為三個時段：回歸之前 10 年（1988-1997 年），趨勢增長率雖達到 5%，但已

大大低於 1978-1987 年的平均增長 8.6%；中間 10 年（1998-2007 年）的趨勢增長率再下一個台階，平均每年只上升 3.9%；最近 10 年（2008-2017 年）的趨勢增長率進一步降至 2.7%，是香港有 GDP 統計以來增長最緩慢的時期。

反觀深圳，過去 30 年 GDP 保持年均 17.6% 的超高成長率，增速是同期香港的 4.5 倍。或者有人反駁說深圳是從無到有，早年基數較低，因而難以比較，但即使在經濟總量逐步追平香港的最近 10 年，深圳經濟仍以年均 10.1% 高速成長，增速仍是香港的 3.7 倍。再說新加坡，該國在九十年代人均 GDP 與香港不相上下，但由於發展速度較香港為快，到 2017 年人均 GDP 攀升至 58,000 美元，名列全球第 8 位，大大高於人均 GDP 46,000 美元、排在全球第 16 位的香港。

對香港衰落的擔憂，體現在社會層面，是居住條件不斷惡化，貧富更加懸殊，收入增長緩慢，退保嚴重不足，人口老化嚴重，年輕人缺少出路。以住房為例，過去 30 年，即在整整一代人（港人首次結婚的年齡中位數是 30.4 歲）的時間內，本港私人住宅價格勁升 11.7 倍，惟人均 GDP 只增加 4.1 倍。假如市民收入用於購房支出的比例不變，那麼上一代人平均能買到 700 呎的普通住房，這一代人卻只能買到 280 呎的迷你單位，這也是目前市場上大量出現 200-300 呎納米單位的根源所在。由於房價早已超出本港絕大多數普通家庭的購買能力，越來越多市民眼看着直飛上天、高不可攀的樓價，只能望樓興歎了。

再以收入分配為例，據政府統計，2016 年本港衡量收入差距的堅尼系數高達 0.539，是世界上收入分配最不平等的經濟體之一，這還不包括完全歸邊的資產收益。若加上房地產，堅尼系數應高達 0.7，絕對算是世界第一。這說明了本港面對的諸多社會問題比經濟問題更為嚴峻，也更難解決。

正因如此，在香港，但凡正常人都會明白，發展經濟和改善民生是永恆的主題，也是大眾市民的共同心願。過去 20 多年各式各樣民調中市民最關注經濟和民生兩大議題的合計比率，長期高於 80% 以上，顯示經濟民生一直是港人最關注的事項，遠超政治和選舉等議題。然而，經濟民生難題遲遲未能解決，有些方面還進一步惡化，大有積重難返之勢。那麼，問題究竟出在哪裏？

倘若我們啟動新思維，靜心尋根究底，就可以發現，引發香港衰落之憂的因素固多，但最根本的原因，是香港自上世紀八十年代中開始，在港英當局自由放任和積極不干預的幌子下，悄悄地從真正創造奇蹟的實體經濟，迅速滑向由樓市泡沫主導的虛擬經濟，最終墜入「超級滯脹」之陷阱而難以自拔，嚴重阻礙生產力的發揮和提升。這是香港問題的癥結所在，也是從全局角度去理清和化解香港深層次矛盾的一把鑰匙。

在此，有必要先介紹一下何謂「滯脹」。在歐美經濟學理論中，「滯脹」乃停滯性通貨膨脹（Stagflation）的簡稱，特指經濟停滯（Stagnation）與高通貨膨脹（Inflation）同時存在的經濟現象。其實太陽底下無新鮮事，上世紀六十年代滯脹的幽靈就在歐美國家的空中漂蕩着，但最典型的滯脹發生在 1973-1982 年這段時間，西方七國（G7）經濟增長普遍處於停滯狀態，然而貨幣供應量卻大幅增加，且大大超過經濟升幅，加上石油價格狂漲等特殊因素，使溫和的物價上升轉變為嚴重的乃至惡性通脹，從而形成低經濟增長率、高通脹率和高失業率並存的滯脹局面。

從本質上講，滯脹是西方諸國、尤其是美國從產業資本主義轉向金融資本主義過程中的制度失衡在經濟上的具體表現，但不幸被歸結為實行凱恩斯主義式的政府干預造成的惡果，卻沒有從制度層面進行

深刻反思。幸好進入八十代後，滯脹被以資訊科技為核心的新一輪技術革命所消弭。

但在八十年代的香港，滯脹卻只是一棵剛剛冒頭的青苗，形成滯脹的路線圖也與西方國家有大的不同：一方面，西方國家的滯脹是由超發貨幣引起的，香港則是從放任炒樓開始、由樓價急升引發高通脹而生成的，是如假包換的「香港製造」。當然，香港由於實行聯繫匯率制，沒有獨立的貨幣政策，由放任炒樓引起的貨幣超量投放也起了推波助瀾作用。另一方面，西方國家的滯脹僅限於經濟領域，高失業率也屬於經濟範疇，可看成是滯脹的結果；香港卻是從橫跨經濟、民生兩大範疇的房地產領域開始，進而導致社會各個領域全面捲入滯脹漩渦，故此我們把這一現象統稱為「超級滯脹」(Stagflation Plus)。

在本章以下各段，我們不妨再來觀察香港「超級滯脹」的具體表現：

第一，在經濟領域，所謂的「滯」，是如上所述的實質經濟增長急速放緩，雖然並非零增長，但增長率跌至低水平，也是停滯不前的表現；所謂的「脹」，則是指經濟泡沫不斷膨脹，例如在 1988 年，本港經濟總量接近 600 億美元，人均 GDP 剛好超過 10,000 美元，但只用了五年，到 1993 年經濟總量迅速增至 1200 億美元，人均 GDP 達到 20,000 美元，兩者均比 1998 年增加一倍。然而在這五年裏，本港 GDP 實質增幅只有 37.4%，人均 GDP 實質增幅更不到 30%，說明 GDP 增量中超過 60% 是由價格上漲帶來的虛擬泡沫，人均 GDP 增量中更有 70% 是虛增的泡沫。到 2007 年，本港人均 GDP 再攀上 30,000 美元新台階，前後用了 14 年，期間人均實質 GDP 只上升 47.7%。儘管樓價在亞洲金融風暴時驚現崩潰式調整，但隨後迅速反彈，這個時期新增的 10,000 美元中，仍有超過一半是由通脹上升帶來的。在剛過去的五年，香港名義 GDP 一共增加 30.8%，但實質 GDP 共增加 15%，期間

增加的約 800 億美元經濟總量中，也有一半以上是由通脹造成的。

在短短 30 間，香港名義本地生產總值已從 1987 年的 500 億美元，猛增到 2017 年的 3,400 多億美元，期間共增加 6.8 倍，但以環比物量計算的實質 GDP 只增加 2.1 倍，説明本港經濟增量中有 54% 是由通脹帶來的。與此同時，香港人均 GDP 也由 1987 年的約 9,000 美元，增加到 2017 年的 46,000 美元，名義上暴增逾 5 倍，但實際上只增加 1.3 倍，期間增加的 37,000 萬美元名義收入，超過一半是高通脹的成果。由此可見，過去 30 年香港經濟虛擬泡沫之大、通脹升幅之高，在發達經濟體中是極為罕見的，儘管期間遭受多次金融危機的衝擊，仍無礙由資產泡沫帶動的整體通脹一路高歌猛進，迭創新高。

第二，在社會民生領域，滯脹的表現似乎更加精彩紛陳。其中，房地產領域的滯脹最為典型：一方面是樓價「脹」到了極致，過去 30 年本港私人住宅價格飆升了逾 10 倍，2018 年 3 月樓價與 1997 年高峯期相比還要高出 1 倍有餘；另一方面，居住條件則「滯」到極點，本港人均居住面積不升反降，越來越多人申請公屋，甚至住進條件極差的劏房。與此同時，儘管樓價連年飛升，但據筆者按照聯合國 SNA 核算標準粗略計算，發現本港房地產及相關行業創造的增加值不增反減，在 GDP 中的佔比從高峯期的 30%，倒退到目前的 20% 以下。在收入分配方面，雖然生活成本越來越高，但 20 年來大學畢業生的入職起薪點卻原地踏步，導致生活水平日趨下降，年輕一代的壓力大得難以負荷。

一言以蔽之，香港的「超級滯脹」，是經濟低增長和高樓價、高通脹並存的局面，是橫跨經濟、社會、民生乃至政治各層面的結構性難題，是社會生產力發展的巨大障礙。究其成因，從根本上講，主要是香港多年來未能跟上全球知識經濟發展潮流，始終沉醉在高樓價帶來的偽繁榮當中，導致經濟及社會制度在某種程度上出現退化，整體競

爭能力下降，結果是實際創富能力持續下滑和民生困頓，與其他同等經濟體相比日見衰落：過去 30 年香港經濟年均增幅只有 3.9%，反觀新加坡卻高達 5% 以上，住房和退保等民生領域也較香港優勝。南韓不但在科技創新和文化創意方面走在全球前列，而且經濟增長和出口表現也是力壓香港，內地中心城市如深圳等都在迎頭趕上，本港正面對着前有強敵後有追兵、自身後勁乏力的困境，若不採取措施加快發展，國際中心地位就無法長期保持，也就難以維持長期繁榮和穩定。

但也要看到，即使有人擔憂香港因長期陷入「超級滯脹」而出現衰落現象，香港的情況還有點不同：**其一，香港的衰落是相對的。**較之其他中小型經濟體系，香港還是較為強勁的。**其二，香港的衰落不是全方位的，在金融、投資、法律和人才等方面仍然是亞太區首屈一指的。其三，香港真正的衰落要經過很長一段歷史時間**，在此過程中，如果能夠做出有效的策略調整，讓經濟社會運行重回正軌，仍然可以浴火重生，再創輝煌。

總言之，香港在受到「超級滯脹」嚴重制約的同時，也擁有不少有利條件和發展良機。從外部看，十九大大力推動中國高質量發展、實施創新驅動戰略、發起「一帶一路」建設、制定大灣區發展規劃以及推動人民幣國際化等，都給香港帶來了新的發展良機。從內部看，香港財政狀況良好，房屋和基建投資需求巨大，政府財政盈餘持續增加，過去幾年每個財政年度的公共工程投資持續處於歷史高水平，未來包括機場第三跑道在內的基建投資需求超過 2 萬億港元，可持續拉動內需。正因如此，本書不用「香港衰落」這一負面名詞，而是用「香港問題」來概括本港面對的結構性障礙，並展開深入分析和討論。

當代法國思想家雷蒙・阿隆（Raymond Aron）說過：「真正的政治智慧是尋找一條相對較好的務實道路」。要釋放生產力，打造美好社

會，首先需要解除「超級滯脹」這一長期緊緊綁住香港的「捆仙索」，難度之大可想而知，沒有超強法力是不行的。但如果我們能夠善用「一國兩制」和自身獨特優勢，以改革創新的精神和理性務實的方式行事，充分發揮和釋放生產力，推動香港朝着發展知識經濟、全面改善民生的方向轉型發展，不斷提升經濟增速和質量，同時讓本港各階層民眾分享發展成果，那麼，香港「超級滯脹」這一惡疾就能得到醫治，競爭力就有機會得到重塑，也就能夠真正實現長期繁榮和穩定。

有鑒於此，香港需要引入新思維，從內部和外部兩個方面採取行動。內部行動立足於推動多項創新，外部行動重在深化區域合作，關鍵是要引入「八大新思維」，即保護居權、激勵創新、提升金融、促進投資、深化合作、扶持青年、保護社會和制度創新，並在這 8 個方面、32 個字上狠下功夫，爭取早日破解阻礙香港發展的結構性問題。

在上述 8 個新思維中，保護居權涉及到香港經濟、社會和政治等各方面，應是醫治「超級滯脹」頑疾、並以此化解深層次矛盾的靈丹妙藥。本書對香港問題的具體剖析，就從保護居權這一事關全局的新思維開始。

第一章

保護居權

住房問題已成為困擾香港的頭號難題。長期以來，香港樓價沒有最高，只有更高，早已脫離普通市民的購買能力，使民眾長期「望樓興歎」；房委會最新數據顯示，一般申請者公屋排隊上樓至少需輪候 5.1 年，長者一人申請者平均輪候時間也延長至 2.8 年，不僅引致市民生活質素出現嚴重倒退，更影響到香港經濟發展和社會長治久安。

為此，本章提出破解住房難題的四個新思維和策略行動：「新居屋計劃」、「藏地於民計劃」、「十年市區重建計劃」以及「桂山島開發計劃」。「新居屋計劃」是為了解決市民上樓難的急迫問題，「藏地於民計劃」和「十年市區重建計劃」旨在改善市民的居住條件，「桂山島開發」可以儘快解決香港土地嚴重不足的問題，目標是轉變香港房屋發展模式，為保護港人居住權及改善居住條件提供出路。

一．本港房地產模式之缺陷

房屋是解決香港社會民生問題的關鍵。但香港房屋政策卻深陷兩難困局：一方面，房價升幅長期快於家庭收入的增幅，拋離絕大多數普通市民，特別是年輕一代的購買能力，市民居住條件之惡劣早已為人所詬病，但在可見之將來仍是改善無期，社會怨氣與日俱增，矛盾不斷激化，政治紛爭不斷，政府難以有效管治和施政，甚至成為兩地矛盾的導火線，與內地關係趨於疏離、甚至對立。而要化解社會怨氣，就需要大幅度增加供應以降低樓價，讓大多數普通市民有能力置業；但另一方面，高樓價已成為本港內部消費、企業投資、財政收入和勞動就業的最大支撐，是逾 100 萬家庭主要身家之所繫，樓價大跌可能觸發嚴重後果。

面對這一兩難局面，近幾年來政府迎難而上，主動作為，一方面出招調控房地產市場，自 2012 年 9 月金管局收緊海外買家的按揭比例

開始，連續推出八輪樓市調控措施，包括推出額外印花稅（SSD）、買家印花稅（BSD）、雙倍印花稅（DSD）以及收緊按揭貸款比例等「需求管理」措施（所謂「辣招」），另一方面提出新的房屋發展策略，主動改變政策思維，以供應為核心，以置業為主導，致力建立置業階梯，希望為不同收入的市民提供適切而可負擔的居所，以期扭轉目前供求嚴重失衡的局面。

這無疑是正確的方向，值得肯定和稱許，但因難以標本兼治，效果始終不彰；社會各界也提出不少解決辦法，包括以建築成本價向租戶出售公屋等，然而大多都停留在修修補補的政策層面上，甚至主張強化本是問題一部分的純市場手段。這些方法並非治本良方，難以突破兩難困局，因為這都是香港房屋發展模式固有的內在缺陷，影響既深且遠。

這一說法似乎不好理解。在作深入剖析之前，筆者先談一個各位讀者都十分熟悉的現象：在香港，不少人想多買一、兩間房子作為長線投資，當「收租佬」（房東），靠租金維持生活，希望早早退休「歎世界」（享受生活）。這從個人投資角度看，當然無可厚非；即便從宏觀角度看，如果樓價漲幅不超過收入升幅，也不會有大問題。但如果樓價漲幅長期大大高於收入升幅，就會出現極端不平等現象：「收租佬」的財富不斷膨脹，長期租房者不僅淪為無產階級，可能還要一輩子為「收租佬」打工，甚至因租不起房，連為房東打工也不可得。

為了更好地說明問題，筆者發明一個新概念，叫做「安居負擔指數」（即樓價漲幅與收入升幅之比），用於衡量一個社會的購房負擔能力和居住條件。當指數小於 1 時，民眾可以買到更大更好的住房，居住水平可以不斷提升；相反，當指數大於 1 時，說明樓價上漲速度快於收入升幅，一般民眾只能買到更小更差的住房，甚至買不起房子，居住

條件必然下降。前者是歐美常見的正常情況，後者則是香港面對的天大難題。

由此可見，關鍵的問題不是大家能否買房當房東，而是要看安居負擔指數的變動特點和長期走勢。枯燥數字的背後，隱藏着鮮為人知的秘密，那就是房地產發展模式。因為從國際經驗看，引領這一指數的核心力量，正好是受政策取向、價值觀和利益支配的房地產發展模式。

香港房地產模式剛好是滋生如上所述的不平等現象的溫床。經過多年的不斷演進，現已成為利益嚴重分化、牽一髮而動全身、單靠市場手段已無法根治的結構性難題，一系列矛盾和問題便由此而生。

具體而言，從供應方式和價值取向看，全球房屋發展模式主要有三種：一種是歐美的完全市場模式，土地和房屋供應均由市場主導，政府通過稅收進行調節，樓價漲幅長期低於收入升幅，帶動民眾居住條件不斷改善。二是新加坡的政府供應模式，土地供應由政府控制，近 90% 房屋由政府提供，政策重心是確保居住需要，投資需求限制在小範圍之內。這兩者都是居住為本、注重實體經濟的模式。三是香港的投資 / 投機主導模式，政府主要控制土地供應，房屋供應由市場自由調節，房地產發展重投資價值而輕居住需求，是虛擬經濟的典型代表。從客觀效果看，歐美模式最佳，新加坡次之，香港模式最差，後遺症亦最大。

為甚麼這麼說呢？從國際經驗看，衡量房地產模式勝敗優劣的主要標準有三個：一是居住標準，即能否帶來民眾居住條件的不斷改善；二是分配標準，即能否促進社會財富的公平分配；三是生產力標準，即能否提升經濟產出水平及帶動經濟增長。從這三個標準看，香港房地產模式不僅不能符合基本要求，甚至呈現十分嚴重的病態特徵。我們不妨逐一分析如下：

（一）居住標準

能否改善居住條件是衡量房地產模式勝敗優劣的核心標準。按這一標準去衡量，運行經年、陷入僵局的香港房屋市場，不但無法改善居住環境，而且居住條件不斷惡化。如下統計數字雖然枯燥無味，卻有助於說明這種負面情況：

1. **香港居住條件不斷惡化，房屋供應量大量減少無疑是主要原因之一，因為房屋供應跟不上市民日益增加的對房屋的剛性需要，令住宅樓價無止境攀升。**

   - 根據差餉物業估價署的統計數字，在 2007-2016 年的 10 年間，香港私人住宅新落成量由八十年代的每年平均 29,000 個、九十年代每年平均 28,000 個，大幅減少到只有 11,000 個左右；公屋新落成量每年不足 14,000 個；居屋則差不多完全停建。全部住房落成量每年平均只有 25,000 個左右，反觀九十年代每年平均在 75,000 個左右，減幅高達三分之二。

   - 房屋落成量大減的結果，是房屋存量增長急劇放緩。2007-2016 年的 10 年間本港永久性住屋單位總數只增加 25.6 萬個，比之前十年（1997-2006 年）的逾 50 萬個大減逾半，永久性住屋單位每年平均增量更比九十年代大幅減少三分之二左右。

   - 反觀過去十年本港總人口卻激增 46.6 萬人，多於之前十年的 43.7 萬人；期間家庭住戶總數也大幅增加 29.8 萬戶，多於永久性居住屋宇的增量，住房供應跟不上人口和住戶增長的情況，由此可見一斑。

2. **香港居住條件不斷惡化的更重要肇因，是長期以來對房地產過度投機炒賣持放任態度，人為抬高了房屋價格，導致市民購房能力被嚴重侵蝕。**

- 在 1985-2017 年的 33 年間，即在大約一代人的時間內，香港私人住宅樓價狂升 18.4 倍，人均名義 GDP 卻只增加 6.4 倍，安居負擔指數平均高達 1.52，在發達經濟體中屬最高水平。換句話說，香港上一代人用當時的收入，可以買一個面積 70 平米的普通住房，這一代人只能買到 27 平米。目前在香港大量出現 16-25 平米迷你房，售價高達 300-500 萬元，正是安居負擔指數不斷攀升的真實寫照。這不但嚴重削弱了新一代市民的購房能力，而且大大拉低了全港市民整體的居住水平。

- 反觀美國，情況完全不同。在 1891-1990 年，美國人均實質 GDP 增長四倍，樓價基本上跟通脹走，安居負擔指數保持在 0.65 左右，這使得民眾人均居住水平也提升 4 倍。居住條件的不斷改善，使房地產成為這一百年間美國內部需求和經濟增長的主要引擎。目前美國房地產及相關行業提供的增加值佔 GDP 比重高達 30% 以上，為製造業的 2.5 倍和金融業的 4 倍，就是其**以居住為本的房地產發展模式**長期運作的結果。新加坡的居住條件雖不如美國，但比香港也要好得多，其安居負擔指數應在 1 以下。

- 去年 12 月香港私人住宅平均售價為 973 萬港元，以「房價收入比」來衡量，本港平均每個家庭大約需要 19.4 年收入才能買一

間房子[1]，比過去大為延長；而國際公認的標準是 3-5 年。反觀韓國在首都圈購買住房平均只需要 9.2 年，而紐約市民所需時間縮短至 5.7 年，東京市民更只需 4.7 年。

- 按目前私人住宅平均售價逾 700 萬港元計算，本港家庭收入要達到每月 60,000 元以上才能負擔得起供樓的費用，而香港月入 60,000 元以上的家庭只佔不足兩成。換句話說，除了財力雄厚的投資者外，大部分市民無法依靠自己力量置業。

3. **由於上述兩大因素，導致香港市民居住條件不僅沒有隨着經濟發展而改善，反而出現嚴重倒退：**

- 香港整體居住條件在全球發達經濟體中屬最差之列，可以說是全球最「窩居」的國際城市！令人疑惑的是，本港樓市雖然極為發達，但長期以來卻不能像亞洲發達經濟體那樣提供人均居住面積的統計數字，社會上只能依靠猜測得知實際情況。直到去年 11 月政府統計處公佈 2016 年中期人口統計結果，才首次披露香港家庭住戶的居所樓面面積中位數約為 430 呎，人均居住面積為 161 呎（約 15 平方米），不到台灣的三分之一，且僅及新加坡和南韓的一半，甚至遠低於內地主要城市——上海（36 平米）、北京（32 平米）、廣州（23 平米）和深圳（27 平米）的水平。

- 香港居住質素不但沒有改善，反而不斷下降。政府去年公佈的

---

1 美國物業顧問機構 Demographia 以樓價與家庭入息中位數的比例來計算全球九個國家 293 個城市的樓價負擔，並於 2018 年 1 月公佈最新年報，顯示 2017 年香港樓價是家庭入息中位數的 19.4 倍，連續第 8 屆登上房價最難負擔城市之首，創下這項調查 13 年來的新高，也是主要城市中樓價收入比例最高的城市。遠遠拋離排列第 2 至 4 位的悉尼（12.9 倍）、溫哥華（12.6 倍）和加州聖荷西（San Jose）（10.3 倍）。其餘城市比例均為個位數。

2016 年人口普查結果顯示，本港每個家庭平均居住 3.2 個廳房（即兩房一廳），與 10 年前相若。但若考慮房屋平均樓齡、中小型單位比重大增、新建房屋實用率大幅縮水等因素，現時本港市民的居住質素比 10 年前反而有所倒退。反觀南韓在 2007-2012 年人均居住面積從 26.2 平方米增加到 31.7 平方米，差不多平均每年增加 1 平方米。

• 目前香港居住在私人住宅的家庭中，超過三分之一是租住性質，而非自置居所。由於私人住宅租金快速上升，超過一般租樓人士的收入增幅，使租樓家庭的負擔百上加斤，不少家庭只能租住更小的房子。根據差餉物業估價署的資料，2008-2017 年的 10 年間私人住宅租金升幅高達 79.4%，而家庭住戶每月入息中位數只增加 50.3%；如果用於租房的收入比例不變，可以租賃的房屋質素必然大大下降。

• 大量劏房、籠屋的出現，居住條件極為惡劣。尤其令人關注的是劏房的泛濫，根據政府統計處公佈的最新統計數字，全港有近 21 萬人居住在 9 萬多個劏房單位內，劏房單位面積中位數僅 10 平米，住戶每月租金中位數 4500 元，佔劏房家庭入息比例達三分之一。數字顯示，有較多兒童和青中年人士居於劏房單位，其中 25 歲以下青年佔 28.4%，25 至 44 歲佔 39.4%，兩者合計佔 67.8%。基層市民，尤其是中青年居住條件之惡劣，的確令香港蒙羞。

（二）分配標準

社會財富的公平分配是衡量房地產模式勝敗優劣的另一基本標準。這一點香港似乎更不理想，若用一句說話來表達，就是「上下左右都不是人」。具體而言：

- 從「左右」看，目前香港差不多是一半家庭擁有房屋資產（包括私人住宅和居屋），另一半家庭不擁有房屋資產（包括居住公屋的家庭和租住私人住宅的家庭），樓價急升帶來的財富增長，主要歸前者所有，後者不但得不到財富增值的好處，還要捱貴租，甚至不能維持居住水平。這一點前面已經提到了。這裏不妨再深入探討：舉凡甲、乙兩家本來家庭收入不相上下，甲用 200 萬元買了兩個單位，一個自住，一個租給乙。若干年後，甲擁有的兩個單位市場價值升至 2,000 萬元，每年還會有 30 萬元租金收入；乙不僅沒有房屋資產，每年還要支付給甲 30 萬元租金，等於長年為甲打工。由於租金漲幅快過收入，乙如果付不起貴租，只能搬到更小更便宜的房屋，生活質素必然下降。兩個家庭只是因為有購房和沒購房，貧富差距卻大得難以想像。無奈這就是當前香港的寫照。

- 從「上下」看，香港房屋現狀對年輕一代更為不利，嚴重影響他們的生存和發展空間。由高樓價引發的住房問題，還表現為社會財富的跨代分配上，形成縱向分配不公和跨代矛盾。如果我們以 30 年作為一個時代間隔，假設家庭可支配收入用於供樓的比例不變，則不少未接受過高等教育的上一代，當時的家庭收入足以供一套 1,000 平方呎的住宅，現今受到良好教育的八十後、九十後的年輕一代，連 400 平方呎的單位都供不起。目前香港私人住宅市場平均成交價逾 900 萬元一間，本港新一代大多買不起房子，被迫與父母長期居住，甚至連婚姻都受到影響，社會怨氣越積越大，難免影響社會穩定。

- 根據香港政府統計處在 2017 年 6 月公佈的最新數字，2016 年香港衡量貧富差距的堅尼系數為 0.539，不但遠高於 0.4 的國際警戒線，還創下 45 年來新高，且高於 5 年前的 0.537，也大大

高於 1971 年的 0.430，反映香港貧富差距呈不斷惡化的趨勢。反觀新加坡為 0.458，美國只有 0.411，曾管治香港逾一個半世紀的英國更只有 0.358。應當看到，堅尼系數是根據人口普查的香港住戶收入計算，而住戶收入就包括了租金收入在內，可見香港房地產模式對貧富差距有推波助瀾之功效。值得注意的是，這一指數還不包括資產價格升值因素，否則香港的堅尼系數還要大得多，貧富差距會更加驚人。

（三）生產力標準

能否提升生產力及帶動經濟增長，是衡量房地產模式勝敗優劣的第三個基本標準。香港以虛擬經濟為特徵的房地產模式，不僅無法提升生產力及帶動經濟增長，反而帶來極為負面的影響：

一方面是直接影響。由於房屋生產水平急速下滑，包括房屋供應數量比 1980、1990 年代大減 60% 以上，加上平均住房單位面積越蓋越小，嚴重影響本地消費和投資，最終妨礙經濟增長。按照聯合國 SNA 的核算標準，房地產對 GDP 增長的直接貢獻，從生產法角度看，主要包括地產開發、樓宇建造和房屋服務（香港稱為樓宇業權）等三大部分，它們在不同程度上都受到生產水平下降的影響。

以地產開發為例，2016 年香港地產業創造的增加值（以 2015 年環比物量計算）為 1198 億港元，比 2007 年還要少 2.4%，佔以要素價格計算的 GDP 的比重，則從 2000 年的 8.2% 大幅下降至 5%，主要是受到房地產開發數量和面積大幅減少的衝擊。再以房屋服務為例，2016 年香港這一行業提供的增加值（以 2015 年環比物量計算）為 2490 億港元，雖比本世紀初增加 31%，但年均增長僅 1.7%，大大低於同期 GDP 年均 3.7 的升幅，佔 GDP 比重則從 2000 年的 14.2% 降至 10.5%，主要是受到新增房屋供應量大跌導致現存永久房屋數量增長放緩的影響。

總體而言，雖然香港在 2000-2016 年間私人住宅樓價大升 2.2 倍，但房地產及相關行業實質創造的增加值在 GDP 中的比重，卻從 28% 左右降至 18% 左右，即在 16 年間大幅下降 10 個百分點。據此粗略估算，直接影響香港經濟增速每年大約 1 個百分點。

　　另一方面是間接影響。香港以高樓價為重心的經濟結構衍生的問題，早已陸續浮現，近年來不斷趨於惡化，突出表現在經濟結構出現三化現象，即泡沫化、空心化和劣質化。具體來看：

- **泡沫化**：經濟結構泡沫化是核心問題，具體表現在地產炒作凌駕於正常生產活動之上，地產收益遠高於生產收入，資產泡沫遊戲成為最受青睞的經濟活動；地產泡沫帶動通脹，成為決定香港經濟總量增長的關鍵因素，如 1988-1997 年香港名義 GDP 總量勁升 2 倍，人均 GDP 由 10,000 美元猛增至 27,000 美元，其中有三分之二是由通脹帶來的。地產泡沫帶動租金急升，使企業經營成本大增，導致經營環境惡化，也阻止外部競爭者進入。經濟泡沫化並非香港獨有，但其持續時間之長、影響範圍之廣、波動幅度之大，則是舉世罕見。

- **空心化**：經濟結構空心化始於上世紀 1980 年代香港工業北移，本地則樂於依照「前店後廠」分工模式發展支援服務，未能積極打造品牌和運用科技創新推動轉型。由於資本熱衷於追逐資產收益以及缺少科技及產業政策，導致在歐美和其他三小龍蓬勃發展的資訊科技等新興產業，在香港難以立足。高度依賴服務業的結果，是經濟結構存在極大脆弱性。

- **劣質化**：經濟結構劣質化是香港經濟未能跟隨世界潮流轉向知識經濟的惡果，一方面表現在傳統優勢產業未能轉型升級，增值能力不斷下降，另一方面表現在近年來發展較快的產業，大

多數是低增值產業，如旅遊業，無形中降低了整體經濟質素。本世紀以來香港勞動生產率平均每年僅提升 2.5%，遠低於 1980、1990 年代的水平，就是經濟劣質化的綜合反映。

經濟泡沫化、空心化和劣質化產生了一系列不良後果，除了加劇經濟循環波動，拖慢經濟增長，帶來高通脹以及收入差距擴大和貧困不斷蔓延外，還造成就業結構低質化和不穩定。目前香港所謂的全民就業，是建立在高樓價基礎上的，一旦樓價出現大調整，全民就業狀態就會被打破，反過來會影響經濟和社會穩定。

二. 引入兩個新思路

必須看到，香港房屋問題是早年港英政府肆意打破市場和社會之間的嚴格界限，在房屋這一最重要的社會民生領域，全面引入自由市場規則、推行高地價政策和放任市場炒作的結果，加上長期實行聯繫匯率制度以及 1980、1990 年代土地供應限制使房屋 / 貨幣市場失去自動調節功能，現已成為利益嚴重分化、牽一髮而動全身、單靠純市場手段無法有效根治的結構性問題。由於香港房屋市場存在過份波動的特點，採用純市場手段不僅無法真正有效地平衡供求關係，還可能帶來新的危機。因此，自從「八萬五」政策出師未捷後，已無人敢再採用純市場手段。

解鈴還需繫鈴人，突破擴大房屋供應和維持房價穩定的兩難格局，解決利益早已固化的房地產滯脹模式，要用長遠的戰略眼光，採取新思維和新策略，嘗試走第三條道路，才能尋求有效的解決方法。總言之，必須要有一整套以提升房地產生產效率為核心，以改善居住條件為目標，同時又能促進經濟增長和財富公平分配的長遠房屋發展策略。最重要的是，要全面實施「保護居權」的社會政策，通過轉換房屋發展

模式，把過度投機炒賣的滯脹模式，逐步轉變為平衡居住和投資需求的新模式。

這不僅需要政府有調整房屋政策的大氣魄和執行力，還要在利益高度分化情況下儘可能凝聚最廣泛的社會共識。有鑒於此，首先必須引入新思維，站穩道德高地，才能夠有足夠力量推動改變，修正香港房屋發展路向。

新思維之一，是政府必須解決本港房屋供求不對稱、本港大部分民眾無力購買天價物業的問題。這是由香港房屋市場特性決定的。香港作為亞洲國際都會，房屋供應和需求是嚴重不對稱的。需求主要來自三方面：一是本地居民的居住需求，二是本地居民和企業的投資需求，三是境外投資需求。其中只有本地居民的居住需求與居民收入相對應，本地企業的投資需求和海外投資需求往往並非來本地收入，而是來自海外收入或全球資金，因而投資需求可以無限大，且成為了香港樓市的主宰。香港樓市經常受到投資週期波動和熱錢大量進出的影響。換句話說，房屋需求經常處於急劇變化之中，但房屋供應卻是相對穩定的，短期內不可能隨着需求的變化而迅速作出改變。

房屋供求關係的嚴重不對稱，使本港這一最需要穩定的社會民生領域，經常處於極端不穩定狀態。由於資金頻繁進出香港，加上金融危機頻仍衝擊不斷，帶動香港樓價大起大落，在樓價螺旋式上升的同時，呈現出很強的週期波動。過去 30 多年，即在整整一代人的時間裏，香港樓市就經歷了一輪半的大週期變動，一路上亢奮與悲憤交集，輝煌與苦難並行，經歷了鮮花與淚水的雙重洗禮。

上一輪週期從 1984 年《中英聯合聲明》簽署後至 2003 年沙士（非典事件，下同）結束，歷時 19 個年頭。香港進入後過渡期後，前途漸趨明朗化，投資信心不斷上揚，大量資金入市炒作，導致樓價一路暴

升至 1997 年回歸初期，13 年間樓價（指私人住宅價格，下同）飆升九倍，而同期名義人均 GDP 只增加 3.4 倍，與購房能力相對應的家庭收入升幅更小。當時雖有不少人抱怨買不起樓、通脹急升和貧富分化，但高樓價帶來的正面資產效應，包括強勁的內部需求、超低的失業率、激增的工資收入、豐腴的企業盈餘以及充盈的政府財政，使整個社會沉醉在偽繁榮當中，甚至誤認為是「經濟奇跡」。

然而，資產效應畢竟是一把雙刃劍，總在泡沫頂峯逆襲。1997 年 10 月亞洲金融風暴席捲香港，迅速刺破本地樓市泡沫，樓價在一年內調整近半。隨後更是禍不單行，又遇上美國網絡泡沫破滅和突如其來的沙士衝擊，致使樓價大瀉不止。在沙士肆虐最嚴重的時候，樓價比九七年高峯期大跌三分之二，即一個在高峯期以 600 萬元購入的普通住宅，在沙士期間市值只剩下約 200 萬元，大量負資產個案由此產生。

與此同時，負面資產效應立刻浮現：內部消費和投資雙雙下滑，經濟陷入嚴重衰退，失業率急升 3 倍以上，通貨收縮持續了 68 個月之久，財政更是連年赤字。更不幸的是，由於許多人丟掉飯碗，大批個人破產案例湧現，高峯期時每月有數千人到法院排隊申請破產。負資產亦影響到婚姻關係。

在香港面對嚴重困難的時刻，中央政府推出 CEPA（大陸與香港為打破貿易壁壘簽署的《關於建立更緊密經貿關係的安排》）和自由行，對恢復經濟信心至關重要。加上國家入世後進出口大幅攀升，帶動香港經濟走出谷底，樓價逐漸企穩並進入新一輪上升週期，迄今已超過 14 個年頭。其中 2004-2005 年為恢復期，樓價年均上漲超過兩成；2006-2009 年為穩定期，期間雖受全球金融海嘯影響，樓價仍每年上升 7%。2010 年後隨着經濟逐步恢復，投資資金加快入市，帶動樓價加快攀升，至去年 12 月到達新頂點，與 2009 年金融海嘯低位相比，樓價

勁升 2.4 倍，比 1997 年高峯期還高出 106%。政府雖然多次出招調控，房屋市場仍是熱燒不退；2017 年外地炒樓資金來港，令樓市更為亢奮，樓價連續衝關破頂，年內再大漲 17%，風險不斷累積，完全抵銷了特區政府樓市調控的政策效力。

　　上述分析可得出一個值得關注的結論，即香港高樓價的房屋發展模式天然具有供應收縮和強化滯脹的傾向，其結果是市民居住條件不但不可能改善，還會每況愈下。換言之，香港房屋沒有最小，只有更小。香港住房問題很大程度上是供求不對稱的產物，只有解決供求不對稱問題，才能真正改善居住條件。

　　要改變供求極端不對稱的狀況，就需要從需求管理入手，把居住需求和投資需求區別開來，根據兩種不同需求採取不同的供應方式，即實行「房屋雙軌制」，以公營房屋來保證香港普通市民的居住需要，以私人住宅來滿足本地和海外的投資需求，形成兩個不同性質的房屋市場，一方面確保普通市民的基本居住權利不會受到市場波動的侵蝕，另一方面也使投資需求不致因為政策調控而受到限制，最終形成合理分工和高效運作。

　　新思維之二，是政府有責任平衡社會各階層利益，特別是照顧大多數民眾、尤其是年輕一代的住房需要。在港英政府時代，雖然實行積極不干預政策，政府財政也不寬裕，但迫於社會壓力，還是在 1950年代大量興建徙置區、1960 年代推出政府廉租屋、1970 年代推出「十年建屋計劃」開始大量興建居屋。現在特區政府財政狀況良好，應當真正承擔起照顧大多數市民（而不僅僅是低收入家庭）、尤其是中產和年輕一代居住需要的責任，而不能簡單地把責任推給供求不對稱、放任炒作、永遠不能解決居住問題的所謂「自由市場」。

　　值得慶幸的是，新一屆政府似乎已經意識到這一思維的重要性。

行政長官林鄭月娥在首份施政報告中就提到：「房屋並不是簡單的商品，而適切的居所是市民對政府應有的期望，是社會和諧穩定的基礎，因此在尊重自由市場經濟的同時，政府有其不可或缺的角色。」說明特區新決策者已開始明白到香港房屋問題的主要癥結所在。

實際上，香港房屋市場本來就不是一個真正自由的市場，因為土地供應主要掌握在政府手中，政府要拿多少土地去建屋從來就沒有規律可言。例如前幾年，由於實行勾地表制度，政府推出的土地極少，造成今天房屋供應嚴重短缺；現時政府拍賣土地，設有底價限制，也並非真正的隨行就市，且經常出現流拍，影響房屋用地供應。又如居屋在 2002 年停建後，要到 2016 年才有新供應，空檔期長達十多年。毋庸諱言，政府本身可能就是問題的一部分，只有正本清源，本着「保護居權」的理念，全面調整房屋發展模式，努力滿足社會各階層對改善居住條件的迫切需要，才能真正取信於民、維護社會穩定。

三．推出「新居屋計劃」

由此可見，調整房屋發展模式符合香港大多數市民的願望，事在必行。有鑒於此，需要根據上述兩大新思維，大膽採取新策略。本書在綜合考慮香港房屋政策面對的兩難格局以及市民、發展商、銀行和政府等諸方面利益的基礎上，首先提出一項新的政策設想——「新居屋計劃」（下稱本計劃），主要思路是要更嚴格地劃分公營房屋和私人房屋這兩個市場，把全面推行公營房屋和私人房屋「雙軌制」作為長遠發展策略；核心內容是以有別於現有居屋的新居屋模式作為未來公營房屋建設的重點，大幅增加新居屋供應量，以滿足大多數中產階級和年輕一代的住屋需要。前提是新居屋價格必須與中產階級和年輕一代的收入相對應，以便更公平、高效地協助他們置業。它可為根治本港房

屋頑症，打開一個可行的捷徑，有利於促進房地產市場長遠健康發展、改善市民居住條件、平衡財富分配以及為年輕一代提供出路，使香港真正成為一個市民安居樂業，和體驗公平正義的好地方。

總言之，新時期長遠房屋發展策略的基本方向，是要進一步理清樓價與收入的關係，這是轉變房屋發展模式的關鍵。其重點是：無論採取何種方法去解決房屋問題，從未來一個較長時期來看，樓價的增幅都不應高於香港家庭可支配收入的增幅。只有在這種約束條件下，香港市民的居住條件才能隨着收入的增加而不斷得到改善，房地產才會轉變成為香港經濟增長的「加速器」，滯脹問題也可迎刃而解。美國和歐洲過去一百多年基本上是圍繞着這一目標去確定房屋發展策略和政策的。推行「新居屋計劃」有助於儘快理清收入和樓價的關係，促進房屋發展模式的順利轉變。

具體操作方式是：由政府制定政策及提供足夠土地，同時授權香港房委會實施這一計劃。重組香港房委會構架，吸納更多社會精英和民意代表加入，組成新的房屋策劃和發展構架，賦與新房委會相應的職權和義務，以確保有關計劃的實施。發展商和市區重建局等機構也可參與這一計劃，以不同形式拓展新居屋。

必須指出，本計劃並非單純的復建居屋，而是要在現有居屋運作方式的基礎上，廣泛拓展居屋的功能和應用範圍，賦與新居屋在解決香港居住問題中的特殊使命和主導角色，力爭通過 20 至 30 年的努力，使新居屋逐步成為香港大多數普通市民家庭住房的主體。概括而言，新居屋具有五大特點，即**新結構、新定價、新稅收、寬限制、可換樓**。具體內容如下：

（一）新結構：總量基本不變，調整供應結構

目前政府長遠房屋發展策略確定未來 10 年本港房屋供應的最新目標為 460,000 個，即平均每年 46,000 個，其中公屋 20,000 個，居屋 8,000 個，私人住宅 18,000 個。[2] 本計劃下每年房屋供應量大約為 50,000 個（此為基本數，每年供應量可以根據情況有所增減），即大致相當於政府長遠房屋策略確定的供應目標，但在結構上做了如下兩個方面的重大調整：

一是大幅提升新居屋佔比，即確定新居屋的標準和模式，停建傳統居屋，全部改建新居屋，平均每年 30,000 個；公屋從 20,000 個減至 10,000 個；私人住宅從 18,000 個降至 10,000 個。經過這一調整，本港房屋供應結構從啞鈴型轉變為橄欖型，即公屋、新居屋、私屋三類房屋比例為 20：60：20。具體如下表所示：

現有目標	新計劃
公屋：20,000 單位	公屋：10,000 單位
居屋：8,000 單位	新居屋：30,000 單位
私屋：18,000 單位	私屋：10,000 單位
總數：46,000 單位	總數：50,000 單位

2　現有目標是指政府長遠房屋策略確定的未來 10 年供應目標。2016 年 12 月，時任運輸及房屋局局長張炳良公佈長遠房屋策略周年進度報告，未來 10 年總房屋供應目標修訂為 46 萬個單位，公私營房屋比例維持六比四。新修訂較 2014 年訂定的目標 48 萬個單位減少 20,000 個，當中出租公屋維持 20 萬個單位，資助房屋單位則由 90,000 減至 80,000 個，私人住宅單位由 19 萬減至 18 萬個。

新居屋按簡約和實用的要求建造，附設必要的會所、商場和綠化等配套設備，既不過度豪華，也不過於簡陋。

二是增加新居屋類型。新居屋單位建築面積可分為微型（300-400呎）、小型（500-600呎）、中型（700-800呎）和大型（900-1000呎）四大類，以滿足不同規模及收入家庭的居住需要。這四類新居屋的供應比例根據需要確定，初期應以小微型為主；各類型單位面積大小可根據情況作出調整。

（二）新定價：價格與家庭收入掛鈎

現時香港居屋是與私人住宅價格掛鈎，一般以相當於私人住宅價格的 70% 左右開售，而且基本上是順週期的隨行就市，在樓市「發高燒時」往往造成高價入市，樓價大跌時經常出現負資產現象。[3] 新居屋定價採取與合資格居民家庭收入掛鈎的方式，且規定供樓開支平均不超過家庭收入的 50%。按照這一標準，若現階段立即發展新居屋，那麼初期微型、小型、中型和大型四大類新居屋的售價可訂為 120 萬元、200 萬元、280 萬元和 380 萬元，每月供樓開支佔各類型家庭收入比例在 32.4%-36.1% 之間，所有新居屋加權平均後為 33.7%（見下頁表）。以一個 550 呎的小型新居屋為例，對應的是目前每月入息 2.5-3.5 萬港元的住戶，按 9 成按揭、20 年供樓期限、供樓利率 3 厘計算，定價大約為 200 萬元（新加坡面積 648-702 呎的組屋，定價僅 120 萬港元），平均每呎 3,636 港元，大約相當於 2017 年 12 月同類面積單位私人住宅

---

3 根據政府房屋署的資料，已於 2014 年 12 月底預售的將在 2016/17 年落成的首批新建居屋單位，在定價方面依循以往的指導原則（即至少有一半單位的售價，可讓現時在居屋白表申請人入息上限的家庭在購樓後，其按揭供款與入息比例不超過四成），以及提供市值 30% 折扣率的一般指引。

價格的 35.8% 左右；所有新居屋加權平均後不超過私樓市價的 35%，約為現有居屋價格的一半左右。未來定價仍需要根據家庭可支配收入來調節，調整原則是：從長期看新居屋價格的升幅不應超過家庭可支配收入的升幅，以此促進市民居住條件的不斷改善。

「新居屋計劃」下四種類型單位基本情況估計

項 目	微型單位	小型單位	中型單位	大型單位	加權平均
單位建築面積 計算基準	300-400 呎 350 呎	500-600 呎 550 呎	700-800 呎 750 呎	900-1000 呎 950 呎	
對應家庭收入 計算基準	1.2-2.5 萬元 1.85 萬元	2.5-3.5 萬元 3 萬元	3.5-4.5 萬元 4 萬元	4.5-6.0 萬元 5.25 萬元	
預計單位售價	120 萬元	200 萬元	280 萬元	380 萬元	213 萬元
每月供樓開支	5,990 元	9,983 元	13,976 元	18,967 元	
佔家庭收入比	32.4%	33.3%	34.9%	36.1%	33.7%
單位建築成本	67 萬元	105 萬元	143 萬元	181 萬元	109 萬元
平均每呎售價	3,429 元	3,636 元	3,733 元	4,000 元	3,633 元
相當於市價 %	33	35.8	35.9	35.9	34.7

説明：上表中每月供樓開支按 9 成按揭、20 年供樓期限、供樓利率 3 厘計算。單位建築物成本按香港房屋協會預計的 2018/2019 財政年度居屋建築成本（每平方呎樓面積 2,070 港元）加 15% 推算（因新居屋建築質量要求略高於現有居屋）。如果政府大量採用建築新技術使發展成本下降，則單位售價還可適當下調。加權平均數按四類新居屋所對應的 2017 年第 3 季度家庭收入佔比計算，權重分別為 40%、25%、18% 和 17%。

（三）新稅收：徵收土地佔用稅

為了補充政府因推出本計劃而減少的土地收入，也為了防止炒賣及體現公平原則，對新居屋開徵土地佔用稅，初期稅額可按新居屋地價差額的一定比例確定。所謂「新居屋地價差」，是指新居屋的地價收入與該土地用於建造私人住宅可得到地價收入之間的差額，假設一塊

地皮用於建造私人住宅的地價收入是每呎 4,700 港元，該地皮用於建造新居屋的地價收入是 1,700 港元，那麼一個建築面積為 700 呎的中型新居屋單位，地價差額是 2,100,100 元。若按稅率 1% 計算，每年需要繳交土地佔用稅 21,000 元，平均每月 1,750 港元，相當於目前同類型私人住宅租金的十分之一左右。當然，不同面積的新居屋單位，稅率可以有所差別，如小型居屋稅率可定低一些，如按 0.8% 徵收，讓中低收入家庭可以負擔，大型居屋稅率可定高一些，如可按 1.2% 徵收，中高收入家庭也有能力支付。如同差餉一樣，土地佔用稅一經確定，就成為滾動計算的基準，以後主要根據家庭收入情況作出適當調整。

（四）寬限制：放寬申請資格限制

實施這一計劃需要適當放寬申請新居屋的限制，尤其是要放寬對家庭收入金額的限制，初期可規定佔香港本地家庭總量約 82% 的中等及中低收入家庭均可申請居屋，即符合政府定義的綠表申請人（主要是公屋住戶）以及月入 30,000 元以下的一人家庭，和 60,000 元以下的二人或以上家庭的白表申請人都可以參與計劃，以後再根據情況逐步調整。根據統計處綜合住戶統計調查報告，2017 年第三季度月入在 30,000 元以下的一人家庭和 60,000 元以下 2 人及以上家庭，合共佔香港全部住戶的 82.4%，略高於申請居屋的家庭月入限額（2018 年新一期居屋計劃規定家庭人數為 1 人以及家庭人數在 2 人或以上的白表申請人在扣除強積金前的入息限額，分別是 28,500 元和 57,000 元），但仍低於新加坡申請組屋的入息要求（入息收入上限視單位面積和位置而定，由 2,000 新元至 15,000 新元不等，合資格家庭佔全部家庭的 80% 以上）。

除了放寬家庭入息限制外，其他條件如資產限額等（2018 年新一期居屋的資產限制分別為 98 萬元和 196 萬元），均可適度放寬。當然，

新居屋主要面向居港滿 7 年，且其居留不受任何條件限制的非自置人士，包括租住私人住宅和公屋單位的家庭。現時已擁有私人住宅和居屋的人士以及居港未滿 7 年的人士均不能申請新居屋。但如果私人住宅單位過於殘舊，需要儘快拆除重建，則可考慮按樓齡適度放寬限制，但必須把其持有的殘舊私人住宅賣給市區重建局。

（五）可換樓：允許有兩次換樓機會

選擇入住新居屋的住戶，可允許他們在居住一定時間（如 5 年）之後向合資格的住戶出售現有的住房。今後還可從市場再購入新居屋單位，或向房委會手上買入新居屋，或可通過補差價方式，以小型居屋向房委會交換中型居屋，或以中型居屋交換大型居屋，但必須交納樓宇買賣印花稅和律師費。例如一個 550 呎新居屋單位按現有市價的評估價格是 200 萬元，750 呎的新居屋銷售價是 280 萬元，住戶補足 100 萬元（可向銀行加按），即可把手上房屋退還給房委會，再從房委會換回 750 呎新居屋。每個住戶可以有兩次換樓機會，這樣做不但有利於改善市民居住條件，還可加快新居屋的流動性，提升新居屋的利用效率。

（六）鼓勵發展商參建新居屋

除了由房委會等公營機構建造新居屋外，也可鼓勵私人地產發展商參與「新居屋計劃」，但要實行限時、限呎、限價、限資格等「四限」政策。所謂「限時」，即新居屋必須在限定時間內（如 5 年）完工並推出市場，若囤集在手上，需要由發展商繳納土地佔用稅；所謂「限呎」，即必須按政府要求統一興建大、中、小、微四類新居屋，至於不同種類的新居屋建造數量，由發展商根據市場需求自行確定；所謂「限價」，即必須統一按照政府確定的基準價格出售，但為了鼓勵發展商建造優質新居屋，可允許以略高於政府新居屋價格的一定比例定價；所謂「限

資格」，即限定發展商只能把新居屋賣給合資格的香港居民。政府提供興建新居屋的土地仍需要進行招標或公開拍買，風險由發展商自行承擔。

(七) 其他事項參照傳統居屋

除了上述幾項外，其餘事項如允許公屋住戶申請新居屋（但同時必須交還公屋單位）、新居屋的申請、編排和抽籤程序、（如同時接納綠表和白表申請人購買新居屋單位、家有長者優先選樓、家庭住戶較一個住戶優先選樓、綠表和白表申請人的配額分配比例等）、單位業權安排、向指定銀行或財務機構辦理按揭貸款、為新居屋單位提供 10 年樓宇結構安全保證以及業主在辦理購樓手續時須繳付的印花稅、註冊費、律師費、管理費等各項費用，均按照現有居屋的操作方式進行。

(八) 幾點說明

第一，需要強調的是，本計劃之所以要徵收土地佔用稅，而不是像現有居屋那樣採用一次式補地價機制，即業主先向房委會繳付補價以解除轉讓限制再以市場價公開出售，主要是為了更嚴格地劃分公營房屋和私人住宅這兩個不同性質的市場，更好地把實行住房「雙軌制」作為長遠發展策略。這是新居屋與傳統居屋的一大分別。雖然新居屋定價遠低於傳統居屋，但由於不能通過補地價向私人市場出售，加上要交納土地佔用稅，因而不會產生新的不公平等問題。

第二，公屋單位從 20,000 個單位減少到 10,000 個單位，主要考慮新居屋對比現有居屋能照顧到更多公屋居戶的需要，尤其是現有申請公屋的近 30 萬家庭，大多有能力購買新居屋。房屋署曾進行的統計調查，就發現 46% 的配額及計分制申請人具有大專以上學歷，由於新居屋價格大大降低，這些人完全可以購買新居屋，其他不具有大專以上

學歷的一般公屋申請人，只要有一定積蓄或家庭收入在 10,000 元以上（根據綜合住戶調查統計數字估算，2017 年第 3 季度全港收入在 1.2 萬元以下的家庭住戶所佔比重約為 22%，而本計劃下的公屋單位供應量佔比仍達兩成），也可購買小、微型新居屋。以月入 12,000 元的家庭為例，按這一計劃購買一個 350 呎的微型新居屋，單位售價是 120 萬港元，首期只需 12 萬港元，其餘可申請銀行按揭，按 20 年供樓及利率 3 厘計算，每月供款不到 6,000 元，佔不到家庭收入的一半。而月入 1.2 萬元是目前物業管理公司聘請保安的起薪點，保安也有能力購買新居屋。[4] 現有公屋住戶收入中位數是 16,600 港元，其中雖然有 40% 是綜緩戶和長者戶，但也有不少富戶或有固定收入的住戶，他們也應該有能力購買新居屋。當然，各類房屋的供應數量並非一成不變，可以根據未來發展需靈活地作出調整；如果今後能像新加坡那樣大量引進人才，私人住宅的供應量應該可以相應增加。

第三，本方案從表面上看，有點類似新加坡的組屋模式，但兩者實有很大不同，即新居屋基本上屬於**自付性質**，平均單位面積比新加坡組屋要小，售價則比組屋高出一大截；更重要的是，新居屋定價（加權平均每單位 21.6 萬港元，見上頁表）比建築成本（加權平均每單位 109 萬港元）高出一倍左右，可以給房委會帶來大量收入。而新加坡組屋面積較大，定價則不到香港新居屋的一半，即使不計地價也難以覆蓋發展成本，需由政府提供大量補貼，因而主要是**福利性質**。可見，兩者還不能簡單劃上等號。

第四，我們注意到香港已有一套既定的房屋政策及措施，且運作良好暢順，因此這一方案力求做到與現有的居屋政策和機制相銜接，

4　編者按，此例子僅供參考。

除了供應結構、定價方式、徵收類似差餉的土地佔用稅，以及不能補地價向私宅市場出售外，其餘政策和運作方式基本參照現有居屋模式。過去政府也探討過多種不同的資助房屋政策，如「夾屋」、「置安心計劃」等，說明政府並非一成不變，其實也樂於探索更好的資助房屋發展模式。

第五，這一方案主張把傳統居屋全部改為新居屋，以新居屋作為未來資助房屋的唯一形式，是為了減輕市民的購房負擔。不過，如果有較強烈的民意要求繼續保留傳統居屋，也可暫時予以保留，即把資助房屋結構變為 8,000 個傳統居屋單位 +22,000 個新居屋單位。為了精簡房屋結構，未來還是要儘可能減少傳統居屋的供應數量，使新居屋成為資助房屋的主要形式。

（九）主要功效評估

1. 有利於改變滯脹發展模式

推行「新居屋計劃」的主要目的，是從增加供應和擴大需求的雙重角度，為香港大多數市民提供居住條件較好、價格相對合理的新型住房。一方面，它可以比私人市場更快、更有效地增加適用的房屋供應，有利於改變目前供不應求的狀況，同時也為市民提供更多的選擇。另一方面，由於本計劃以較大的價格折讓向市民供應住房，實際上是降低整個樓市的平均價格水平，同時增加市民的實際物購買力，從而令長期以來香港房地產業量少價高的滯脹情況得到改變。

一言以蔽之，「新居屋計劃」主要是從香港現行情況出發，從增量調整的角度，力求以循序漸進的方式去修正房屋發展路向，最終達到改變香港滯脹的房屋發展模式之目的。

2. 可使資助房屋供應更加穩定

現有居屋由於是按私人住宅市場價格的一定比例定價，其售價必然隨着市場波動而變動，當香港樓價出現調整時，在高位購入居屋的人士就很容易變成負資產，而未售出的居屋就會滯銷。如果發生這樣的情況，一方面會給房委會帶來巨大財政壓力，另一方面會影響房屋供應量，就像 1998 至 2003 年一樣。又如最新一期的居屋單位售價是參考鄰近私樓和居屋的公開成交資料，再以市值七折發售，未來如果樓價出現下跌，居屋買家做足 9 成或 9 成半按揭，隨時有機會一「上樓」便淪為負資產一族；如果樓價調整超過 30%，則可能再度出現居屋比私樓貴的情況。而新居屋定價遠低於現有居屋（以當前家庭收入定價，僅為現有居屋一半左右），且是不與市價掛鈎的獨立運作系統，出現負資產及滯銷的機會不大，因而可以維持資助房屋的穩定供應，更好地滿足市民需要。

3. 調整住房結構及改善居住條件

這一計劃不僅可以打破現有滯脹的發展模式，而且通過長期推行和強化以後，還將形成新的、更合理的模式：一方面，由於新居屋可以更合理的價格向公屋住戶開放，估計會有相當數量的公屋住戶、特別是公屋富戶轉向購買新居屋，從而減輕政府供應公屋的壓力，使政府可以集中更多土地用於興建新居屋；另一方面，由於政府解決了大多數市民的居住問題，從而更有利於細分市場，尤其是發展商可以專注興建更多高檔豪華的私人住宅，相應減少一般私人住宅的數量。與此同時，新居屋也可考慮向居住在殘舊私樓的家庭開放，這樣可以大大加快市區重建的速度。

從長遠看，由於新居屋成為香港普通住房的主體，資產價格波動對經濟和社會的影響將會降低，香港保護居權機制初步得以確立。也

由於新居屋建築面積相對較大，可以大大改變港人居住環境十分擠迫的窘局，由資產價格上揚引致的社會財富分配不均的矛盾也可以得到緩解。曾經有政府房屋督導委員會成員提出香港應設立人均居住面積指標，並認為 20 年後人均居住面積要達到 20-30 平米，這一方向完全正確，但在現有模式下，只會朝着越住越小的方向走。因此，只有實施這一計劃，才有機會達到目標。

4. 大幅提升自置居所比例

首屆特區政府曾提出 70% 置業目標，後來不幸遇到亞洲金融風暴導致樓價大跌，好計劃無法推動。然而，自置居所仍然是大多數港人心中的理想，如果未來平均每年能夠興建 30,000 個新居屋單位，加上舊區重建和舊公屋改造速度加快等因素，那麼 30 年後香港的公營廉租屋、資助房屋（包括新舊居屋、夾屋等）和私人住宅三者的比例，可望從 2016 年底的 29：15：57，逐步調整為 20：40：40，即自置居所的比例將大幅提高至 80% 左右，可以滿足絕大多港人置業的迫切願望。

5. 推動經濟發展及增加就業

對香港經濟來說，房屋問題既是個巨大的挑戰，也是一個很難得的機遇，關鍵要看如何處理。這一計劃可在解決香港大多家庭住房基本需要的同時，有效推動經濟增長。根據粗略的估算，如果未來 20 年每年平均建造新居屋 30,000 個單位，至少可帶來 1 個百分點經濟增長，其中包括直接提升地產業的增加值、擴大樓宇建造業的增加值以及樓宇業權的總量，若加上間接效應，新居屋對經濟發展的帶動力將會更大。即使扣除減建的私人住宅和公屋，只要新居屋建造速度更快、供應更穩定、平均面積更大，就可以帶來正面的經濟效應。長此以往，可以形成良性循環，隨着香港市民居住條件的逐步改善，房地產業將重新成為香港經濟增長的發動機。與此同時，如果每年發展 30,000 個

新居屋單位，可以提供 90,000 個不同類型的就業崗位，從而為香港市民、特別是為中下階層提供更多的就業機會。

6. 帶來更穩定的財政收入

雖然過去十多年本港每年平均只建造大約 10,000 個私人住宅，仍給政府帶來可觀的收入，財政連年出現超預算盈餘。實施這一計劃後，特區政府需撥出更多土地用於興建新居屋，但不會對政府收入造成太大影響。綜合考量，在這一計劃下政府財政收益不但不會減少，甚至還會增加，這主要是因為「做大了蛋糕」——房地產生產率迅速提升的緣故。具體來說：

- **本計劃在財政上可自求收支平衡。** 按照前面的估算數字，新居屋加權平均每個單位的建築成本大約是 109 萬元，而每單位加權平均售價是 213 萬元，按每年開發 30,000 個單位計算，如果不用支付地價，房委會每年將會有 321 億元的巨額盈餘。由於新居屋售價與家庭收入掛鈎，因而售價比現有居屋要穩定得多，一般不會出現售價大幅度低於成本價的極端情況，政府承受力不會受到影響。

- **只需新增 15,000 個單位用地。** 新計劃每年少建 10,000 個公屋所節約的土地，可用於建造大約 7,000 個新居屋單位，可以對沖政府撥付給新居屋的土地。加上現有長遠房屋策略中每年準備興建大約 8,000 個傳統居屋所用的土地，可直接轉為建造新居屋，政府撥給房委會興建新居屋的土地，實際上只有新計劃全部用地的一半，即建造 15,000 個單位即可。

- **通過徵收土地佔用稅彌補部分地價損失。** 如果按照前面假設的標準徵收土地佔用稅，且假設今後 30 年每年平均建造 30,000 個新居屋單位，粗略計算，10 年後政府可收取 51.7 億元土地

佔用稅，20 年後土地佔用稅將增至 103.3 億元，30 年後進一步增至 155 億元。

- **大量節省公屋建造費用和日常開支。**由於「新居屋計劃」每年只建造 10,000 個公屋單位，可以大幅減少政府興建公屋的各項開支。按房委會預計的 2017/2018 年度每間公屋建造成本 71.25 萬元計算，每年可以節約公屋建造費用 71.25 億元。此外，由於房委會營運公屋經常是入不敷出（2016/2017 財政年度運營赤字達 17 億元），少建公屋可以大量削減維修費等經常性開支，減輕房委會的財政壓力。節約的資金可用於對沖政府給房委會的財政撥款，彌補賣地減少所帶來的損失。

- **可獲更多私宅地價收入。**由於發展商可以不受制約專注豪宅市場，豪華住宅地價有機會被搶高；與此同時，發展商可以建造更多大面積、高質素的私人住宅以滿足香港和海外市場的投資需求，政府有機會獲取更多的地價收入。此外，這一計劃可促進許多相關行業加快發展及增加工資收入，企業利得稅和個人薪俸稅也會上升。

特別需要強調的是，土地佔用稅實際上是一種消費稅，它可使特區政府從地價這一極不穩定的非常性收入，轉變為十分穩定、且能不斷增加的經常性收入。香港多年來希望開徵的消費稅在此能取得突破，而且這一項新稅完全符合全球稅制從間接稅走向直接稅發展的大方向。

7. 對地產發展商利大於弊

現階段實施這一計劃，除了政府財政考量外，一般認為發展商會有較大反彈，甚至極力反對，因為私人住宅建造數量減半似乎會影響發展商的盈利能力。其實這是個很大的誤解。從綜合角度看，這一計劃對發展商實是利大於弊。主要理由是：

- **降低政經和市場風險。** 目前發展商雖可從高價的私人住宅市場賺取高額利潤，但高樓價引發的一系列矛盾，也使發展商面對諸如「地產霸權」等愈來愈多的指責。政府為了控制高樓價風險及化解民怨，也持續不斷推出各種調控措施，使發展商面對的政策和市場風險不斷加大。若能改變發展模式，就可以打破僵局，大幅度降低政經和市場風險。

- **促使地產公司估值回歸正常。** 正因發展商面對不斷加大的政策和市場風險，證券市場不得不大幅降低對上市地產公司的估價以控制風險。目前雖然樓價比 1997 年高峯期還高出一倍有餘，但許多地產公司市值反而不比 1997 年高多少，因為 P/E 幾乎被腰斬，發展商賺了樓價，丟了市值，這才是最大的損失。若能推行本計劃，證券市場對上市地產公司的估值也會回歸正常，相信公司市值可以大大高於現有水平。

- **放下包袱，全力以赴打造豪宅。** 如果本計劃能夠成功推行，將更有利於細分房屋市場，普通住宅歸政府，豪宅歸發展商，政府可以撤掉地產調控措施，發展商可以卸下需要為普通市民解決居住問題的社會大包袱，一心一意發展豪華住宅和商業地產，全力打造高檔次的豪宅品牌，以滿足本港高收入人士和海外富豪不斷增長的高品質住宅需求。

值得一提的是，過去十多年本港私人住宅供應量也僅有 10,000 個單位左右，發展商仍可獲得豐厚利潤。目前政府雖然希望每年提供 20,000 個私人住宅單位，但發展商只能勉力為之，市場競爭不斷加劇，房屋面積越蓋越小，每個單位平均利潤也每況愈下。既然細分住房市場對發展商完全是利大於弊，那又何樂而不為呢？

8. 為香港新一代帶來新希望

按照這一計劃的條件，絕大多數八十後及已開始進入社會的九十後新一代家庭都可以申請新居屋，從而可以為年輕一代帶來改善居住環境的新希望。去年三季度本港居住私人住宅的家庭收入中位數在每月 36,300 元左右，進入適婚年齡且接受過高等教育的新一代收入更低，要購買一個動輒逾 600 萬元的私人住宅難度極高，而新居屋正好滿足他們的需要。以兩個大學畢業生組成的家庭為例，這類家庭月收入大約為 26,000 元，如果 550 呎的新居屋售價控制在 200 萬元左右，則他們很快可以儲足一成首期，置業後每月供款不超過家庭收入的 40%（按目前利率計算）。如果現在落實執行這一計劃，則這一類家庭在居屋落成之日即可上樓安居，從而有利於穩住這一代表香港未來的階層。

四．實施「藏地於民計劃」

上述「新居屋計劃」主要是針對沒有置業的香港市民而採取的策略安排，對已經置業但又無能力改善居住條件的香港市民，則可採取另一種特殊政策——「藏地於民計劃」。[5] 這項政策的核心是 16 個字，即「產權共享，住權歸民，市場運作，政府調控」。它不僅可為解開房地產癥結，尋找出路，重要的是可以更好地促進房地產市場長遠健康發展和全面改善民眾居住條件，使香港成為市民安居樂業的好地方。

目前香港私人住宅的價格中，「地價剪刀差」（即政府淨地價收入）佔相當大的比重。若市民在換樓時，不用支付「地價剪刀差」，便可輕

---

5 這項政策實際上就是目前在內地一些城市推行的產權共享政策。筆者在 2003 年率先提出這項政策建議，當年《香港經濟日報》做了大篇幅報道，同時刊登一些學者的支持言論。2010 年 4 月 23 日《文匯報》的〈百家觀點〉對這項政策建議做了全面介紹。

鬆地換房，迅速改善居住環境。「藏地於民計劃」就是按照這一方向設計的，具體內容和步驟如下：

（一）政府以土地協助市民換樓

凡符合條件需換樓自住的香港市民，換樓時新增居住面積（或增加市值部分）的地價可申請政府補助。但政府並非以現金資助業主，而是發出一定面額的「換地證明書」給換樓的業主，作為持有人向政府換取土地的憑證，上面寫明年期和金額，持有人可憑該證明書向政府換取與證明書上金額等額的土地。「換地證明書」的金額根據地價比（即「地價剪刀差」佔樓價的比重）乘以樓價確定。舉凡甲市民賣掉現有的房屋，售價是 600 萬元，擬向市場買入 1,200 萬元的住宅（二手樓或新樓均可），若地價佔比為 50%，市民可向政府提出申請，政府發出面值 300 萬元〔即（1,200 萬 -600 萬）×50%〕的「換地證明書」給買樓或換樓准業主，作為住房補助。「換地證明書」為計息憑證，息率可參照政府債券利率確定。

（二）市民以「換地證明書」換樓

市民可直接向發展商購入一手新樓，「換地證明書」的價值可直接從購樓款中扣除。如甲市民就可以 900 萬現金〔600 萬元賣樓款 +300 萬新款（可申請銀行按揭貸款）〕和價值 300 萬的「換地證明書」，向發展商買入價值 1,200 萬的新樓。若市民在市場上購入二手樓，也可把其持有的「換地證明書」向發展商貼現，套取現金，用以支付買樓開支。業主也可選擇長期持有「換地證明書」作為投資，待數年後再賣給發展商套取本息。持有的年限越長，滾存的利息就會越多，「換地證明書」的價值也就越高。如一張面值 300 萬元的「換地證明書」，若按年息 3 釐計，1 年後的市場價值即為 309 萬元，3 年後為 328 萬元，5 年後為

348 萬元，其餘類推。

（三）發展商以「換地證明書」向政府換地

發展商把收集到的各種不同面額的「換地證明書」匯集在一起，然後在參加投標或公開拍賣土地並中標後向政府支付地價，不足的部分再以現金支付。由於「換地證明書」是計息憑證，發展商可以根據房地產市道自行選擇即時換地或長期持有該證明書，因此土地供應仍存在一定彈性，便於市場自由調節。

（四）產權共享，出售住房需補回地價

接受「換地證明書」的市民購入新樓的產權，由居民和政府按出資比例共同擁有（上例中，業主佔 75%，政府佔 25%），使用權則全部歸業主，業主必須承擔全部房屋維修責任。業主若出售居所，必須按產權比例向政府補地價。在上例中，若業主以原購入價 1,200 萬元賣掉居所，需向政府補回地價 300 萬元【1,200 萬元 ×25%】；如果住宅樓價升至 1,600 萬元，業主需向政府補回地價 400 萬元【1,600 萬元 ×25%】。反之，如果住宅樓價降至 800 萬元，則只需向政府補回地價 200 萬元【800 萬元 ×25%】。也就是說，業主補地價的數額，隨着樓價的升降而增減，政府和業主共同承擔市場風險。

（五）市民可多次換樓，操作方式不變

原則上在可負擔範圍內居民可多次換樓，換樓增額部分也可申請「換地證明書」。再次換樓時，賣出舊居所暫時不需向政府補地價，可把地價直接轉到新居所中。在上例中，如果市民以購入價 1,200 萬元賣出居所，再購入 1,800 萬元的新居所，需要追加 600 萬元開支，他可以再次申請面值 300 萬元的「換地證明書」。連同原先的 300 萬元，業主

最新買入的住所中「換地證明書」的總值為 600 萬元，此時業主產權佔比降至 66.6%，政府產權比例升至 33.3%。如果樓價上升，業主以 2,100 萬元再賣出新住所，則需補回地價 700 萬元【2,100 萬元 ×33.3%】；如果賣價降至 1,500 萬元，則業主只需補地價 500 萬元【1,500 萬元 ×33.3%】，其餘類推。當然，政府以土地補貼市民換樓也可確定一個金額上限，以防止濫用的情況出現。

（六）換樓市民須交納土地佔用稅

和「新居屋計劃」一樣，為了體現公平原則及防止炒買，享有這項政策的市民，也需要向政府交納土地佔用稅，稅率與「新居屋計劃」相同。如上例中，甲市民換樓時收取政府發出的 300 萬元「換地證明書」，按稅率 1% 計算，每年需要繳交土地佔用稅 30,000 元，平均每月 2,500 元。當然，「換地證明書」金額大小不同，稅率可以有所差別，如金額較小，稅率可定低一些，如按 0.8% 徵收，讓中等收入家庭可以負擔，金額較大可定高一些，如可按 1.2% 徵收，較高收入家庭應有能力支付。如同差餉一樣，「藏地於民」政策下的土地佔用稅一經確定，就成為滾動計算的基準，以後主要根據家庭收入情況作出適當調整。

（七）主要特點及適用範圍

1. 「藏地於民計劃」的最大作用是透過稀釋高樓價去改善居住環境，且可以避免造成社會分化

由於本政策可大幅減輕市民的換樓成本，使市民以較小的代價得到改善居住條件的好處，從而可以大大紓緩中等收入階層換樓的壓力。本質上，這是用土地去稀釋高樓價，對比現在房地產調控「辣招」更具針對性，且更能防止房地產市場大幅波動。本政策若長期推行，換樓數量可望不斷增加，民眾居住條件將很快得到改善。

2. 「藏地於民政策」是一個自動平衡的調節機制，不會造成土地供應失衡和地產市場混亂

在本政策設計中，「換地證明書」和土地供應量是相對應的。市民按這一政策換樓，實際上是增加了對土地供應的等量需求。換樓數額越多，對土地的需求也就越多。不管業主是向發展商購入一手新樓，還是向二手市場購入二手樓，其結果都是一樣，不會造成土地供應的失控現象。從總量上看，假定有 10,000 個市民參予這一政策，每單位新樓平均價格 1,200 萬元，追加面積或價值中的地價比按 50% 計算，政府共需批出「換地證明書」300 億元。由於 10,000 個市民換樓相當於增加 10,000 個土地消費量，對土地的需求量也為 300 億元（即 600 萬元 ×50%×1 萬個單位），與政府發出的「換地證明書」的總價值相等，政府不愁收不回「換地證明書」。因此，實施這項政策的關鍵在於如何準確地定出地價比（這裏暫且按 50% 計算，實際操作時可以調整），真正達到「藏地於民」的目標。從這個意義上説，這項政策是一個自動平衡的調節機制，只要計算準確，政府的「換地證明書」和土地供應量可以達致基本平衡（至於如何擴大土地供應，則見後面的討論）。

3. 「藏地於民」政策並沒有改變現有房地產市場的運行規則，而是在市場規則下靈活操作，補充市場機制之不足

這一政策上仍以市場運作為基礎，業主的業權並沒有改變，因為業主仍按投資比例擁有新住所的業權，同時還擁有新住所的全部使用權。如果業主把新住所套現，仍可保住原有的業權利益，可謂產權分明，進退自如。在這裏，政府需要介入市場，但住宅既是市民的長期投資工具，更是社會民生問題，政府適當介入並無不妥。實際上，市場和政府都是經濟調節手段，只不過功能不同而已，如果政府能適當介入能夠讓民眾安居樂業，讓環境更好，那又何樂而不為呢！

4. 「藏地於民」政策可使房地產業繼續成為經濟新增長點，並有助於吸引投資和人才

根據粗略估算，如果今後 30 年每年有 10,000 個民眾採用本政策，則可提供數以萬億的總產值（按上例平均每個家庭換樓追加 600 萬元計，30 年一共可增加 1.8 萬億市場價值），加上「樓宇業權」項目的增加值，這將大大提升經濟增長率。由於本政策使住宅加入了「減免地價」成份，將使房地產市道更加穩定，對經濟長期穩定發展具有不可替代的促進作用。與此同時，由於居住環境改善有利於吸引投資和人才，可為成功推動經濟轉型創造更加有利的條件。

5. 「藏地於民」政策使市民、政府、發展商、銀行均可受益

對民眾而言，本政策設計的主要目的是為了改善居住條件，因而將會受到各階層民眾的歡迎。對政府而言，由於特區政府仍擁有獨一無二的最大財富——土地，完全可用於幫助市民改善居住條件。此舉若能解決廣大民眾心中的老大難問題，確是一大善政，必能大大提高民眾對特區政府的信心。本政策雖會影響政府的土地收入，但市民一旦加快換樓，政府的相關稅費收入即可大量增加。此外，由於本政策將推動住宅建設，大量住宅工程上馬，建築商和發展商的盈利大量增加，需繳納所得稅，加上與房地產有關的人員的工資收入需繳納的個人收入所得稅也會增加。另一方面，政府雖然減免費用批出土地，但土地價值並未失去，而是「藏地於民」，並擁有大量隱形的產權。如果業主賣樓套現，政府可立即收回地價。可見，在本政策中，政府是「吃小虧而佔大便宜」，不但不會增加太多負擔，反而可以成為大贏家。對發展商而言，推動民眾買樓等於增加對住房的需求，為發展商提供了更多的商機。對銀行而言，本政策開闢了一條更為安全的放款渠道，對銀行業務發展也將產生較大的促進作用。

由於「藏地於民」政策主要針對市民自用單位，投資用住宅和炒買用住房都不適用於本政策。這樣做，並不是要打擊房地產市場，而是為了防止惡性炒賣，保證房地產市場沿着改善市民居住條件的方向健康發展。

五 .「十年市區重建計劃」[6]

　　市區重建可以同時滿足兩大任務——改善居住條件和振興經濟。從改善居住條件角度看，香港開埠至今已一百七十多年，不少早期發展的市區早已破爛不堪，加上在高密度和高成本發展模式下，市區高樓大廈林立，阻隔了陽光照射和空氣流通，造成嚴重的污染，市民居住質素始終得不到提升，從而遺下後患。2003 年沙士蔓延，不少發生在舊市區和舊住宅區，都與周圍居住環境欠佳有關。實際上，香港大多數樓宇都不符合衞生防疫標準，如淘大花園導致沙士傳播的單管式排水系統以及因大廈公共面積過小形成的天井狹窄、不透氣和缺乏垃圾槽等，不少私人樓宇都有相同的情況。這些環境因素，大都屬於舊城區發展佈局和樓宇結構問題，並非靠一般性的小修小補就可以解決的。市區重建能夠從根本上解決這些結構性問題，徹底消除疫症傳播的環境因素。

　　與此同時，市區重建可以達到刺激經濟、推動經濟增長的目的。房地產業仍是香港的主要產業之一，市區重建可以打破新房屋供不應求的僵局，帶動以實體經濟為主導的房地產業重新起飛，並成為推動經濟增長的重要力量。總而言之，加快市區重建可以迅速改變市區殘舊破敗狀況，使香港舊貌換新顏，最終成就一個具有一流居住環境和

6　這部分內容來自筆者在 2003 年撰寫的報告，題目為〈市區重建，再造香港——香港疫後重建的突破口〉。它受到政府高層和專家的高度關注。

生活質素的新香港。

筆者在 2003 年曾撰寫長篇報告，力主加快市區重建，題目為〈市區重建，再造香港——香港疫後重建的突破口〉，受到政府和專家的高度關注，為其後香港加快舊區重建增加了助力。十多年來，香港市區重建有所加快。到 2016 年底止，拆除重建的舊樓超過 50,000 個單位，佔同期一手住宅供應量的 30% 以上，可見市區重建在增加房屋供應中，有不可替代的作用。

雖然已過了 15 個春秋，市區重建工作也取得不少進展，但當年筆者在報告中所提的主要觀點和方法，今天依然有效，因為香港市區更新速度仍遠遠跟不上住房老化的速度，導致舊樓越來越多，平均樓齡越來越長。若按樓齡來算，我們根據政府差餉物業估價署的資料進行估算，發現 1996 年私人住宅平均樓齡為 16.9 年，到 2016 年猛增至 31.1 年，平均每年老化 0.71 年。其中，在 1996 至 2001 年的 5 年間，得益於新建住房大量增加，私人住宅平均樓齡從 16.9 年增加到 19.7 年，平均每年延長 0.56 年；而在 2002 至 2016 年 15 年間，私人住宅平均樓齡從 19.7 年迅速增加至 31.1 年，平均每年老化 0.76 年，說明香港住房老化問題日趨嚴重。若不加快市區重建，預計到 2030 年，香港私人住宅平均樓齡將進一步增加到 42 年。

若以住房單位數量計，到 2016 年底，香港樓齡在 30 年或以上私人住房高達 61.67 萬個單位，佔私人住宅總數的 53.2%；樓齡在 40 年或以上的也有 34.94 萬個單位，佔總數的 30.2%。預計到 2030 年，樓齡在 50 年或以上的私人住宅將高達 40 萬個單位（見下表）。如果連簡單的樓宇更新都難以維持，更不用說讓香港舊貌變新顏了！

香港私人住宅樓齡結構（2016 年底）

時間	數量（萬個單位）	比重（%）
1960 年以前	3.13	2.7
1960-1969	14.60	12.6
1970-1979	19.12	16.5
1980-1989	27.58	23.8
1990-1999	24.33	20.9
2000-2009	19.00	16.4
2009 以後	8.23	7.1
合計	115.88	100.0

資料來源：香港政府差餉物業估價署 2017 年《年報》

（一）推出「十年市區重建計劃」

為了實現加快重建、再造香港的目標，香港應立即推出「十年市區重建計劃」。政府應先制定規劃，把香港數以 10 萬計的舊樓宇全部列入重建範圍，然後修改有關重建條例，採取特別措施收集土地及吸引市民參與，爭取在 10 年內把全港大部分舊市區和舊屋村逐一加以改造。具體內容如下：

1. 擴大市區重建範圍，30 年以上樓宇有需要均可重建

擴大市區重範圍，凡是大部分樓宇的樓齡超過 40 年的市區或住宅區，均可列入市區重建範圍。正如上文提到，到 2016 年底止，香港樓齡超過 40 年的私人住宅大約有 35 萬個單位；按目前住宅老化的速度，十年後樓齡超過半個世紀的私人住宅將超過 30 萬個單位。也就是說，今後 10 年內每年至少需要重建 30,000 個單位，才能把 50 年以上的舊樓基本改造完畢。由此可見，市區改造的任務十分繁重，不能再拖，而應該立即行動，全面規劃，根據重建區樓宇環境衛生情況、旅遊經

濟價值以及業主配合程度，排定先後順序，分期分批推進，爭取達到平均每年改造 20,000-30,000 個私人住宅單位的目標。

2. 改革樓宇業權制度，修訂有關重建條例

改革樓宇業權制度是加快市區重建的前提。目前舊區重建面對的最大障礙，是樓宇產權制度過於僵化，導致分散的樓宇業權收集困難重重，不僅拖慢市區重建的速度，而且使市區重建局陷入財務困境而難以自拔。為了加快市區重建，首先需要進一步改革過於僵化的樓宇業權制度，儘快修訂有關條例，為市區重建提供法律保障。最重要的是要修改兩個規定：一是修訂與業權收集有關的規定。應吸收美國等地的成功經驗，結合香港加快市區重建的迫切需要，在尊重和照顧私人業主的具體權益和要求的基礎上，採取較為彈性的業權收集辦法，規定凡是在政府規劃的重建區內，只要有 70% 的小業主同意重建或搬遷，其餘 30% 的小業主必須無條件同意；對於找不到業主的樓宇，只要給予一個合理的通知期，逾期不答覆者可作為同意處理。二是修訂市區重建的補償規定。可改變目前市區重建收集舊樓需按 7 年樓齡賠償的做法，採取按實際市價加重建溢價（如 20%）的辦法進行賠償（如業主只願意拿現金的話），也可按「業權共享、居權歸民」的特別換樓計劃（詳見下文）換取更大更好的樓宇。這樣做，可以一舉三得；既可維護小業主的權益，又可降低市區重建成本，同時加快市區重建的步伐。

3. 推出特別換樓計劃，吸引市民參與重建

市區重建能否成功的關鍵，是小業主是否願意轉讓樓宇業權。為此，除了修改有關重建條例外，應推出「業權分享、住權歸民」的特別換樓計劃，為市民參與重建提供一個誘因。具體做法是，在政府劃定的重建區內，凡是願意參與重建或搬遷的業主，除了參與重建的市區重建局按 7 年樓齡進行賠償外，政府按 7 年樓齡住宅與全新住宅的

差價，再加上新樓價格的 20% 提供購地證明書，幫助業主換樓。目前市區舊住宅平均每單位建築面積約 55 平方米，按 2017 年 12 月港九私人住宅平均 13.4 萬港元 / 平米計算，假定 7 年樓齡住宅樓價為新樓的 80%（即每平米 107,000 元，則每單位住宅政府需提供約 296 萬元（55 x (13.4-10.7) + 55 x 13.4 x 20%）的購地證明書，加上市區重建局或發展商賠償的約 58.9 萬元，小業主平均可擁有 885 萬元換樓資金。業主持有這些資金，向參與市區重建局預購本區的新住宅（如超過規定面積，資金不足部分由業主自行補足），也可在市場上任意購入心儀的住宅。新住宅的業權由小業主和政府按出資比例分享，在上述例子中，小業主約佔業權三分之二，政府佔三分之一。新住宅的居住權歸小業主，但需要向政府交納土地佔用稅，稅率等同於新居屋計劃或土地補購換樓計劃。如果小業主賣掉新住宅，需按業權比重向政府補樓價，政府與小業主共享業權，共同承擔風險。這樣做，可以解決重建區居民的經濟困難和要求，提高市民參與重建的積極性。

4. 由私人發展商介入重建工作，並發揮主要作用

市區重建是一項任務繁重且影響重大的工作，單由市區重建局等少數機構推行已不足夠。因此，如有私人發展商大量參與重建，就會加快市區重建速度。過去發展商也介入重建，但因程序複雜，利潤不夠大，因而參與重建的規模較小。但若能修改規定，簡化收樓程序，加上政府採取強有力措施鼓勵小業主參與重建，發展商介入市區重建的意願必會大大增加。發展商具有豐富的經驗、技術和資金實力，可在市區重建中發揮重要作用。以收集土地為例，由發展商和小業主按市場原則商討賠償等問題，可能更容易、更有效率。政府可把需要重建的部分地區，批給私人發展商按條例規定全權進行開發和重建，發展商可以單獨參與，也可組成財團參加投標。政府在評標時，除了考

慮價格因素外，更要考慮設計創意、發展密度以及環境衛生標準等，使有關重建工程能符合美化香港的要求。由於市區重建將成為未來房地產發展的另一個主要方向，私人發展商會把更多資源和精力投到市區重建中來，使市區重建成為房地產業的一大主戰場。

（二）重建計劃的主要特點

1. 市區重建計劃可使房地產業重新成為香港經濟的新增長點

僅以住宅為例，據初步估計，如果今後 10 年內每年重建 30,000 個單位，則 10 年內需新建 30 萬個新住宅單位。若新樓每單位市場價值按 885 萬元計算，則房地產業和建築業這兩個行業可增加約 16,324 億元增加值，加上「樓宇業權」項目可額外增加 567 億元增加值，這將使今後 10 年經濟增長率平均每年直接提升 0.62 個百分點。由於房地產還可以帶動數十個相關行業的發展，並形成間接效應，估計今後 10 年香港每年經濟增長率總體上可提升大約 1 個百分點。這僅是就住宅而言的。實際上市區重建還包括區內公營房屋、寫字樓、商業樓宇及其他樓宇的重建工程，因而對經濟增長的刺激作用還要大於上述數字。

由於市區重建加入「業權共享」因素，市民換樓風險將大大降低，這將使房地產市道更加穩定，對於香港經濟長期穩定增長具有不可替代的促進作用。與此同時，居住環境改善有利於吸引外資和引進人才，這將為香港成功推動經濟轉型提供更加有利的條件。

市區重建將帶動房地產業及其相關行業（如建築、裝修、房屋管理等）的發展，從而增加大量就業機會。若每年重建 30,000 個住宅單位，僅建築業和房地產業就可以增加約 40,000 個就業崗位，香港的失業率還可以再降低 1 個百分點。

2. 市區重建並沒有改變現有房地產市場運作的基本規則，而是在市場規劃下適當增加政府的作用，以補充市場機制之不足

市區重建計劃仍是以市場規則為基礎的，並沒有脫離市場運作。一方面，小業主的業權沒有改變，因為業主仍擁有相等於舊樓價值的業權，並不會因為要與政府共享新樓業權而遭到任何損失。如果業主把新住所套現，仍可拿回原有的業權利益。另一方面，市區重建計劃需要政府介入，但政府不是要取代市場運作，而是採取措施消除市區重建中存在的制度障礙，保障市區重建計劃能夠成功推行。實際上，住房既是香港市民的長期投資工具，又是社會民生問題，如果政府適當介入能夠讓樓市擺脫困境，讓經濟早日復甦，讓市民安居樂業，讓衛生環境更好，實在是百利而無一害。

(三) 對各方的影響

「十年市區重建計劃」與過往房屋政策最大的不同，在於它是通過刺激住房消費來促進房地產市場的發展，共同把經濟蛋糕做大，使小業主、政府、發展商、銀行業及其他相關行業均可受益。具體地說：

1. 小業主：改善居住環境

目前香港人均 GDP 雖已達到 46,000 美元，但市民居住環境十分擠迫，人均居住面積不及新加坡的一半，也遜於中國內地許多城市，而且不少房子達不到起碼的防疫衛生標準，這在高收入經濟體中是絕無僅有的。市區重建計劃可以在一個不太長的時間內達到改善居住環境的目的，因而可望得到各階層市民的歡迎。在市區重建計劃中，業主只需以較小的代價，就可以得到一個更大更好的居所，從而可以解決香港住宅樓宇方面長期存在的「不在於不能生產，而在於不知如何生產」的難題，減緩市民北上購房渡假的壓力，增加留港消費的誘因。如

果「十年市區重建計劃」能夠順利推行，市民居住條件可以大為改觀，香港一向為人詬病的住屋擠迫時代也將會一去不復返。

2. 特區政府：政治經濟兼得

應當看到，香港房地產存在的問題絕不是政府干預的結果，但政府干預效果不佳卻是事實；問題的關鍵不在於政府要不要干預，而在於如何干預才能收效。較佳的結果是在干預時能出現「四兩撥千斤」的槓桿效應。市區重建計劃是以發展的辦法、從增加市民住房需求的角度去解決經濟和樓市問題，因而可望出現改善居住條件和刺激經濟增長的良性循環效應。特區政府是香港市民自己的政府，如能通過市區重建一舉解決香港市民心中的住房、經濟、就業等老大難問題，確是一大善政，必能大大提高香港市民對行政長官和特區政府的信心，增加市民對特區的歸屬感。

政府在市區重建中確實需要投入較多資金，包括發出購地證明書和房屋建築成本等。但這些資金仍有機會收回。政府在重建中的收入包括：

(1) **補地價收入：**市區土地價值較高，重建時把零散小塊土地合併成大塊土地並重新規劃土地用途，土地價值將進一步提升。更重要的是，多數老市區的地積比率尚未用盡，可以充份利用這一好處，有條件的市區甚至還可以適當提高地積比率，進一步增加住房供應，從而可以給政府帶來大量補地價的收入。

(2) **房地產買賣釐印費和差餉收入：**市區重建可帶動換樓，政府每年可增加大量釐印費收入。假設業主換樓後的差餉開支平均增加一倍，則市區重建後可增加大量差餉收入。

（3）**利得稅和薪俸稅：**由於每年需重建 20,000 至 30,000 個住宅單位，發展商和建築商的盈利大量增加，需增加交納利得稅，加上與房地產有關的人員工資收入需繳納薪俸稅，估計這兩項稅收可令政府每年增加數十億元的收入。

（4）**土地佔用稅收入：**如果重建戶都接納特別換樓計劃，則今後入住都需要向政府繳納土地佔用稅。政府這項收入會隨着重建計劃深入推進而不斷增加。

從長期看，政府在重建中獲得的總收入應不會少於全部資金投入，而且有些收入（如土地佔用稅和差餉等）在十年重建期過後仍是政府收入的來源。此外，政府還可擁 30 萬個住宅的部分產權。可見在市區重建計劃中，政府是「吃小虧而佔大便宜」，不但不會增加太多負擔，反而可以在政治和經濟等方面一舉多得，成為大贏家。

3. 發展商：增加業務機會

在十年市區重建計劃中，發展商作為主要參與者，可以增加大量商機。與此同時，小業主在換樓時，不僅可以就地換樓，還可以向發展商購入非重建區的一手樓。由於市區土地價值較高，發展商可以自由發揮創意，運用新技術提高增值能力，從而獲得更好的回報。在市區重建過程中，發展商需要賠償舊樓原住戶、拆建和補地價，因而需要動用更多的資金，但發展商經過多年積累，手頭資金十分寬裕，還可以利用股市集資或向銀行貸款，用於擴展業務。可見，市區重建計劃對發展商來說是擴大業務的大好時機。

4. 銀行業：擴大金融業務

在市區重建過程中，除了發展商和建築商可向銀行要求貸款發展業務外，小業主也可向銀行申請按揭，用於購入重建區更大面積的新樓。目前銀行嚴重「水浸」，市場競爭激烈，市區重建計劃可為銀行開

關一條較為安全的放款渠道及其他業務機會，對銀行來説應是一件好事。

（四）與市區重建有關的配套措施

1. 住宅重建適用範圍的擴展

上述重建計劃主要是針對私人住宅而言的。實際上，重建區內除了私人住宅外，還包括公屋和居屋，都需要在市區重建中一併處理。

(1) **公屋**：原則上重建區內樓齡較長的公屋都需要參與重建。由於公屋業權屬於政府，上述資助方式不適用於公屋居民，需另想辦法解決這一問題。具體思路包括：一是把重建區內公屋居民安置到新公屋或現有尚未處理的居屋。二是鼓勵有條件的公屋居民向市場或政府購買新居屋或私人住宅，可以買到比公屋更好更大的住宅，亦可以大大改善公屋居民的居住條件，相信會受到收入較高的公屋居民所歡迎。

(2) **居屋**：香港 1977 年才開始居屋計劃，因而部分居屋樓齡超過 40 年，可以參與重建計劃。如果重建區內大多數樓宇超過 40 年，位於重建區內的居屋，哪怕樓齡不足 40 年，也應參與重建計劃。處理辦法和私人住宅基本相同，唯一不同的是現時居屋居民賣樓時需向政府補地價，政府應允許居屋居民把補地價款項用於換樓，並重新估算新住宅中的政府和小業主的業權比例。

2. 非住宅樓參與重建的處理

在重建區內凡樓齡超過 40 年的寫字樓都要參與重建計劃。據統計，2016 底超過 30 年的寫字樓約佔 12.5%，共有 144 萬平方米，大多數寫字樓並非自用，而是用於出租，因此，對於業權分散的寫字樓，

可由市區重建局發展商收樓，政府無需介入；對於業權集中的寫字樓，應鼓勵市區重建局和發展商與業主合作，讓有關業主參與重建計劃，利益共享。

香港是一個商業中心，商舖（私人商業樓宇）市場價值較高，市場總值僅次於私人住宅。由於商舖平均樓齡比寫字樓長（樓齡超過 40 年約有 140 萬平米，佔全部商舖逾三分之一），加上不少商舖和住宅連成一體，因此，重建區內相當多的商舖需參與重建計劃。這類樓宇的業權更加分散，不少為中小企業擁有，政府只需制定政策，不需直接介入。對於業權分散的小商舖，可由市區重建局和發展商收集業權；對於業權集中的大面積商舖，可鼓勵市區重建局和發展商與業主合作重建。重建區內的私人工廠大廈也可採取同樣方式處理。

3. 制定重建區的環境衞生標準

政府應在改善城市規劃的基礎上，制定重建區的環境衞生標準，包括樓宇密度和間隔、建築質量標準、公共面積比例、戶外綠化和活動空間以及其他基建配套設施等。為了降低市區發展密度，原則上應保持市區地積比率不變，同時善用舊市區尚未用盡的地積比率，適當調減土地覆蓋率，擴大樓與樓、房與房之間的間隔。同時，充份運用新技術，提升新建樓宇的科技含量。

4. 重組政府市區重建管理架構

為了加強對市區重建工作的規劃和協調，政府應重組現有管理架構，建立高層次的市區重建領導和協調小組，制定政策和策略；同時在市區重建局的基礎上，成立全功能的市區重建部門，全權負責市區重建過程中的各項工作，包括重建規劃、組織投標、監督控制和政策協調等等，確保市區重建能夠順利進行。

六．桂山島開發設想

上述三大計劃——「新居屋計劃」、「藏地於民計劃」和「十年市區重建計劃」均為長遠治本之道，是增加房屋供應以平抑過剩需求，尤其是增加公營房屋以滿足基本需求。但因可用土地嚴重短缺，要有效增加房屋供應，首先必須解決土地供應這一難題中的難題。

事實上，香港過去因土地供應不足而產生的房屋「供應斷層」非常嚴重，未來情況更為堪虞。根據團結香港基金的推算，若計及改善港人生活空間及配套水平、滿足人口老化需求和配合人口增長及經濟發展，香港在未來 30 年（2016-2046 年）需要發展超過 90 平方公里土地，但目前已落實及規劃項目的土地，加在一起也只有 36 平方公里，包括所有新界發展區、已規劃棕地、其他規劃和東涌東填海工程等，尚欠缺逾 54 平方公里，比整個九龍的面積（約 47 平方公里）還要大。可見，增加土地供應確是當務之急，必須儘快落實。

需要強調的是，香港「人多地少，住房必少」的所謂傳統智慧，實際上是一個偽命題，新加坡人口密度遠高於香港，但人均居住面積是香港的 2 倍以上，就足以證明「人多地少」絕非「住房必少」的決定因素。香港土地其實並不缺乏，目前五大發展商手上的土地就超過一億呎，況且本港目前已開發土地僅佔土地總面積的 24%，但由於佔接近一半的土地被劃為保育區，表面上形成了所謂發展與環保的矛盾，實際上兩者之間並沒有太大的衝突，因為只要把香港土地開發比例提高 1、2 個百分點，就可以興建數十萬個新居屋單位。

然而，限於環保團體反對、利益格局難破和成本居高不下，香港開發土地始終是困難重重，上屆政府提出雄心勃勃的「東大嶼都會計劃」和「近岸填海規劃」均未能取得共識。新一屆政府在 2017 年 7 月上任時承諾任內會盡最大努力扭轉房屋供不應求、樓價飆升的問題，並

且成立土地供應專責小組研究覓地方案。土地供應專責小組於 2018 年 5 月就 18 個土地供應選項作公眾諮詢，其中 4 個為短中期，包括棕地發展，利用私人的新界農地儲備，利用私人遊樂場地契約用地作其他用途，以及重置或整合佔地廣的康樂設施；另有 6 個中長期及 8 個概念性選項，包括維港以外近岸填海，發展東大嶼都會，利用岩洞及地下空間，在新界發展更多新發展區，拓展香港內河碼頭用地，以及發展郊野公園邊陲地帶 2 個試點等。這些選項中，除了政府與發展商合作開發新界農地這一選項可以較快帶來供應外，其他一些增闢土地的方案，包括發展棕地和郊野公園、填平水塘以及改建貨櫃碼頭等，爭議更大，難度更高。

為了化解燃眉之急，也為了長遠發展，我們建議啟動桂山島填海工程，以最快速度解決香港住房難題。具體設想如下：

（一）填海打造大桂山島

由內地在桂山島附近海域填海造地。桂山島位於香港大嶼山以南約 3 海浬處，屬於珠海市海域，是由珠海萬山海洋開發試驗區管轄的一個旅遊島。該島與附近的中心島和牛頭島連接之後，陸地總面積約 10 平方公里，目前只有兩千多人口，開發程度不高。建議國家出面支持，由珠海市政府成立專營公司以桂山島為中心填海造地 50 平方公里，加上桂山島原有陸地，形成一個面積 60 平方公里的大桂山島。由於內地填海速度極快，可以在短時間內獲得大量可用土地。填海時可加入建造生態海岸線，如在水泥海堤外建造紅樹林，以提高生物多樣性，更好地保護海洋生態環境。

（二）將大桂山島租給香港

把大桂山島上 50 平方公里的土地按一定價格（填海成本＋合理回報）租給香港使用，租期可達 100 年，由全國人大常委會通過決議案落實，在租賃範圍內實行香港法律，方便實行統一管理和自由進出香港。這些土地至少可提供 60 萬個平均面積 100 平米的住宅單位和逾 800 萬平米的商業樓面面積，容納 168 萬人口，可一舉解決香港土地不足問題。而且發展密度只有正在擴展填海的東涌新市鎮的一半左右，將為香港市民提供更佳生活條件。從這裏坐快船半小時內可抵達港島和九龍，比坐地鐵從上水到市區更快，十分利便市民往來港九及新界各地。

（三）合建大港及創新創業

推動香港與珠海市合作，在大桂山島另外的 10 平方公里土地上，攜手打造兩大項目：

一是建設一個深水大港。桂山島是各國船隻通往珠江口的海上交通要道，大部分水深在 10 至 30 米，在此建造深水大港，既彌補珠海缺乏深水港的缺陷，也方便香港把葵涌貨櫃碼頭逐步遷移至桂山島，騰出更多土地用於建房及商業發展。

二是打造大灣區創客中心，以優越環境吸引全球創客、尤其是年輕人到此創業，目標是建成大灣區創業創新基地。

這兩大項目將為居住大桂山島的香港市民提供在地就業的機會，不需要每天來往市區，有利於大桂山島社區平衡發展。

在桂山島建屋，前期可以公共房屋為主，其中主要應為新居屋，既解決居住問題，又滿足市民當業主的需要。由於填海工程由內地進行，預計總工程費用可控制在 500 億元人民幣以內，比由香港填海所需成本將高達 7,900 億港元（按東涌新市鎮平均填海成本計算）要低得

多，從而可以大幅度降低房屋建造成本，以價廉物美（平均面積可達 100 平米）的住屋吸引香港市民、尤其是年輕人入住。

隨着大桂山島的全面開發，未來可考慮建造一座橋，向北連接港珠澳大橋，接通桂山島到珠江西岸的陸路通道，以方便居民和物流來往大灣區。假以時日，大桂山島將成為珠江口的一顆燦爛明珠。

七 . 南丫島開發

南丫島位於香港島的西南面，面積約 13.85 平方公里，是全香港第四大島嶼，僅次於大嶼山、香港島及赤鱲角。島上居民約 6,000 人，大多住在北面地勢較平坦、可用作耕地的榕樹灣一帶。南面的索罟灣也有少數人居住。自 1970 年代香港經濟起飛，很多年輕居民從南丫島搬出香港謀生，南丫島一如其他鄉村，剩下年長一輩在島上。2014 年 3 月，特區政府修訂前南丫石礦場土地未來用途發展規劃研究範圍，總面積接近 60 公頃，其中包括 20 公頃以上土地可以容納 10 萬人口，將興建私人及資助房屋，同時發展旅遊和康樂設施，如度假酒店、室外康樂和水上運動中心等。[7]

實際上，作為一個面積比青衣還要大的島嶼，南丫島可開發利用的土地頗多，且可以局部填海進一步增加土地空間。建議把南丫島作為重點開發地區，在大力開發島上可用土地之餘，在海島東西兩側大規模填海造地，填出 8 至 10 平方公里的土地，即使實行低密度開發，仍可興建 10 萬至 20 萬個住房，可在一定程度上緩解香港土地不足問題。

港鐵南港島線早已通車，從中環可直達黃竹坑、鴨脷洲和整個港

7　資源來源：維基百科。

島南部，未來可以從鴨脷洲進一步伸延到南丫島，方便該島與港島南部的聯繫。也可用橋接上鴨脷洲和香港仔，把這個區域重新規劃發展，可多容納十幾萬人，並形成一個風景秀美的城市副中心。

八. 結語：貴在行動

過去特區政府曾進行資助市民置業的公眾諮詢，發現大多數市民都希望復建居屋，大多數立法會議員也呼籲擴大居屋措施，可見此舉有很強的民意支持，現任政府可以回應這呼籲。2013 年施政報告提出政府房屋政策的基本理念是「協助基層上樓、協助中產置業」，這是一個好政策。2017 年施政報告更明確指出「房屋並不是簡單的商品，而適切的居所是市民對政府應有的期望，是社會和諧穩定的基礎，因此在尊重自由市場經濟的同時，政府有其不可或缺的角色」，強調要「以置業為主導，讓市民安居，樂以香港為家」。若能乘勢推出具長遠發展策略、兼顧發展經濟、改善民生和社會公平的「新居屋計劃」以及以改善市民居住條件為核心的「藏地於民」計劃和「十年市區重建計劃」，相信更是順應民心的德政，最能體現以民為本的施政理念。因此，盼望特區政府能加快研究，細化和完善有關計劃，並儘快做出決策，以彰顯政府解決房屋問題的決心。

在具體操作上，可以把建造新居屋與土地開發緊密掛鈎，讓社會大眾作出選擇並形成共識，並以此回應極端環保人士的批評，同時公佈香港平均居住面積及與相似城市比較的數字，讓市民明白香港的差距所在。

此外，為了勞工短缺問題，加快新居屋建設速度和降低發展成本，可按前財政司司長梁錦松先生的建議，廣泛應用新科技（如組裝式建築材料），並在有確實需要時可考慮有針對性地輸入少量建築外勞，以便為香港未來徹底解決住房問題創造條件。

附件：

**（一）1985-2017 年私人住宅樓價與人均 GDP 變動趨勢
（以 1985 年為 100）**

資料來源：香港政府統計處和物業差餉估價署

**（二）1985-2017 年香港樓價與內部需求變動關係圖
（以 1985 年為 100）**

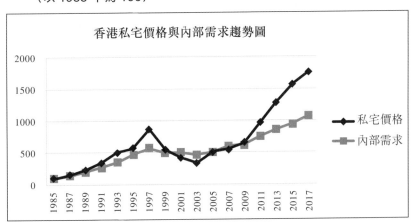

資料來源：香港政府統計處和物業差餉估價署

（三）1985-2017 香港樓價與通脹升幅（%）

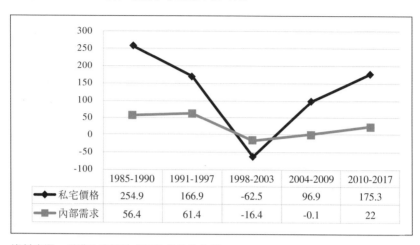

	1985-1990	1991-1997	1998-2003	2004-2009	2010-2017
◆ 私宅價格	254.9	166.9	-62.5	96.9	175.3
■ 內部需求	56.4	61.4	-16.4	-0.1	22

資料來源：香港政府統計處和物業差餉估價

（四）全球三大房屋發展模式比較分析

	歐美模式	新加坡模式	香港模式
政策取向	社會政策	社會政策	自由市場
房屋提供方式	由市場提供	政府為主	政府＋市場
調控方式	以稅收調控	以規劃調控	放任炒賣
模式特點	豪居模式	安居模式	炒作模式
樓價與收入關係	升幅低於收入	相當於收入	遠大於收入
對經濟增長的作用	首要動力	正面作用	負面作用
對經濟穩定的作用	超穩定結構	穩定結構	急遽波動
民眾居住條件	不斷改善	維持穩定	不斷惡化
對財富分配的作用	公平分配	公平分配	極不公平
對其他產業的影響	助推產業創新	促進產業發展	阻礙產業發展
對社會穩定的作用	超級穩定	十分穩定	嚴重分化
總體評價	**最佳模式**	**次佳模式**	**最差模式**

（五）新加坡組屋面積及售價表（2012 年）

房間數量	單位面積	單位售價
1. 兩房	45 平方米（486 呎）	69.6 萬港元
2. 三房	60-65 平方米（648-702 呎）	120.5 萬港元
3. 四房	90 平方米（972 呎）	188.2 萬港元
4. 五房	110 平方米（1188 呎）	238.5 萬港元

資料來源：新加坡建屋發展局

第 二 章

激勵創新

有謂：「人無遠慮，必有近憂。」時至今日，本港基本上還是一個固守傳統的服務型經濟體，而不是一個面向未來的創新型經濟體。如何順應滾滾而來的世界創新大潮，實現從服務型經濟向創新型經濟的轉變，是香港經濟面對的最大挑戰，關係到香港的未來！

這一轉型主要包括兩層涵義：一是打造科技及文創產業鏈，二是推動傳統服務轉向創新服務。為此，需要採取如下十個方面的新思維和策略行動，目標是打造香港為全球創新及服務中心。

一. 確立新定位

近年來，在本港創新方面，有不少負面消息引起筆者的「深切關注」，且先與大家分享：

第一，世界經濟論壇（World Economic Forun, WEF）發表 2016-2017 年度全球競爭力報告，香港在全球的競爭力排名，從過去 3 年的第 7 位跌至第 9 位，進一步被排名全球第 2 的「雙城記」另一主角新加坡拋離，主要原因是創新科技能力非正常地疲弱，僅排在第 27 位，拖累競爭力整體表現。報告形容香港面對的挑戰是如何由一個國際金融中心，轉型為創新科技中心。即使在該機構最新發表 2017-2018 年度全球競爭力排名中，香港由第 9 位躍升至第 6 位，但是報告也明確指出影響企業在香港營商的因素，其中包括創新能力以及政府施政效率低等。

第二，在另一個權威機構瑞士洛桑管理學院（IMD）發表的 2017年世界競爭力年報中，香港成功蟬聯冠軍寶座，但在四大評分基準中，經濟表現已由上一次的第 5 名，跌出十大至第 11 名，這是香港生活成本過高（代表當地市民的生活成本類別，香港在 63 個國家或地區中排倒數第二）妨礙經濟結構向創新型經濟轉型的一個直接結果。在該機構

2018 年全球競爭力報告中，香港更是跌落第 2 名，主要是香港在科技基礎建設和科研基礎建設方面較為落後，在「基礎設施」排名倒退 3 位，由第 20 急降至第 23 位，結果是冠軍寶座被美國所取代。

第三，2017 年 4 月，全球權威刊物《經濟學人》發表珠三角特別報告，聲稱「一個曾經以仿製產品聞名的地區正在成為世界級的創新集群」，盛讚珠三角是「皇冠上的鑽石」，而深圳是「珠三角的龍頭」。其重點並沒有落在香港這一珠三角唯一的國際都會身上，反指香港是一個發展成熟、但是甚為保守的城市，其背後用意不言自明。

香港科技大學榮休教授雷鼎鳴曾在一篇題為〈是甚麼損耗着港人應變創新能力？〉的文章中寫道：「1963 年有一位美國的商學院教授在演說中這樣概括達爾文的進化論：『能夠生存下來的物種，並不一定是最強大的，也不一定是最聰明的，而是最能適應環境變化的。』這段話雖不能在達爾文的《物種起源》內找到，卻是大有道理。縱觀世界經濟史，名不經傳的小公司走對了路後可變成巨無霸，曾領一代風騷的公司也因沒有掌握到世界的變化而要退出歷史舞台。過去港人常以靈活應變見稱，但近年經濟表現失去了昔日的光彩，是否因為港人對變化已不太懂得應對？」

其實，早在 1999 年，首任行政長官董建華就成立香港科技創新委員會，委任美國加州大學柏克萊分校校長田長霖教授為主席，帶領科技創新委員會發表兩份研究報告，認為香港發展創新科技是正確可行的選擇，隨後特區政府也成立創新科技署、應用科學院和創新技科技基金，希望可以一展宏圖，以此帶動香港經濟更上一層樓。俗話說，「好的開始是成功的一半」，對當時自信創造奇蹟、信心滿滿的香港社會來說，似乎是萬事皆備，好運很快就要降臨頭上了。

然而，科技創意畢竟不同於傳統商貿的轉手生意。令人遺憾的是，

受制於社會氛圍、政治爭拗、經濟理念和市場規模，香港創新氛圍始終不慍不火，產業化發展極為緩慢。直到 2016 年，香港創新科技產業創造的增加值只有 171 億港元，僅佔 GDP 比重 0.7%，反觀深圳 2016 年新興產業創造的增加值高達 7,800 多億元人民幣，是香港創新科技產業的 55 倍，差距之大，教人不忍卒睹，簡直不能同日而語。

這正好印證了「逆水行舟、不進則退」這句至理名言。「Hi-tech 揩嘢，Low-tech 撈嘢」這一在香港工業圈講了整整 30 年的笑話，現已成為因循守舊、不思進取的代名詞。時至今日，已是新興產業主導資本市場的天下，若香港一直在創新方面龜速前行，不但將進一步拖累經濟發展，也會拖慢金融市場發展壯大，從而被更多積極進取的對手反超前。

「往者不可諫，來者猶可追」，創新型經濟總是面向未來，只要能抓住機遇，就能後來居上。過去三十多年，國家抓住經濟全球化的良機，以加快工業化為主導，迅速崛起成為全球主要的生產基地；香港透過工業內移有效地配合了國家的開放發展戰略，同時發展為亞太區的商業及服務樞紐。這說明香港人一向善於靈活求變，骨子裏並不保守，有時只是欠火候而已。

未來 30 年，國家要從經濟大國提升為經濟強國，需要以科技和創新為發展動力，全面邁向創新型經濟。香港應確立發展創新型經濟的新方向，為國家新時期的轉型升級做出更大貢獻。而要達致這一目標，我們最需要的是激勵創新，努力向創新型經濟邁進。

（一）全球之發展

在進一步展開之前，我們不妨先來了解其定義和分類。歸納而言，「創新型經濟」是以知識及人才為主導，以創新為動力，以創新產業為

標誌的經濟形態，是科技創新及文化創意與產業創新的深度融合。換句話說，知識及創新是基本前提，創科成果產業化為新產品和新服務是最終歸屬。

創新產業包括創新產品生產和創新服務，前者是指第一、二產業中立足於知識和創新的產品生產部分，如高科技農業和製造業、中高科技農業和製造業、文化創意產品生產等，是創新型經濟的主體；後者是指第三產業中由知識要素主導，為創新產品生產和社會生活提供支援的現代服務業，包括通訊服務、金融服務、商業服務（包括電腦軟件及資料處理、研究開發、創意設計、品牌發展和廣告營銷等）、教育服務、健康服務和專業服務等。創新服務是創新型經濟的支柱。

自英國政府於 1998 年正式提出創新驅動型經濟這個理念以來，發展創新型經濟就成為許多國家優先推動的戰略目標。突飛猛進的資訊技術和創意浪潮，帶動全球經濟向創新型經濟全面轉型，使世界產業結構迅速邁向知識化。製造業的高技術化、創意產業的迅速崛起以及創新服務的快速發展，成為這一場新產業革命的三大共同特徵：

第一，製造業迅速走向高技術化，推動科技產品生產的迅速擴張，電子資訊、生物製藥、人工智能、航空航太、新材料、新能源等高技術製造業成為發展最快的產業。特別是在創新經濟中處於中心地位的全球資訊產業，2016 年產業總規模已超過 6 萬億美元；同年美國和中國資訊產業增加值均突破 1 萬億美元，在全球處於領先地位。

第二，全球創意浪潮勢不可擋，產品受到知識產權法嚴格保護的創意產業迅速崛起，成為世界級大都會的主導產業。英國學者約翰・霍金斯曾指出全球創意經濟每天創造出 220 億美元高附加值（即全年超過 8 萬億美元）；美國的創意產業已成為最大和最具活力的產業；英國的創意產業早在 2008 年市場總值就超過 1000 億英鎊，佔英國 GDP 的

7%，倫敦的創意產業對經濟發展的重要性甚至不亞於金融業。

第三，製造業的高技術化為服務業提供了重要的技術裝備，同時服務業自身也頻繁展開研發活動，以配合高技術製造業和創意產業的發展需要，並滿足人類不斷增加的、對高品質生活的追求。尤其是以電子商務為代表的新業態異軍突起，跨境電商、社交電商、智慧家庭、智慧交通、遠程教育、遠程醫療等新業態迅速湧現，互聯網金融、移動支付、城市商業綜合體等新模式也得到快速發展，加上分享經濟的廣泛滲透，這一切都促進了創新服務的迅猛發展，創新服務業已成為創新型經濟的左膀右臂。

創新作為一種新的主導要素，已成為全球經濟發展的新動力。在美國和歐洲部分發達國家，創新型經濟對 GDP 的貢獻已達 65% 以上，在印度等發展中國家也已佔 25% 左右。目前這一趨勢還在不斷強化之中，未來誰能率先建立以知識和資訊的生產、分銷和運用為支撐的經濟結構，誰就能在全球經濟中處於領導地位，並取得最大的經濟利益。

基於此，歐美等發達經濟體紛紛制定高科技發展戰略，建立面向知識經濟時代的國家創新系統，並投入大量資源用於知識創造、技術革新和人才培育，就是想掌握創新型經濟的主導權，在未來全球競爭、分工和利益分配中處於更有利的位置。美國制定再工業化計劃，以稅收優惠等政策積極爭取工業回流及吸引外資投資工業；德國為了促進再工業化，提出「工業 4.0」政策，助製造業轉型升級；韓國則有「製造業創新 3.0」，期望以智能製造和培育融合型新產業為主，實現全球新一輪工業革命的「領跑」戰略。

創新驅動帶來社會財富分配版圖的急速變幻，上了福布斯富豪榜的全球最大市值企業，頭 5 位都是高科技公司，而這卻是近年來發生的現象。在美國，微軟創辦人比爾・蓋茨（Bill Gates）、亞馬遜

創辦人傑夫・貝索斯（Jeff Bezos）、臉書創辦人馬克・朱伯格（Mark Zuckerberg）等高科技富豪，都佔據着 2017 年福布斯富豪榜前列位置。在同為四小龍之一的新加坡，黃氏家族在當地經營已有整整一個甲子，多年來穩佔首富位置，但今天卻被臉書聯合創辦人、擁有百億美元身家的 Eduardo Saverin 追上。

值得一提的是，發達國家尤其重視創新產品生產與創新服務密切配合所產生的巨大經濟能量。技術創新、資金投入和商業管理的有效結合，是創新產業發展的關鍵，其中包括多種創新服務的參與。一個高新技術企業要取得成功，不但要具備先進的科技成果，也需要風險投資、管理營銷和工程設計、法律、會計等專業服務行業提供的服務。基於這一認識，經合組織（OECD）曾在其發表的報告中提出創新是技術能力和社會能力的結合，明確指出了創新產品生產和創新服務不可分割的關係。這一點對考慮香港未來發展方向極具參考價值。

（二）國家之需要

中國在短短三十多年內利用低成本和人口紅利等優勢迅速建立全球生產基地，並藉此發展成為 GDP 總量居全球前列的經濟大國，完成了民富國強的第一步。但與發達國家，尤其是美國相比仍有一定差距，正如美國管理學大師彼德・克魯曼所指出的：「從事知識工作和服務工作的人的生產力，而不是製造和運送產品的人的生產力，才是發達國家的生產力」。中國要真正實現經濟強國之夢，還需要適應和引領經濟新常態，加快調整經濟結構和增長方式，把全球生產基地進一步轉變為全球創新型經濟重鎮，既要實現經濟總量的超越，更要縮小知識創造的差距，在創新型經濟中的一些關鍵領域，還要走在世界各國的前列。

國家領導人早已洞察先機，並率先作出全面佈署，在發展高新技

術和創意產業等方面，投入大量資源力求突破。經過多年努力已取得很大成效，本世紀以來全國研究與開發 (R&D) 經費急升近 18.2 倍，2017 年總經費達到 2,600 億美元，穩居全球第二；授於專利權猛增 17 倍，2017 年高達 183.6 萬件，遙遙領先於美國和日本；高新技術產品出口在全部出口中的佔比更提高了 18 倍；2017 年科技進步對經濟長的貢獻率達到 57.5%，整體經濟中的知識和創新含量有了較大提高。

隨着研發投入強度的不斷提升，科技創新成就舉世矚目。根據有關資料，過去 5 年，中國在載人航太、探月工程、高分專項工程、「長征五號」運載火箭、硬 X 射線、風雲四號衛星、實踐十三號衛星、海洋科考、超級電腦、第四代移動通信系統 (TD-LTE)、量子通信、誘導多功能幹細胞、重離子精準「無創手術刀」、大飛機製造、高速鐵路、國產航母、三代核電、新能源汽車、現代農業等基礎和前沿領域，取得了一大批有國際影響力的重大成果，不少領域實現了從跟跑到並跑與領跑並行的進步，一些戰略必爭領域搶佔了制高點，開闢了新的產業發展方向。

與此同時，科技成果廣泛應用於農業、製造業、服務業等領域，高水平供給得到加強，如首架國產大型客機 C919 交付試飛，國產 12 寸設備加工晶圓產品突破千萬片次，中國主導推動的 Polar 碼被國際移動通信標準化組織採納為 5G 增強移動寬頻控制通道標準方案，高寒抗風沙混合動力永磁牽引系統高速列車年產能超過 350 列，電力電子關鍵技術和網聯車控制系統進入國際市場，「京滬幹線」廣域量子通信骨幹網路工程全線開通，港珠澳大橋關鍵技術順利攻克，建成難度最大的跨海集羣工程，國產掘進裝備突破大於 12 米盾構技術並實現工程化應用，一批瞄準重大疾病的創新型藥物成功上市，新型智慧城市建設取得顯著效果。尤其是近年被譽為「新四大發明」的高鐵、共享單車、

電子商務和支付寶，改變了億萬民眾的生活習慣和方式，提供了前所未有的方便。[8]

然而，這還只是牛刀小試，好戲尚在後頭。「十三五」規劃進一步把提高自主創新能力作為國家戰略加以全面推動，力促經濟增長由主要依靠資金和物質要素投入帶動，向主要依靠科技進步和人力資本帶動轉變，目標是建設創新型國家和人力資本強國，從而為國家創新型經濟訂立了發展方向。未來 30 年，創新型經濟將成為全國經濟活動的核心和動力，展示出更驚人的發展潛力，中國經濟將進入一個由創新驅動的快速增長時期。

最受鼓舞的是，創新型經濟不僅成為國家發展經濟的新引擎，也是參與「大眾創新，萬眾創業」的先行者，尤其是年輕人發財致富的一大利器。如今科技創新已成為內地民眾、尤其是年輕人的創業潮流，深圳、北京、上海等地的創科企業都已出現集羣化發展，無論是北京的中關村，還是深圳的南山及前海，或是上海的張江高科技園區，都可以看到一大批創科企業默默耕耘的影子。目前內地前 10 大富豪當中，便有 6 位來自互聯網科技等新經濟行業，包括在 2016 年度內地「五百富人榜」中排第 2 位、擁有財富 1,366 億（人民幣，下同）的騰訊控股主席馬化騰；排第 3 位，擁有財富 1,257 億的亞里巴巴主席馬雲；排第 5 位，擁有財富 885 億的百度集團主席李彥宏；排第 6 位，擁有財富 739 億的小米科技公司主席雷軍；排第 7 位，擁有財富 685 億的網易公司主席丁磊等。2016 年內地「五百富人榜」的人均財富超過 170億，比 2014 年大增 50%，這與內地創新行業的蓬勃發展高度相關，説明創新經濟的財富增值動能十分驚人。

8　見國家統計局文章《科技發展成效顯著　創新驅動加力提速》，2017 年 7 月 27日。

更令人欣喜的是，在 2016 年度內地「五百富人榜」中，有不少是 40 歲以下的年輕人，他們大都來自新經濟行業，如畢業於香港科技大學、研制無人機、年僅 35 歲的汪滔，就排在富人榜第 82 位，擁有財富 229 億；再如排在內地富人榜第 11 位、提供電子商務、擁有財富 521 億的京東公司主席劉強東，也只是 40 出頭，反映內地年輕一代對創新創業的意慾極強，而且卓有成效，是創新型經濟迅速崛起的關鍵要素。

不過，也要看到，儘管國家在發展創新型經濟方面進展很快，但也出現一條腿長一條腿短的局面，即雖然內地在許多科技領域已進入世界先進水平，國家也擁有 5,000 年的燦爛文化，但由於缺乏現代服務功能，使科技和文化知識的傳遞和運用出現一些阻礙。即便是整體規模已進入全球前列的電子資訊業，現時加工裝配所佔比重還比較大，產業附加值依然偏低，最新美國制裁的中興公司就暴露了中國資訊科技產業存在「芯痛」和操作系統等諸多短板。從根本上講，國家要成功轉變為創新型經濟，很大程度上還需要在創新服務方面取得突破。

（三）香港之所長

由此可見，國家在未來 30 年對創新服務的需要將會十分龐大。但因創新服務業具有不同特性，要在短期內填補真空並非易事；服務業高度發達的香港，正好可以提供這種服務。

一是「一國兩制」優勢。「一國兩制」給香港帶來的是獨一無二的綜合優勢：一方面，香港可以享受國家經濟持續快速發展帶來的好處，特別是未來內地致力發展創新型經濟，將會形成全球最龐大的需求；中央政府對香港經濟轉型升級的支持，也會通過 CEPA 等制度安排向香港進一步開放服務市場。另一方面，香港也具備內地發展創新型經

濟所急需的制度優勢和管理能力，包括嚴格規範的知識產權保護制度、較為完善的企業法人治理結構和企業家精神、較高水平的企業、社會和公共管理能力以及誠信、專業等核心價值，這些軟力量使香港可以為內地發展創新型經濟提供高效的服務。

二是人才匯聚優勢。香港作為亞洲國際都會，可以提供一流的生活環境，加上貼近全球增長最快的內地市場帶來的發展機會，因而能吸引大批全球頂尖的科技、金融、設計和管理等方面的人才到香港居住。香港不少大學排名都居亞太區前列，科研能力在全球處於一流水平，也培養了數以萬計的優秀人才。加上每年都有大批來自全世界各地的人才匯聚香江，這將為內地發展創新型經濟提供最重要的人才寶庫。

三是現代服務優勢。香港作為亞太區的國際金融中心，可以利用成熟的資本市場和投資基金，為內地創新產業提供所需要的資金，推動企業創新取得成功。香港同時也是亞太區內主要的商業及專業服務中心，設計、會展、品牌發展、產品推銷等各類商業支援服務和法律、會計、工程諮詢等專業服務業均十分發達，這一支柱產業目前佔到香港經濟的 12% 以上，其中多數是以知識為本的高增值服務業，可以直接為內地創新型經濟發展提供支援。

四是區域融合優勢。改革開放以來，香港透過工業北移和投資，在珠三角開設了數萬個企業，僱用逾千萬工人，建立了全球重要的生產基地，帶動了珠三角經濟的迅速起飛，香港也轉變成為珠三角外向型經濟的主要服務中心。當前珠三角地區雖然面對加快轉型升級的壓力，但同時也提供了創新型經濟的巨大發展潛力；香港作為區域經濟的引領者，可以深度結合區域發展優勢，提供知識及創新服務以推動珠三角地區產業結構的提升，並以此得到更大的發展空間。

正因為有這些獨特優勢，加上近年來政府正視問題，努力補短，先後採取了一些實質性措施，包括排除萬難成立創新及科技局，積極改善科創和創業環境，行政長官在 2017 年《施政報告》中提出循八大方面發展創科等，令創新產業發展有所起色。世界級科創機構亦相繼在香港落戶，麻省理工學院於 2016 年 6 月在香港成立了首個國外創新中心，同年 10 月瑞典卡羅琳醫學院在香港科學園成立該院首間國外研究中心，中國科學院的廣州生物醫藥與健康研究院，也於同年 12 月宣佈在科學園設立廣州香港幹細胞及再生醫學研究中心，美國紅杉資本於 2016 年 6 月牽頭成立香港 X 科技創業平台，提供資金支持本地高校早期探索及天使階段的創業項目。雖然這些仍屬起步項目，但今天一小步，就是明天一大步。

（四）精準定位

但要看到，香港能否抓住這千載難逢的發展良機，關鍵還要有自己的定位和策略。香港應把自己定位為**全球創新及服務中心**，一方面為國家的創新型經濟發展提供高端服務，成為粵港澳大灣區創新型經濟的重要參與者，另一方面努力打造具有特殊優勢、有較大發展潛力的科技創新和文化創意產業，形成一批國家所需、香港所長、具國際競爭力的創新產業鏈，為香港從服務型經濟轉型為創新型經濟注入新動力。這是香港邁向創新型經濟的第一個策略和行動。

應當強調，這兩者是相輔相成、不可分割的，因為高端服務是香港的根本優勢，發展創新型經濟必須立足於這一強項；但創新型服務也並非憑空產生，而是要以科創產業為支撐，因為世界各國發展經驗證明，打造科創產業不僅可帶來新產品，更重要是累積經驗和培育人才，否則是很難做好創新服務的。本港過去一直停留在轉讓科研成果

階段，支援創科產業的創新金融（如風險投資和創業板）遠比不上倫敦、紐約和洛杉磯，甚至不如北京、上海、深圳等內地城市，就是因為缺乏打造創科產業的實際經驗和懂行識貨的行家裏手。雖然創新服務人才理論上可以通過引進來解決，但如果沒有創新產業平台和政策支持，人才就沒有發揮空間，結果還是引不進、用不了、留不住。香港對全球人才一直是開放的，對中國內地也有優才計劃，但創新型人才仍較少來港，甚至本地培養的理工科人才還大量流失，即是明證。

要實現新的目標定位，政府的功能和角色至關重要，因為在以科技和創新促進經濟轉型上，政府往往是最有效率的推動者，承擔着最為重要的責任。有鑒於此，特區政府要明確制訂香港未來向全球創新服務中心發展的總體藍圖，採取激勵創新的政策措施，以期儘快見到成效。

在確立新定位之後，最重要的是儘快凝聚社會共識和支持。香港是一個民主和多元的社會，政府的政策只有取得廣大市民的認同，才能順利推動和落實，在確定關係香港未來的發展藍圖上尤其如此。因此，特區政府首先必須向香港社會作廣泛宣傳和溝通，通過各種可行途徑爭取共識。由於民眾在香港未來發展上的根本利益是一致的，只要政府向他們說清楚未來的發展目標、主要策略和具體政策，相信不難得到香港社會各階層和絕大多數民眾對香港發展創新服務中心的認同和支持。

（五）小結

創新產品生產和創新服務的有效結合以及在區域範圍的合理分工，自古已然，於今為烈。一百多年前世界大發明家托馬斯・愛迪生就是其中典型的代表。1876 年，他一方面將他的工作坊搬到紐約附近

的新澤西州，與當地的工匠一同工作，把發明直接運用到實際的生產過程中去，另一方面又以完全不同的方式與他的商業合夥人、顧客、曼哈頓的金融家、律師進行密切合作。香港目前的條件和機會，比當愛迪生所處的時代要優越的多，我們完全可以把兩者更有效地結合起來，創造出知識服務型經濟體更強大的生產力。

世界上沒有神話，所有的傳奇都是攻堅克難，厚積薄發。香港發展創新型經濟，也面對教育普及程度和應變創新能力相對較低等薄弱環節，需要認真對待。港人向以靈活應變見稱，然而過去十多年，我們應對超全球化和科技進步帶來社會生產及生活方式的急速變化、尤其是內地令人目不暇接的新經濟大潮，可算是十分遲鈍，並未出現上世紀後半葉應有的適應新環境、迎接世界大潮的蓬勃朝氣，以致經濟表現失去了昔日作為四小龍之首的四射光芒。如果我們從那時起就上下一心全力以赴去推動創新，今天的香港就一定會有很好的基礎。

不過，亡羊補牢，猶未晚矣！我們絕不能氣餒，因為香港雖然錯過了一些時日，但仍有不少機會，只要抓住機遇，就能迎頭趕上。特區政府不但有責任增強香港市民的創新型經濟意識，還要善用創新服務和區域合作這兩大法寶，為本地經濟的進一步發展奠下穩固的根基，也為國家新一輪的改革發展做出更大貢獻。

時代之潮，推枯拉朽，順之者昌，逆之者亡。香港再不能坐而論道了，讓我們立即採取行動吧！

二.「高端服務 +」模式

從總體上講，本港是服務型經濟，要轉型為創新型經濟，首先需要從服務優勢出發，透過運用新知識和新技術，拓展產業鏈至現代製造業，形成完整的創新產業鏈，這是香港邁向創新型經濟的另一個策

略和行動。

這種新思維，可稱為「高端服務＋」模式，類似於內地的「互聯網＋」模式。其基本理念是守正出奇，以奇制勝。高端服務是正，創新產業是奇；現有服務存量是正，創新成果產業化帶來的增量是奇。通過不斷拓展產業鏈，可得到更可觀的經濟效益和更平衡的產業結構。

為了更好理解這一模式，筆者試用一例加以說明。洪雯博士曾在《大公報》撰文[9]中提到，有天她朋友一家特地來港注射 HPV 疫苗，也順道遊玩及購物，然而疫苗並非本地生產，香港在整個供應鏈中只承擔下游的流通（疫苗進口）和醫療（疫苗注射）這兩個服務功能，上游的疫苗研發和中游的疫苗生產均不在香港，未能獲得更多的附加價值。除此之外，由於疫苗並非本地製造，香港無法控制供應鏈，過去每當外地民眾湧入香港注射疫苗，我們總是擔心供應不足，無法滿足本地市民需求，反過來影響香港醫療服務優勢的充份發揮。

實際上，香港不僅在疫苗流通和注射服務上均符合國際標準，因而廣受內地民眾信賴，而且本港各高校在生物醫藥的研發水平甚高，只要把科研成果加以產業化，完全可以創新技術生產出各類高端疫苗，打造包括疫苗研發、生產、流通和注射服務在內的完整產業鏈，並吸引更多的旅遊服務需求，從而取得更高的收益。

以流感疫苗為例，現時一般注射疫苗的收費是 210 港元，其中疫苗成本是 160 港元，注射費用只是 50 港元，佔疫苗產業鏈價值不足四分之一。在這裏，疫苗成本是名副其實的「軟三元」（在 OEM 模式中，就有「軟三元」的概念，指如果出口產品最終銷售價格為 4 元，其中製

---

9 見洪雯博士的文章〈香港再工業化的方向——高質服務助拓 2.5 產業〉，載 2016年 6 月 27 日大公財經。

造環節只有 1 元，研發、物流和銷售等環節佔 3 元），在價值鏈中居支配地位。如果疫苗研發和生產均由香港進行，不僅收益可以增加 3 倍以上，而且由於供應量不受限制，可以容納更多外地民眾來港享用優質的注射服務，從而大大拓展本港注射服務及相關旅遊業的發展空間。

更重要的是，香港可以把首創疫苗輸往內地市場和世界各地，疫苗可打造為一個極有價值的創新產業，給香港帶來的將是比現有單純注射服務高出百倍的經濟收益。推而廣之，還可以拓展至整個生物醫藥乃至更大範圍的健康產業，進而鞏固本港早已蜚聲國際的醫療服務，將其進一步提升至世界級水平。

上述例子只是冰山一角。由於香港服務經濟高度發達，可以「高端服務 +」模式拓展的創新產業鏈，其實不在少數。最典型的是生物醫藥、金融科技和人工智能，未來發展潛力極大。

以生物醫藥為例，未來 30 年生物醫藥是繼資訊科技之後的又一個具革命性影響、且更有發展潛力的一大產業。本港的大學和醫院在這方面具備很好的基礎研究能力和條件，科研水平在亞太區首屈一指。例如香港中文大學盧煜明教授在 1997 年發現母體血液中存在着胎兒游離 DNA，基於此研究使用這一特性來檢測唐氏綜合症的新途徑，並在 90 多個國家和地區得到運用，為全球數以萬計的孕婦提供了無創產前診斷，僅在中國內地，每年就有逾百萬孕婦接受這項測試，盧教授還因此而榮獲內地「未來科學大獎」中的「生命科學獎」，單項獎金高達 100 萬美元。[10] 這項成果今年可望在公立醫院應用推廣，有機會成為下一個獨角獸企業。

再如，據有關資料，戊型肝炎在東南亞、北非、中非、印度和中

---

10 詳見大公網：2016 年 9 月 16 日報道。

美洲等發展中國家常出現爆發式流行，世界衛生組識（WHO）估計全球三之一人口曾感染過戊肝病毒，其中僅在東亞和南亞，每年就有 650 萬例戊肝，導致 16 萬人死亡。在中國內地，戊肝發病率在過去 17 年增長近 8 倍，死亡率和發病率分別從 2004 年和 2011 年起超過甲肝。戊型肝炎對孕婦的威脅最大，死亡率高達 20%，且病情更重，特別是對懷孕晚期者生命威脅極大。孕婦感染戊肝，25%-30% 可發展成為重型肝炎，甚至引起肝衰竭、肝性昏迷，還可造成流產、早產、死胎等，也可經母嬰傳播感染新生兒。早在 2001 年，港大微生物學系就圍繞着戊型肝炎結構蛋白再結合性縮氨酸進行研究，透過這種類似病毒粒子的性縮氨酸，找到了研制戊型肝炎疫苗的理論和方式。隨後，香港科技大學利用獨特的昆蟲細胞系統和方法來生產免疫原蛋白，能夠直接和高效地表達病毒抗原，這在全球屬於首創，並且由於產生的抗原容易回收，大大簡化生產程序，降低生產成本，更能為病患者所接受。

然而，由於過去香港不重視應用研究和產業化，致使戊肝疫苗生產未能在本地進行。港大研發出對抗戊型肝炎的方法後，也只能將疫苗開發及研製技術通過技術轉讓的形式，以 850 萬元售給杭州養生堂有限公司，當時預計最少用 3 年時間便能超越美國，率先將疫苗研制成功，可惜始終未能成事。在這一役中，香港雖然起步較早，並取得一些創新成果，結果卻是一賣了事，在產業化上失去先機，儘管有國際級專家坐陣（在全球 3,000 名微生物學家中，港大有 3 位教授均排在前 20 名）和多年的研究投入，可惜未能取得更大的效益。

反觀內地在這方面的表現，則是大異其趣。一個成功例子是，在港大轉讓疫苗開發及研製技術三年多之後，由廈門大學與養生堂萬泰公司採用基因技術聯合研製的「重組戊型肝炎疫苗（大腸埃希菌）」橫空出世，並按嚴格規定開始進行 3 期臨床試驗，其中第 3 期試驗在 10 萬

健康人羣中接種。2012 年 1 月，國家科技部副部長王偉中在北京宣佈，重組戊型肝炎疫苗獲得國家一類新藥證書和生產文號，成為世界上第一個用於預防戊型肝炎的疫苗，並被不少國際學術刊物公認為全世界戊肝預防與控制領域的一個重大突破。

另一個成功例子是：2017 年 9 月，中國科學院上海有機化學研究所把其研發的腫瘤免疫靶向小分子抑制劑 IDO 的全球獨家開發許可權，授予信達生物製藥（蘇州）有限公司，代價是 4.57 億美元另加銷售提成，這是迄今為止中國製藥領域交易金額最大的院企合作項目。這一抑制劑可以對過度活躍的 IDO 活性進行抑制，從而使腫瘤微環境中的免疫細胞重新恢復活性，精準殺死腫瘤細胞，成為腫瘤免疫治療藥物開發的「種子選手」，預計 5 年以後可以上市。IDO 抑制劑與目前被臨床研究證明為最有效的腫瘤免疫治療藥物 PD-1 抗體的聯合療法，已取得令人滿意的臨牀結果，這也是該項研發成果的巨大價值所在；雖然最終產品並沒有在上海生產，但巨額的授權費用加上未來的銷售提成，無疑將給上海帶來可觀的效益。

值得慶幸的是，近年來本港在生物醫藥研究領域已出現一些新進展。比如，器官移植可為不少病人帶來有效延長生命的曙光，香港大學李達三再生醫學研究中心教授李登偉研究人造心臟十多年，並於 2014 年以人類胚胎幹細胞（俗稱「萬能幹細胞」）培植出全球首個只有指甲般細小的人造「迷你心臟」，已正式投入試驗 40 多種藥物。2016 年 10 月，瑞典著名醫科大學卡羅琳醫學院（Karolinska Institutet）在香港設立第一個海外科研基地——劉鳴煒修復醫學中心，聘請李登偉教授為該中心執行總監，未來將重點進行與幹細胞和再生醫學相關的三大領域重要研究，包括心臟、肝臟及神經系統，並配合生物工程、基因編輯、生物資訊及高端生物成像等尖端技術發展。李教授表示，再生

醫學於本世紀初才正式起步，但發展潛力無限；以現時幹細胞科技，在人體身上抽取數毫升血液，經過數星期就可以造出活生生的「迷你心臟」，再加上卡羅琳團隊科研人員，有可能做到「迷你肝」、甚至「迷你腦」；現階段製造這些器官，主要用於測試藥物，觀察對人體會否有副作用等，未來有可能移植到人體內，代替人體受損器官，其影響將會十分深遠。[11]

又如香港大學醫學院於 2017 年 9 月宣佈發現新型抑制劑 NP16，可用於治療耐藥性金黃葡萄球菌（MRSA）感染，是醫學界首個以化學遺傳學處理 MRSA 感染的方法。新抑制劑令人體免疫系統自行清除 MRSA 細菌，因其本身無殺菌作用，不會產生耐藥性問題。是項研究於第四屆國際感染預防會議上獲得學術創新一等獎，研究團隊期望於 3 年內在不同動物身上完成前期臨床研究，並正在積極與商界和政府探討，將 NP16 納入藥物發展計劃。若研究進度理想，有望於 10 年內發展成藥物。[12]

也就是說，香港在製造人體器官和研發替代抗生素治惡菌新藥等方面已有很好的起步，未來若能在藥物測試及臨床實驗上取得進展，並進行產業化，讓亞太區患者到香港更換受損器官，或把人造器官和替代抗生素新藥出口到有需要的地方，香港就有機會在「高端服務＋」模式上取得突破。

再以金融科技為例，香港金融業名列全球 3 強，發展金融科技正好是「高端服務＋」模式的另一實踐。香港應用科技研究院自 2014 年研發金融科技至今，已投放約 1.5 億元，涉及 48 個項目，當中 15 個項目

---

11 見大公網，2016 年 10 月 3 日。

12 詳見《大公報》2017 年 9 月 8 日報道。

是與金融機構合作。應科院透露將在未來 3 年投放超過 2 億元用於金融科技，並從網絡保安、區塊鏈的應用、大數據分析及人工智能 (AI)、移動計算等 4 個方向，透過人才培訓、建設平台和基本設施去發展。

有專家認為，區塊鏈將是互聯網面世以來，下一個顛覆世界的新科技，因為區塊鏈資料是分散式儲存，擁有幾乎無法竄改的特點，可應用在貿易、匯款、股票結算等方面。應科院正在研究區塊鏈在貿易融資方面的應用，期望 2 年內可推出市場。如能取得突破，將是香港金融業的一場革命，因為區塊鏈技術是把整個金融服務過程電子化，可以做到去中介化，大量原先處理文書工作的職位，將會被取代或轉型至高增值的角色，這種創新帶來的影響也會十分深遠。[13]

我們再來看看人工智能。2018 年 5 月中旬，香港中文大學工程學院湯曉鷗教授帶領團隊創立的「商湯科技」，剛完成新一輪 6 億美元的融資，這是大中華地區在人工智能 (AI) 領域的最大一筆單輪融資。經過這輪融資後，商湯科技的估值已超過 45 億美元，內地巨企阿里巴巴等公司也有參股。該公司有計劃在香港上市，可能成為香港首隻上市集資的大型獨角獸[14]，使香港創新科技產業發展邁出令人歡欣鼓舞的一步。

三 . 健康港計劃

涵蓋藥品製造、醫療服務和康復養老等 3 大範疇的健康產業，是歐美發達經濟體的一大經濟支柱，也是全球最具潛力的明星產業。在美國，健康產業創造的增加值已經佔到 GDP 的 15% 以上，差不多是

13《信報》，〈財金新聞〉，2016 年 7 月 18 日。

14 詳見《大公報》2018 年 5 月 30 日報道。

金融業的 2 倍，比整個製造業（佔 12%）還要大。全球 10 大藥廠就有 9 家在美國，醫療、康復和養老等健康服務水平也是首屈一指。由於香港開發生物醫藥有較大潛力，加上老齡化現象將日趨嚴重，對健康服務有很大需求，未來應當、也有條件發展健康產業。

香港邁向創新型經濟的第三個策略和行動，是推出「健康港計劃」。這是一個集醫藥研發、醫療服務、醫療融資、健康保健、健康旅遊等項目於一體的大型產業鏈，未來可從如下幾個方面着手推動：

一是開發生物醫藥。全面推行「高端服務 +」模式，以本港大學和醫院卓越的研究能力作為後盾，政府提供相關政策支持，加快把研究成果產業化，包括開發各類市場急需的疫苗和藥物、培植可替代受損器官的人造器官以及生產替代抗生素新藥等高端產品，使香港成為亞太區重要的生物醫藥開發及生產中心。這是「健康港計劃」的一個主攻方向。

生物醫藥無疑是一個高增長的產業。2016 年全球藥品銷售額突破 1.1 萬億元，未來幾年將保持 5%-8% 的複合增長率。其中幹細胞治療技術應用前景十分廣闊，預計到 2018 年全球幹細胞市場規模將達到 1,200 億美元。中國更是全球最重要的藥品市場，2016 年藥品終端市場總規模也達到 2,075 億美元，較 2010 年增長近 2 倍，佔全球市場接近 20%，且增速快過世界平均水平，有待我們去挖掘和深耕。

必須看到，生物醫藥產業具有高技術、高投入、長週期、高風險、高收益和低污染等基本特徵。然而，根據國際經驗，生物工程藥物的投資回報率卻很高，一種新生物藥品一般上市後 2-3 年即可收回所有投資，尤其是新產品和專利產品，一旦開發成功便會形成技術優勢，投資回報可高達 10 倍以上，大大超越房地產和股市，值得香港投資和開發。

二是發展中醫中藥。回歸以後，特區政府十分重視發展中醫中藥，包括提出「中藥港計劃」、實施各項中醫中藥的規管措施、成立香港賽馬會中藥研究院和開設中醫院等，並投下了不少資金，目前已看到一些成效。當前全球中醫中藥每年以 20%-30% 的增速擴張，市場潛力巨大，不少國家和地區都十分重視中醫藥開發，如 2017 年 8 月新加坡衛生部就撥款 1,000 萬新加坡元，資助當地展開更多與中醫藥相關的研究。香港在中醫中藥規範化和產業化方面早已建立優勢，應作為另一個主攻方向推動發展；未來應加強中醫中藥的研究開發、品質論證和品牌推廣的力度，使香港成為中醫藥中心和服務基地。

　　三是推動康復療養。可考慮在大嶼山、南部海島或部分生態價值不高的郊野公園，設立康復療養基地和養老中心，吸引區內有需要及有一定經濟能力的人士入住。也可在粵港澳大灣區內尋找合適地點，由香港合資格機構開辦經營，按香港標準進行管理及提供服務。

　　四是增設私立醫院。香港好的私立醫院嚴重不足，也未能發揮其潛能，今後應加快發展一批高質素的私立醫院，包括借鑒上海打造新虹橋國際醫學中心的做法，吸引世界上更多名牌醫院（如美國麻省總醫院等）來港開設分院或醫療中心，以爭取全球、特別是亞太區的健康業務。

　　五是加快人才培訓。誠然，香港醫護人員的專業水平是世界級的，問題是目前本港包括醫生和護士在內的醫務人員嚴重短缺，每 1,000 人只有 1.7 名醫生（新加坡有 2.8 名，OECD 成員國的中位數是 3.2 名），但因本地招生名額受限，加上引進人才面對諸多制約，造成醫務人員超強度工作，醫療事故也時有發生，嚴重影響醫療質素的提升，市民做前列腺肥大手術要排期 2 年，做白內障手術更要輪候 2 年半。有鑒於此，未來宜加快醫務人才培訓和引進，為推動「健康港計劃」創造條件。

當然，應當看到，長期以來香港醫療是以公共服務為主，旨在為本地居民提供優質的醫療服務。這一性質，未來不需改變，而且只能加強，不能削弱。基於此，今後可考慮採取「雙軌制」，即以強化公共醫療滿足本港居民的需求，以發展高端商業醫療滿足非香港居民的需要，並出台一些配套措施。總言之，「健康港計劃」是在確保滿足香港社會因步入老齡化而不斷增加的醫護需求的同時，通過一些必要改良及推動措施，儘力釋放健康產業的生產力，迎接日益增加的海內外需求，推動本港健康產業快速發展，使之成為香港經濟的新增長動力。

四．全球創意中心

香港邁向創新型經濟的第四個策略和行動，是利用當前面對的良好機遇和本港具備的獨特條件，把本港打造為全球創意中心。

（一）創意浪潮不可擋

在創新經濟時代，全球創意浪潮勢不可擋，文化創意和產業發展的結合更加緊密，產品受到知識產權法嚴格保護的創意產業（Creative Industries，也稱文化創意產業、版權產業或內容產業。本書一律稱為創意產業）迅速崛起，與科技產業一道，成為推動創新型經濟發展的兩大引擎。創意產業自 1997 年一經提出，就立即受到發達國家和新興經濟體的普遍重視，為這些經濟體帶來強大的增長動力和可觀的就業機會。美國創意產業已成為最大規模和最具活力的產業，佔 GDP 比重超過 11%，幾乎可與製造業並駕齊驅；創意產業也是英國增長最快的行業，佔 GDP 比重達到 8%，為逾 200 萬人提供職位；韓國創意產業則佔 GDP 比重也高達 8.7%，成為 1998 年遭受金融危機後經濟復甦和新一輪發展的重要動力。

更重要的是，由於文化及創意一般都會依託並匯聚在科教文化發達、人文傳統濃厚、法制體制健全、經濟幅射力強和人才高度集中的中心城市，因而創意產業就提升為世界級都會標誌性的主導產業，並湧現出一批聞名宇內的國際創意中心。如果我們按照規模、功能和影響力來劃分，大致可分為 4 個層次：

一是**全球創意中心（Global creative centre）**，它是最高層次的創意中心，規模龐大，功能齊全，人才薈萃，影響範圍覆蓋全球，是全球創新意念的發祥地和國際級創意企業的聚集地，也是創意產品和服務的定價中心，如紐約和倫敦。

二是**區域國際創意中心（Regional international creative centre）**，規模較大，功能較多，人才聚集，眾多國際創意機構高度參與，承擔大量與創意有關的跨境交易和服務，但其服務範圍未能覆蓋全球，並非全球性創意活動的主要領導者，如東京、巴黎、香港等。

三是**特色國際創意中心（Niche creative centre）**，在某一創意領域處於全球領先地位，如洛杉磯（電影藝術）、三藩市（電子設計）、柏林（電影和音樂）、米蘭（時尚設計）等。

四是**國家創意中心（National creative centre）**，主要為一個國家內部提供文化及創意服務，其活動規模可以很大，吸引國內眾多人才，但跨境交易和服務不多，如上海、北京、新德里等城市。

紐約和倫敦是世界公認的 2 大全球創意中心。紐約是全球規模最大、功能最齊全和最具影響力的創意城市，創意企業超過 50,000 家，許多美國最有名的創意企業，如多年來主宰音樂唱片業的在線時代華納和索尼博多曼音樂娛樂公司、在藝術博物館領域影響最大的紐約大都會藝術博物館和紐約現代藝術博物館、全美最大的出版社麥格勞－希爾以及在表演藝術領域起關鍵作用的眾多藝術家經理公司等企業總

部均設在紐約，造就了紐約在全球文化藝術領域的領先地位。

倫敦的創意產業對經濟發展的重要性也已超過了金融業，創造的收入佔倫敦經濟總量的 16%，帶動 50 萬人從事創意工作，每增加 5 個就業機會，就有 1 個在創意產業當中；於 1993 年開始舉辦的倫敦時裝設計節已成為全球時尚界的新寵，2003 年開始舉辦的倫敦設計節更是全球最具影響力的設計大事件之一；享譽全球的國際設計之都，全球 3 大廣告產業中心之一，全球 3 大最繁忙的電影製作中心之一，三分之二以上的國際廣告公司的歐洲總部設在倫敦，這些均凸顯倫敦作為全球創意中心的地位。

（二）面對難得機會

值得注意的是，目前全球經濟重心正在加快東移，亞洲經濟重要性不斷提升和產業結構調整升級所釋放出來的對文化及創意服務的龐大需求，都預示着亞洲創意產業、特別是中國創意產業將獲得巨大發展。未來區內將出現諸多國際創意中心「羣雄並起」的局面，除了香港外，新加坡、東京、上海、北京、深圳、首爾、孟買、台北等城市都正在加快謀劃發展，最終一定會出現 1 至 2 個類似紐約和倫敦的全球創意中心。換句話說，全球經濟重心東移將同時帶動創意中心的崛起，從而使亞洲經濟發展建立在創新推動的基礎之上。

香港作為亞洲的國際都會，有機會成為除紐約和倫敦之外的另一個全球創意中心。因為香港擁有發展創意經濟的綜合優勢和條件：

從內部看，香港基本符合著名學者 R. Florida 在創意城市理論中提出的創意經濟必須包含的 3T 元素：一是擁有眾多富有創意的人才（Talent），可以新思維設計出創新產品；二是掌握和運用能配合創意產業發展的高新技術（Technology），如製作電腦動畫及 3D 立體影片等；

三是實行自由開放政策，擁有中西交融的文化背景和完善的知識產權保障制度，着重保障專利、版權、商標和產品設計等 4 種權利，有利於形成自由寬鬆的創新環境（Tolerance），加上能及時掌握全球創意及相關資訊，有利於利用國際上豐富的創新資源及開拓國際市場。

從外部看，香港地處東亞地區的中心，緊靠中國內地尤其是經濟高速發展、民間極富創意的珠三角地區，兼具中華優秀文化和嶺南特色文化的深厚根基，為香港創意中心的發展提供了廣潤腹地和市場空間，是打造全球創意中心的獨特優勢。

換言之，香港無疑具有發展為全球創意中心的優勢和條件，完全有機會發展成為全球創意基地。但香港面對的問題也不少：

一是面對全球激烈的競爭，特別是周邊國家和地區，如日本、南韓、新加坡、上海、北京和深圳已先行一步，發展極快；香港只有加快步伐，才能迎頭趕上。

二是創意產業最需要政策支援，雖然行政長官在歷次施政報告都提到發展文化創意產業，但由於缺少相應的產業政策，支持力度與歐美日和其他三小龍相比差距較大。

三是科技和創意有時是相互相成的，新科技若與新設計、新模式和新意念結合，就會產生巨大的生產力。在大多數 OECD 國家，以知識資源為特徵的創意設計等活動十分活躍，發達的創意設計服務對各國 IT 產業的發展起了重要作用。香港缺少本地高新科技產業的支撐，致使創意產業無法快速發展，產業層次無法提升。

四是香港創意環境有較大缺陷，尤其是高樓價不但壓得人喘不過氣來，無法從事需要長期努力才能有所成就的創意活動，而且社會財富分配不均和地產炒賣成風，均改變了社會的價值取向。這對創意產業發展幾乎是致命的障礙。

必須看到，未來世界競爭的一個重點，是文化創意之爭，全球主要發達經濟體無不嚴陣以待，紛紛把創意產業作為 21 世紀發展戰略的重點，積極運用文化元素並結合創新的商業模式，以提升國際競爭力並創造超額價值。香港不能自外於這一全球大趨勢，應當抓住難得的歷史性機遇，以長遠的戰略眼光，制定打造全球創意中心的發展策略，採取切實可行的政策措施加以推動。

（三）七大具體行動

特區政府早在 1997 年就開始推動文化及創意產業，希望把創意轉化為商機，帶動經濟發展及提供更多就業機會，並於 2005 年把文化及創意產業確定為設計、建築、廣告、出版、音樂、電影、電腦軟件、數碼娛樂、演藝、廣播、古董與藝術品買賣等 11 個產業。惟經過多年的努力，創意產業發展仍不盡人意，到 2015 年佔 GDP 比重也僅為 4.5%，不但遠低於歐美，也大大低於韓國和新加坡，甚至低於墨西哥和菲律賓。雖然在當年提供了 21.3 萬個就業崗位，佔香港全部就業人數的 5.6%，但人均創造的產值卻比全港平均水平要低 17%，說明這一領域大多是低附加值行業，與創意產業作為高增值產業的國際慣例背道而馳（美國創意產業人均產值卻比全國平均水平要高出 30%，英國也高出兩成）。可見，香港不但要致力擴大創意產業的總量規模，更要在提升創意產業的質素和水平上下功夫。具體可包括如下 7 大方面的內容：

1. 制定策略，明確創意中心的發展目標

確立發展香港為全球創意中心的長遠策略，將創意活動提升到未來促進經濟發展、強化競爭能力、改善生活質素以及為年輕一代尋找新出路的戰略層次，廣泛動員官、商、學和社會各界全面參與，力爭

通過 10-20 年時間的共同努力，把香港打造成為亞太區的全球創意中心，成為與紐約和倫敦並駕齊驅的全球 3 大創意中心之一。這項策略的制定可分三步走；第一步，由特首把這項策略列入施政報告，未來將作為一項重點工作加以推動，為香港帶來新希望。第二步，由政府委託世界著名的大學或顧問公司，邀請世界級的專家學者，對香港在這一領域的發展機會進行策略性研究，並作出方向性的建議；第三步，成立一個由本地創意界權威人士組成、成員由行政長官親自任命的委員會——「香港創意發展委員會」，對顧問公司的建議進行細化，提出具體行動計劃和政策措施。

2. 尋找突破，確立創意產業的發展重點

創意產業包括範圍很廣，本港就涵蓋 11 個行業。因此，有必要進行客觀詳盡及具針對性的研究，尋找出既能體現全球創意中心共同特點的「共性產業」，又能突出香港核心優勢和發展潛力的「特色產業」，作為推動創意經濟的突破口。初步來看，未來發展重點可包括以下 3 個方面：

(1) **文化藝術**：文化藝術是創意產業的靈魂，也是全球創意中心的主導產業。美國的文化藝術主要包括表演藝術、藝術博物館、影視業、圖書業和音樂唱片業等，不少集中在紐約等創意中心；倫敦也是歐洲乃至全球的表演藝術、博物館、圖書館和影視基地。目前香港這一領域主要包括印刷及出版、表演藝術、電視與電台、電影與錄像以及音樂創作等 5 個產業，據有關資料估計，2015 年一共創造了超過 250 億港元的附加值，佔全部創意產業的近四分之一，是香港創意經濟的重要組成部分。目前香港 11 個文化創意產業中沒有把博物館單列，未來隨着西九龍文化區的落成，博物館將會脫穎而出（美

國藝術博物館每年舉辦 1,200 場大型展覽，為觀眾帶來無限的藝術享受，也帶來了較好的收益）。

(2) **創意設計：** 創意設計是既古老又年輕的產業，數百年來一直是產品和服務價值提升的「源頭活水」，也是全球創意中心的支柱產業。英國的創意設計更是創意產業的核心內容，每年為英國經濟貢獻數百億英鎊，在全球具有巨大影響力，是名副其實的世界設計之都，其範圍不但包括建築設計、廣告設計、時尚（時裝）設計以及產品設計等專業，而且其他領域如高科技、動漫、遊戲等都離不開創意設計的支撐。香港的創意設計主要包括建築、廣告及設計業等三個產業，2015 年提供了逾 240 億港元的附加值和 50,000 個就業崗位。香港策略發展委員會曾對廣告、設計等行業做過較為詳盡的研究，未來可作為培育重點加以推動，爭取把創意設計打造成為香港創意中心的支柱產業，使香港成為亞太區乃至全球聞名的設計之都。2017 年施政報告更提出要把創意設計作為重點產業來推動，顯示特區政府明白創意設計對香港發展創新型經濟的重要性。

(3) **數碼娛樂：** 這是近幾年來隨着資訊科技的發展而出現的新型創意產業，包括動漫、遊戲、電玩、機器人等項目，未來仍有較大的發展空間。日本是這一領域的佼佼者，被稱為數位內容產業，具備文化和產業 2 大因素，日本政府和企業均把它看做是具國際競爭力和帶來龐大經濟收益的重要產業之一，也是僅次於美國的全球第二大市場。香港在這方面已有一定基礎，但差距仍較大，未來也可作為重點產業加以培育，打造國際數碼娛樂領域人才、技術和資金的國際平台以及成

為國際數位內容的商業交易市場，加快拓展不斷擴張的全球數碼娛樂市場。

3. **推廣創意，擦亮全球創意之都之品牌**

香港每年都要舉辦多個與創意產業有關的展示和推廣活動，如「香港藝術節」、「香港影視娛樂博覽」、「設計營商周」、「亞洲文化合作論壇」等，成為享譽亞太區和國際社會的盛事。以此為基礎，採取更積極措施加以推動，進一步擦亮香港作為全球創意之都的金字招牌。

(1) **藝術之都**：「香港藝術節」自 1973 年開辦以來，一直是亞洲藝壇盛事，每年 2-3 月在香港舉行，每年都吸引逾 10 萬觀眾。未來這一項目可以作進一步提升：推動「香港藝術節」向「香港國際藝術節」發展，匯聚更多的國際頂尖藝術家到香港演出，同時吸引更多的國際遊客、尤其是亞洲遊客來香港參加這一盛會；吸收紐約等藝術大都會舉辦各類藝術節的成功經驗，在「香港國際藝術節」名下，鼓勵海內外的機構和團體在香港自由舉辦各種不同類型的藝術節；爭取「亞洲藝術節」（這是 1998 年由國務院批準並由文化部主辦的盛會）在香港舉辦，提升其國際知名度，吸引更多內地遊客來港參觀。

(2) **娛樂之都**：於 2005 年首辦、每年 3-4 月舉行的「香港影視娛樂博覽」，也已成為亞洲區內影視娛樂的盛會，涵蓋香港國際電影節、香港國際影視展、香港電影金像獎、亞洲電影大獎和數碼娛樂領袖論壇等眾多跨媒體活動。但問題之一是內容分散，且不少與「香港藝術節」重複，難以形成集聚效應，可考慮把它們進行分類歸併，如把電影影視類項目歸並入──「香港藝術節」，或獨立成為專業的藝術節，如香港電影藝術節、香港數碼娛樂節等，採取措施做強做大，使之成為亞洲

乃全球的盛會。由於日本的數位內容產業在亞洲擁有較大優勢，香港需要利用區位元和開放等方面的條件，在娛樂產品設計、生產和服務等方面奮起直追，才能真正建立亞洲娛樂之都的地位。

(3) **設計之都**：由香港設計中心於 2001 年首辦的「設計營商周」是一年一度的亞洲設計盛事，每年的 11 月或 12 月在香港舉行，邀請設計師、商界、學界和社會公眾參與，重點是加強設計業與商界的互動關係。但僅從商業角度着手還難以成為設計之都，因為只有真正擁有設計創意人才和寬鬆環境的社會才能成為世界頂尖的設計中心。眾所周知，設計業是英國創意產業中最大的行業，其中有三分之一的機構設在倫敦，創造的價值更佔全國設計業總產值的一半，2003 年首辦的倫敦設計節進一步確立了倫敦作為全球設計之都的地位。香港應吸收倫敦發展設計中心的成功經驗，提供一個鼓勵創意設計的環境，吸引全世界的設計人才匯聚香江，同時舉辦大規模的亞洲設計節，包括創意設計產品展、設計投資洽談會和創意設計論壇等，使香港真正成為亞洲區乃至全球的設計之都。

4. 打造平台，為創意產業提供用武之地

世界級大都會、尤其是創意中心，都有一個或數個集文化藝術、娛樂、休閒、飲食等活動為一體的區域，如紐約的百老匯、倫敦的西區和日本的東京中城等，是本地居民和遊客流連忘返的文化消閒聖地。香港也需要從硬體入手，打造一批文化創意的平台，為文化創意人才和創意產業的發展提供用武之地。

(1) **把西九龍文娛藝術區打造成為亞洲最頂尖的文化創意平台：**

百老匯和西區都是傳統的文化休閒區，東京中城 (Tokyo Midtown) 則是一個一開幕就立即成為東京新地標的新都會開發計劃區，以美學和設計為主軸，佔地面積 10 公頃，耗資 4,000 億日圓，由日本三井地產費時 6 年興建，對外開放部分包括拱廊街 (購物區)、廣場和門面 3 部分組成，主體部分則以人和美的新關係為概念，建造 7 個相關設施，包括三得利美術館、會議中心、富士軟片廣場、21_21 設計景觀美術館和東京中城設計中心等文化創意設施。東京中城作為新世紀的文化創意區，是一個結合商業文化的創意巧思，置身其中彷彿走進一個充滿設計概念的美學世界，同時又是一個舉辦會議、商品發佈會、展覽以及進行產學合作研究與新世紀設計活動的理想場所。西九文娛區有需要參考和吸收東京中城的規劃設計理念，包括人與美的新型關係、商業文化與創意設計的巧妙結合以及作為新世紀城市活動最佳展演空間的雄偉構想。該區佔地面積是東京中城的 4 倍，位於維多利亞港的核心地帶，完全可以打造成 21 世紀全球最頂尖的文化娛樂區。

(2) **把荷李活道一帶發展成為全球創意新區：**香港集思會認為，荷李活道乃特色古玩店、工藝品店及畫廊的集中地，曾於 1999 年被評選為世界十大購物街道之一，具備歷史、創意、藝術、餐飲及娛樂等元素；建議把中環荷李活道一帶為香港的「創意潮人區」，荷李活道為「世界創意名街」，作為推動香港成為創意城市的火車頭。我們認為荷李活道一帶早已是傳統文化娛樂活動的集中地，如何注入現代元素、讓它煥發

新的活力才是關鍵，可考慮在修復中區警署建築羣以及把前
員警宿舍化身為創意產業園時，參考東京中城以美學和設計
為主線以及在城中建設名品、精品購物街（拱廊街）的做法，
把這一區域打造成全球創意新區。

(3) **尋找適合地點建立創意人才創業基地：**可參考英國另一個在
創意產業方面走在前列的城市——里茲打造「圓形鑄造廠」
媒體中心的做法，在現有工業區或交通較為方便的新開發地
區，設立文化及創意人才的創業基地，提供共用辦公空間、
管理／服務功能、彈性租賃期、主辦本地區創意創業人士業
務培訓，吸引同類創意企業和創意人才、尤其是年輕人聚集
在同一屋簷下，支撐它們成長與發展，直至進入穩定期後，
讓它們自願遷出進入更廣闊市場。

5. 培育英才，為創意產業提供強力支撐

匯集人才是發展全球創意中心的關鍵，美國從事創意產業的就業
人口中，約有 20%-51% 擁有專業資格，遠高於其他行業的平均水平
（12%），可見創意產業領域是人才最集中的地方之一。香港雖然擁有
不少各類創意人才，但離全球創意中心的要求仍相差甚遠，因此，有
必要在引進和培養創意人才上下功夫，使香港成為集聚各方面文化創
意人才、尤其是世界頂尖人才的基地。

(1) **制定吸引創意人才的技術移民計劃：**進一步放寬對外地創意
人才移居香港的限制，尤其是要放寬內地創意人才來港創業
的限制，同時透過創造優質生活和工作環境，鼓勵更多的海
外優才到香港發展，共同為打造香港創意中心出力。

(2) **創辦香港藝術大學：**培育高層次的文化創意人才。可考慮在
香港演藝學院的基礎上，參考英國倫敦藝術大學的做法，創

辦全功能、綜合性的文化藝術大學，下設演藝學院、時尚學院、設計學院等二級學院，提供學士、碩士甚至博士課程，供本港和海外學子深造。現有 9 所大學也可開辦或擴大文化創意課程，供有志學生修讀。藝術大學應開門辦學，邀請全世界的藝術家和創意專才授課，爭取把香港藝術大學打造成為亞洲一流的創意學府。

(3) **投放資源加強中小學藝術及創意教育：**把藝術科目作為中小學的必修課和高考的選考科目，同時加強對藝術科目教師的專業培訓，藉此不斷提升藝術科目的教學水平。除了在學校課程中加入創意思維元素以培育新一代之外，政府亦可透過延長藝術館及展覽館的開放時間，舉辦與文化及創意有關的比賽，讓市民有更多機會接觸藝術創作並參與其中。

6. 強化合作，擴大創意產業發展空間

香港的市場細小，單靠本地市場難以生存。加強與世界各地在創意產業領域的合作，實現優勢互補和共同發展，是香港發展全球創意中心的必經之路。未來除了要與日本、台灣、韓國和新加坡等創意經濟發展較快的國家或地區加強合作外，最重要的是要與中國內地深化合作關係，使文化創意正在迅猛發展的內地成為香港創意中心的主要腹地。

(1) **加強香港與內地合作：**內地具有文化資源豐富、創意人才眾多、產業基礎雄厚和市場潛力巨大等優勢，其中北京和上海 2016 年文創產業增加值分別達到 508 億美元和 500 億美元，佔 GDP 比重都在 10% 以上；香港則擁有資金、技術、人才、制度和海外網絡，雙方完全可以結合各自優勢共同發展。可考慮透過設立創意板塊和文化創意基金，使香港成為內地創

意產業的境外融資平台；加強與海外創意企業的聯繫，使香港成為海外創意企業進入中國內地的基地；推動內地創意企業開展國際合作，協助內地創意企業通過香港走出去；支持大型內地創意企業到香港設立區域總部或辦事處，以香港為基地拓展區域業務。

(2) **深化粵港創意產業合作**：廣東和香港均屬於嶺南文化區域，雙方在文化方面有更多的共同點；珠三角人口眾多，人才資源豐富，是香港最重要的創意產業生產基地和消費市場。未來雙方可透過 CEPA 和簽訂粵港文化創意產業合作協議，進一步加強兩地創意經濟的融合，共同把珠三角地區發展成為世界級的文化創意區和創意產品生產基地。

(3) **港深共建全球創意中心**：深圳高科技產業發展較好，這是推動創意產業、尤其是創意設計的一大因素，加上深圳已多年舉辦文博會，確立了深圳在全國創意產業發展中的特殊地位。2016 年深圳文化及相關產業增加值達到 166 億美元，是深圳四大支柱產業之一。香港可利用深圳高科技產業和文化產業的雄厚基礎以及與內地聯繫的便利條件，充份拓展創意產業的功能，結合雙方互補優勢，把港深兩地共同打造為世界創意都會。

7. 政策支援，合力推動創意中心建設

發達經濟體的經驗顯示，由政府提供政策及設立一個高層次的專責組織，對推動創意產業發展至關重要。英國創意產業由文化、創意產業及旅遊部長負責，也制定了一套全方位的發展規劃，促使政府、業界、學界和社區合力推廣和發展創意產業；倫敦還專門設立一個「創意倫敦」工作組，致力於協調和支持全市創意產業，協助它們解決從投

融資到房地產和人才開發等問題。香港可參考這些成功經驗，並採取行動：

(1) **成立專責的政府機構：**可考慮把民政事務局內部管理創意產業的職能部門劃出，單獨成立一個機構──「文化及創意拓展署」，劃歸創新及科技局管理，協助創科局制定及執行香港創意產業的發展策略。與此同時，成立香港創意產業發展委員會，作為政府在創意產業領域的諮詢架構，廣泛邀請專家學者、藝術家和創意企業家加入，就如何發展香港創意產業提供意見。

(2) **提供有利政策和條件：**政府可提供各種有利條件或優惠，尤其是樓宇和土地資源以及基建配套，協助解決創意產業發展中的融資困難等問題。政府還可以用家身份參與創意發展，如美國和歐洲等國都有就藝術開支佔公共設施建築費比率作出規定，香港可借鏡並運用於市區重建和政府開支的各類基建工程項目。

(3) **協助拓展海外市場：**政府可透過駐海外的經貿辦事處和貿易發展局等機構，加強香港創意產業的海外推動活動，特別是可通過深化 CEPA 協議，協助香港創意產品和服務進入內地市場，推動企業進入內地發展。

總而言之，香港要發展創意產業，首先要從政府做起，從改變經濟結構做起，從與內地深化合作做起。只有這樣，才能真正推動香港全球創意中心建設，提升香港經濟活力，改善市民生活質素，確保香港的長期穩定和繁榮。

五.亞洲標準中心 [15]

香港邁向創新型經濟的第五個策略和行動,是設立亞洲工業標準研發管理中心。標準和標準化建設,是現代社會管理中不可或缺的一個必要手段。中國改革開放三十多年間,注重與國際接軌,在標準和標準化方面有了長足進步,但基本上是拿來主義,主要沿用或引進西方經濟發達國家的標準體系,適合中國國情的標準和標準化還沒有甚麼體系。中國經濟實力的崛起,世界經濟格局的變遷以及最近幾年世界經濟的衰退,對中國的標準和標準化建設提出了新的挑戰,也為此提供了百年未有的機遇。

目前的工業標準體系,基本上源自歐美國家。歐美國家得工業革命風氣之先,發明了很多實用和非實用的東西,在此進程中,很多物品的標準就以歐美人文背景作為定位基準。

因此不同社會應當有不同的醫藥標準體系。中國醫藥界不僅面臨中西醫結合的課題,還有一個如何實現醫藥標準亞洲化的課題。研發一套適應亞洲人體質特點的醫藥標準,將會帶來客觀的社會經濟效益。

世界上有很多制定和管理標準的機構,但要確立符合亞洲人特徵的亞洲標準體系,並使之成為世界上有代表性的標準系統,沒有中國的參與是不行的。日本雖然是品質控制的最優秀國家之一,但其本土市場不夠大,因而在亞洲的代表性,就比不上中國。

中國的標準體系建設,香港應該是這項系統工程的最佳立足之地。因為香港了解世界大勢,在法律及通訊方面都比較發達,有利於分析、借鑒世界各國已有的標準研發成果。香港作為亞洲的金融中心,歷來

---

15 本部分內容主要來自周裕農、施展熊先生關於設立「亞洲工業標準研發管理中心」的建議。

享有世界一流的信譽。香港社會的綜合質素之高，全球各地有口皆碑。因為信譽是任何標準體系的核心與基石，任何一項標準都必須面對由誰確認和保證的問題。中國為主的標準體系，通過香港來尋求突破，可以説是天作之合的不二之選。

香港如果作為亞洲標準研發管理中心的所在地，可以利用市場開通吸引其他國家共同參與開發。由此，香港不僅是亞洲的金融中心，也是亞洲的管理創造和人才中心。標準體系的涵蓋範圍很廣。可以先從經濟標準入手；經濟標準當中又可以從香港的幾個能有作為的行業（如食品、建築、交通等）作為切入點。中華文明的烹飪經驗源遠流長，應該利用先進科技去整理、建立烹飪標準。有機食品具有廣闊的市場前景，中國有很好的條件生產有機食品，但目前沒有一個有信譽的標準方案，難以打開市場。有機食品標準可以考慮作為突破標準建設的首選項目。另一個項目是交通，可以從修訂現有交通標準入手。內地的城市設計很有問題，比如北京、上海、深圳等地，馬路造得太寬，行人過路很困難，費時又堵車，完全忽略了中國人多地少的現實。

總而言之，中國社會標準化建設刻不容緩，在香港建立「亞洲工業標準研發管理中心」，必將有助於香港本地經濟的可持續繁榮，有助於香港在中國深化經濟改革中發揮其獨特的優勢和潛力，為中華民族的福祉，也為香港社會的穩定與繁榮，作出自己的努力和貢獻。因此，應儘快將創立和發展中國（及亞洲）工業標準的研發與管理，作為香港經濟轉型的一項戰略創新舉措加以考量。一旦建立亞洲標準中心，本港的檢測和論證等行業就可以發展得更好，加上前面提到的創新經濟和許多有識之士提議的發展香港為亞洲仲裁中心，香港就可以形成一個較為完整的、以知識為本的創新經濟體系。

六．設立三創基金

在香港，要真正激勵創新，迫切需要加大對知識服務 R&D 的投入，使香港保持旺盛的創新能力。香港社會長期以貿易、地產、金融和物流為主，儘管政府向來府庫充盈，但目前 R&D 佔 GDP 比重僅有 0.73%，不但遠低於歐美各國的水平，比其他三小龍韓國的 4.3%、台灣的 3% 和新加坡的 2.6% 都要低得多，甚至對比內地的 2.1%，也是自愧不如。其中，香港政府和公營機構的研發開支佔 GDP 比重約為 0.4%，遠低於亞洲其他三小龍的 1%；香港私人企業的研發支出，僅佔 GDP 的 0.33%，只及其他三小龍平均佔比 2.3% 的零頭；可見本港無論是政府、還是私人企業，研發投入皆是大大不足，私人企業尤甚。

明於此，增加研發投入乃是當務之急，香港有需要把這方面的投入儘快提高到區內先進水平。特區政府不但要帶頭投入，更要採取具針對性措施鼓勵企業增加投入。

實際上，自 2015 年 11 月創新及科技局成立以來，特區政府已投放了 180 多億元用於創科發展，包括推動科技研發、鼓勵與國內外機構合作、推動「再工業化」、支援初創企業、協助中小企升級轉型、發展智慧城市等。在 2017 年中，政府還推出 20 億元的創科創投基金及 5 億元的創科生活基金，其中創科創投基金以配對形式，與風險投資基金共同投資於香港的創科初創企業；創科生活基金則資助一些令市民生活更方便、舒適及安全，或照顧特殊社羣需要的創科項目。此外，還有院校中游研發計劃、投資研發現金回贈計劃、公營機構試用計劃和科技券先導計劃等林林總總的支持項目，不可謂不努力。應該說，政府在支持創新產業上走出了重要一步，方向完全正確。[16]

---

16 詳見創新及科技局局長楊偉雄 2017 年 4 月 25 日出席湖南省科技創新與產業發展專題對接會的致辭。

但也要看到，這些資金對香港發展創新型經濟這一方向性策略來說，仍是杯水車薪。有鑒於香港私人企業擴大創新投入需要時間發酵，特區政府理應承擔更大責任，發揮主導和帶頭作用。其中一項重要行動，是設立更大規模的創新創意創業基金（簡稱「三創基金」），每年由政府撥出至少 200 億港元注入「三創基金」，加大對本港創新產業和初創公司的支持力度。而且這項注資金額要隨着 GDP 總量的擴大而增加。此舉可使政府財政的研發經費投入強度達到正常水平，也使香港整體研發經費投入強度從 0.73% 大幅提高至 1.5% 左右，達到行政長官在施政報告中提出的目標。若能帶動私人部門加大研發投入，在中短期內可使香港 R&D 佔 GDP 比重提升到 2%。雖然仍未達到其他四小龍的水平，但只要創新型經濟形成氣候，民間和海外對香港的研發投資都會增加，長期而言，香港研究經費投入強度還會逐步提高。

在「三創基金」之下，可考慮設立三個子基金：（1）成立「科技研發與產業化基金」，主要針對大學及企業的科技研發與產業化項目，按歐美及內地慣常做法提供資助；（2）參考「韓國文創振與基金」的成功經驗，設立「香港文創發展基金」，集中資助及推廣電影、音樂、劇集、設計、動漫等具優勢項目；（3）參照新加坡的成功法，成立專門針對初創企業的「香港創業基金」，為本地市民、尤其是年輕人提供種子資金和創業輔導。

值得一提的是，政府設立「三創基金」並不會影響財政收支平衡。過去五年政府財政盈餘高達 3000 多億港元，到 2018 年 3 月底擁有財政儲備已超過 1 萬億港元，完全有能力向「三創基金」注資。這一放水養魚之舉，可望收取更多漁獲，因為由「三創基金」帶動的創新產業發展，未來將為庫房帶來更多收入，形成良性循環。

除了設立「三創基金」外，政府還應該提供更多的稅收優惠和人才

補貼政策，吸引更多本地和外地企業及專才來港從事創新活動，打造創新產業鏈。深圳在這方面有不少成功經驗可供參考。深圳早於 1990 年代初期，即提出以高新技術導向為主的產業升級策略，並藉着各式各樣的租稅補貼與獎勵措施，大量培植優秀且願意創新的民營企業，大力引進各類創新人才，成功踏出創新轉型的第一步。

正因如此，深圳散發出的創新能量與氛圍，匯集全球新創企業的目光，同時也吸引優秀科技人才進駐。到 2016 年底深圳有 346 家上市企業，其中不乏像騰訊、華為、大疆、中興科技與比亞迪等世界知名的高科技廠商。全球 500 大企業中，就有 275 家在深圳設立總部，甚至連蘋果、微軟、惠普及西門子等全球數一數二的外資企業，都選擇在深圳設立研發中心或營運據點。[17]

七．催谷初創企業

激勵創新的第 7 個策略和行動，就是要催谷本港初創企業，協助那些具有創新性、擴張性和顛覆性等特質的初創企業加快發展。由於大型傳統企業轉型難度較大，發展創新經濟往往需要依靠初創企業，微軟、Google、Facebook、華為、騰訊、阿里巴巴、百度等都是由初創企業而來，香港也不能例外。

香港初創生態系統的出現，只是近幾年的事情。在此之前，雖有一些初創企業在某些領域捷足先登，但由於缺乏政策及資金支持，大多在進入成熟期前就半途夭折了。如香港理工大學早在 2005 年就造出電動車，比日本和中國內地都要早，2009 年理大和本地車廠合作推出 mycar，擬在東莞設立生產線，可惜得不到資金支持，始終無法

17　見《中時社論》，〈台灣深圳 30 年豬羊變色的故事〉，2017 年 6 月 30 日。

成事，最後被美國一家大型環保車企收購，轉讓後第一年就在美國生產出 20,000 輛車出售，本港痛失一次打造「超級比亞迪」的良機。又如早在十多年前，香港科技大學就研發出微型電子顯示器，可惜得不到本港廠家支持，科大只好把這一技術轉讓給一家台灣公司，用於研發 Google Glass 的 0.25 吋微型顯示器，並獲得 Google 注資。當時如果獲得本港廠家垂青，這一微型顯示器就可能在香港生產，為香港創科產業發展做出貢獻。總部設在美國三藩市的研究公司 Compass 公佈的《2015 年全球初創生態系統排名》，香港初創生態系統只排在全球第 25 位。[18]

　　幸好，近年來政府開始支持各大學推動研發，加上科技園和數碼港也積極推行創業培訓計劃，令香港創業環境初步得到改善。投資推廣署在 2016 年進行的香港創業生態系統調查發現，香港共有 38 個共同工作空間和 1,926 家初創企業，均較上年激增 24%；當中以資訊、電腦及科技行業最多，上年有 401 間，其次是電子商貿、供應鏈管理及物流科技（249 間）、專業或顧問服務（180 間）、設計（158 間）及金融科技（138 間）等。這些初創企業共提供了 5,229 個職位，更比上年大幅增長超過四成。越來越多的本港初創企業得到國際認可，GoGoVan（電召貨車平台）、WeLab（網上金融平台）、TinkLabs（手機出租公司）、國泰光電、雅士能基因和水中銀等都是其中的佼佼者。比如 GoGoVan 是由 3 名從美國留學回來的本港青年在 2013 年創立，當時即獲得數碼港旗下基金資助，2016 年再獲阿里巴巴香港創業基金等入股，2017 年 8 月更得到騰訊旗下的大型社區及免費訊息網站 58 同城（在美國上市）的青睞，把其旗下物流業務 58 速運與 GoGoVan 合併，成為亞洲區內

18　見《信報》，〈科技產業力爭三游〉，2017 年 6 月 13 日。

最大的同一城市貨運平台，合體後的新公司有機會變身為「獨角獸」，並將以香港作為掛牌的首選地。與此同時，WeLab 和 TinkLabs 也已分別獲得 1.8 億和 1.6 億美元融資，有機會成為本港另外兩隻「獨角獸」。

但也要看到，與全球先進城市相比，香港還是差距甚遠。美國知名國際創業調查公司 Startup Genome 發佈《全球創業生態報告 2017》，從融資、市場覆蓋率、全球相關性、技術人才、創業經歷、資源募集、企業參與以及創始人願景與戰略等 8 個因素，來評價各個城市創業生態活力。通過對來自 28 個國家的 55 個創業生態系統進行評估，最終評選出前 20 名，排在前三位的創業生態系統，分別為矽谷、紐約和倫敦，中國的北京和上海第一次參評，即名列第 4 名和第 8 名。香港則是 20 名不入。

北京和上海此次強勢登場，確有其獨到之處。北京依靠強大的高校、科研組織、資金等優勢，躋身到前四名，尤其是在創造大宗融資方面，優勢突顯。據 Startup Grind 北京區負責人評價，中關村將成為矽谷真正的競爭對手。中關村已經形成並正在持續優化以「領軍企業」、高校院所、高端人才、天使投資和創業金融、創業服務、創新創業文化」等六大要素和「市場、法治、政策」三大環境共同構成的創新創業生態系統，體現了「溝通、碰撞、協同、分享」的創新本質要求，逐步成為全球原創思想的發源地和高科技創業者實現夢想的首選地。」該報告顯示，北京有 40 多家估值超過 10 億美元的創業企業，在獨角獸密度排名中位列世界第二名。[19]

根據報告，新加坡總體排名第 11，但在人才方面的指標全球排名第一，力壓美國矽谷，成為初創企業人才的搖籃。這是對新加坡在 90

---

19 見《2017 全球創業生態報告：北京首次上榜排名第四》，2017 年 5 月 9 日。

年代開始推行的創新政策的認可，因為新加坡政府主動為初創企業提供種子基金（比如其中一個資金來源，是 1996 年政府出售流動網絡頻譜獲得兩億美元成立的國家級風投基金 IIPL，目前投資回報率每年均在 30% 以上，投資回報仍會用回初創公司的投資上），承擔了最早的風險，使大量初創企業有較好條件發展壯大，出現了不少估值超過 10 億美元的「獨角獸」，如 Game Boy（遊戲外設公司）、Garena（遊戲公司）、Lazada（電商網站）等等。新加坡政府在初創環境方面所發揮的積極作用，是新加坡作為一個偉大創業城市的成功關鍵。

由此可見，香港在扶持初創企業方面確實需要加一把勁。未來應當採取如下措施：

一是政府要為初創企業提供種子基金。雖然目前已有阿里巴巴成立的香港創業者基金和紅杉資本成立的香港 × 科技創業平台，但有鑒於新加坡等地的經驗，扶持早期初創企業仍需發揮政府的特殊功能。上述提到的「三創基金」單列出一個類似新加坡 IILP 的創業基金，就是要加大對初創企業的資金支持，協助初創企業平衡早期的創業風險。

二是要努力降低初創成本。本港租金和薪酬等成本都很高，對本地初創企業崛起和吸引外地初創企業來港發展造成不少障礙，除了科學園、數碼港以及麻省理工學院在香港成立的國外創新中心等機構外，可考慮加快活化工廈的進度，把更多舊工廈改建成類似新加坡的 Launchpad 創業園區（由創業行動社羣 ACE 創立，主要提供創業培育計劃和資助，目前已擁有 30 多個孵化器和 500 家創業公司），建立更多渠道推動本地初創生態發展，讓更多本地初創企業有機會成長。

三是成立初創企業發展指導委員會，邀請國際級專家和成功企業家加入並提供意見，協助本港初創企業瞄準發展方向。新一輪的全球初創浪潮，正在席捲資訊及通訊科技、物聯網、大數據應用、生物科

技、人工智能（AI）、再生能源、新材料、機器人、虛擬現實（VR）、金融科技、智慧城市、智能家居等領域，催生出不少初創企業，香港初創系統要緊隨這一潮流努力追趕，爭取更大突破。

八．打造「港深創科園」

2017 新年伊始，港深兩地政府簽置合作備忘錄，雙方將在深圳河以南、接近落馬洲口岸、皇崗口岸和福田口岸的河套地區共建「港深創新及科技園」(以下簡稱「港深創科園」)，以創新和科技為重點，聯合打造科研合作高地，並將在園區配套建設相關高等教育、文化創意和其他配套設施。全力打造「港深創科園」，是激勵創新的第 8 個策略和行動。

「港深創科園」是目前香港最大的創新科技園區，也是兩地最重要的科技合作平台，未來可望取得如下 3 大突破：

（一）港深合作新突破

眾所周知，改革開放以來港深合作經歷了兩個階段：第一階段是加工貿易合作，八十年代初開始香港把製造業轉移到深圳，以深圳為生產基地展開全球低成本競爭，雙方形成了「前店後廠」的合作模式。第二階段是現代服務合作，香港的港口物流等生產性服務業向深圳轉移，帶動深圳現代服務業的崛起，同時向深圳開放自由行，推動深圳市民到香港購物消費和投資，帶動人流和資金流在兩地加快流動，港深生活同城化逐步成形。「港深創科園」的啟動是兩地合作的新突破，使港深兩地真正進入科技創新合作的新階段，因為「港深創科園」不僅將成為兩地最重要的科技合作平台，還有機會打造成為世界級的創科高地，使兩地科技創新都得到提升。具體而言：

第一，「港深創科園」位於兩地邊境核心地帶的結合部，擁有得天獨厚的地理優勢。根據河套區發展及工程研究範圍，這一園區佔地面積 87 公頃，約為目前香港科技園面積的四倍，是一塊名副其實的寶地，可提供更大、更直接空間讓香港通過與深圳科技產業和珠三角製造業全面對接，找到更多的科研成果轉化良機。更重要的是，新園區還有兩個大型連接區，一個是河套香港境內連接地區，總佔地面積 182公頃，為規劃範圍的 B 區，比河套地區（A 區）大一倍有餘，為「港深創科園」預留了較大的拓展空間；另一個是深圳河北側連接河套地區的「深圳創科園區」（C 區），總面積為 167 公頃，香港將支持深圳開發這一區域，兩地政府同意向國家爭取政策支持，利用雙方的互補優勢，共同構建具有集聚效應和協同效應的「深港科技創新合作區」。這三大區域總面積為 426 公頃，接近台灣新竹工業園，可以為合作打造世界創科基地提供充足的空間。

第二，「港深創科園」可以更好地結合兩地優勢。深圳的優勢主要是科技創新成果產業化，並獲得極大成功，迄今已發展成為全球主要的科技創新中心之一；2015 年包括新一代資訊技術、生物、網際網路、新能源、新材料、節能環保、文化創意等戰略性新興產業總規模達到2.3 萬億元人民幣，提供的增加值佔 GDP 比重已達到 40%，對 GDP 增長的貢獻率更超過 50%；4G 技術、基因測序、超材料、新能源汽車、3D 顯示、無人機等領域已擠身世界前沿，華為、騰訊、比亞迪、大疆、華大基因等創科企業早已蜚聲中外，被譽為全球創業者的「夢工廠」和最像矽谷的城市。但深圳缺乏本土科研型高校，基礎研究是其短板。香港在基礎科學研究、國際化創新人才和科技服務等方面具有優勢，一些學科的研究成果甚至達到全球領先水平，與深圳有很大的互補性。根據合作備忘錄，港深兩地將通過建立重點創科研究合作基地以及相關高等教育、文化創意及其他配套設施，吸引港深兩地及其他國內外

頂尖企業、研發機構和高等院校入駐，從而可以把兩地互補優勢結合起來，促進創新鏈、產業鏈和資金鏈的全面融合，以達到 1+1>2 的效果。

第三，「港深創科園」將進行多項制度創新。一方面是營運模式創新。根據備忘錄，深圳方面確認了香港對河套地區享有土地業權，新園區由香港特區政府負責出資及分階段興建，尤其是負擔平整土地和除污等費用，深圳政府則共同參與開發，雙方成立聯合專責小組就園區開發及運作提供意見，並以 3 大原則運作，包括園區適用香港法律及土地行政制度；項目以公益為主，港深雙方不從中謀利；雙方以共同協商、互利共贏精神處理園區事務等等。另一方面是出入境制度創新。為吸納更多創新科技企業和人才，特區政府將為河套區提供一個便利通關措施給指定人員，日後內地人士進入新園區做科研工作，或屬企業員工，只要獲得兩地政府認可，出入境可以更加便利，如可效法目前為 APEC 人士提供的商務卡方便通關。未來特區政府還將會在落馬洲口岸興建一條道路接駁入「港深創科園」之內，同時已預留一條連接橋橫跨深圳河，方便內地人才由深圳過境到新園區工作。

（二）創科產業新突破

以創新科技推動經濟發展，已是全球大趨勢，香港也不例外。多年來香港創科產業雖位列本港六大優勢產業，但其發展卻是一腿長、一腿短，長的是基礎研究和科技基建，短的是應用研究和創科成果產業化，以致創科產業始終停滯不前，未能取得突破。創新及科技上游產業之基礎研究，無疑是香港的強項，且已晉升至世界級水平。近日本港科研人員就在 2016 年度「國家自然科學獎」中取得佳績，獲得 6 個二等獎，涵蓋科大、中大、港大、浸大、理大及城大等六間大學的科研團隊。比如大腸癌是最常見的癌症，中大前校長沈祖堯領軍的團隊，經過 15 年研究終於取得突破，首次揭示多種癌診斷標誌物，研發

了大腸癌無創診斷，早前憑藉「大腸癌發生分子機制、早期預警、防治研究」項目，獲頒國家自然科學獎。可見本港大學科研具有相當實力，並獲得廣泛認同。

科技基建也是香港的一大強項。根據瑞士洛桑國際管理發展學院（IMD）發表的《世界競爭力年報》，香港科技基建已連續五年排名全球第 1。世界經濟論壇（WEF）發表的《2015 年全球資訊科技報告》也顯示，香港的流動網絡覆蓋率高踞榜首，在發展物聯網、大數據分析、雲計算、資訊和風險管理、網絡保安等方面，也都有較大優勢。另一項國際研究則顯示，香港初創企業生態環境排全球第五，去年底本港初創企業約有 1,900 家，比 2014 年大幅增加 78%，可見越來越多港人抓住機會，投身創新科技行業。

然而，由於土地、成本和環保等制約，令中下游的應用型創科產業起色不大，迄今為此尚未出現類似蘋果、Google、Facebook、華為、騰訊等的世界級創科企業。據政府統計，2016 年香港創科產業增加值只有 173 億港元，僅佔 GDP 的 0.7%，且這一比重多年來變動不大。同時創科產業人均創造的增加值僅有四大支柱產業的 66%，也只有所有產業平均水平的 80% 左右，可見目前創科產業的勞動生產率實際上並不高，與高增值產業的要求還有一段距離。

資料來源：香港政府統計處

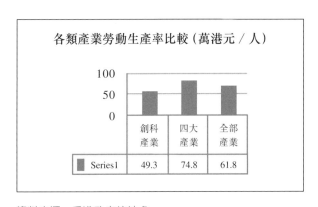

各類產業勞動生產率比較（萬港元／人）

	創科產業	四大產業	全部產業
Series1	49.3	74.8	61.8

資料來源：香港政府統計處
本圖數字根據政府統計處資料計算

　　由此可見，當前香港發展創科產業，面對着擴大規模和提高生產率這兩大任務，當務之急是加快中游及應用研究，以推動科研成果產業化。而「港深創科園」正好帶來難得之良機，讓香港可以儘快迎頭趕上，因為新園區除了提供較大的土地空間外，還可讓香港通過與深圳正在蓬勃發展的科創產業和珠三角的世界級製造基地無縫對接，推動更多中游研究，使更多的科研成果產業化。根據有關安排，香港科技園公司將成立附屬公司，專門負責「港深創科園」的上蓋建設和運營，擬帶動一批國內外的大型科創企業在園區設立研發中心和大數據中心，吸納一批跨國科創企業在新園區內設立中國區研發總部，孵化一批專業類的中小型創科公司，催生一批圍繞科技創新的高端服務企業。一旦新園區的科技創新環境被建立起來，就會吸引更多的人才投入到創科產業，形成良性循環，香港創科產業就有機會取得更大的突破。

(三) 幫助國家創新戰略

　　實施創新驅動發展戰略是「十三五」期間最重要的行動，預示着中國經濟增長將由過去的要素及投資驅動向創新驅動的歷史性轉變；涉

及新政策措施甚多，包括推出「科技創新 2030」、實施高端製備創新發展工程以及支援戰略性新興產業的發展等。不久前國家進一步出台《「十三五」國家戰略性新興產業發展規劃》，目標是到 2020 年戰略性新興產業佔 GDP 比重達到 15%，形成新一代資訊技術、高端製造、生物、綠色低碳、數字創意等五個產值規劃逾 10 萬億元級的新支柱。由於中國人力資本將得到大幅提升、自主創新能力有望取得突破、創新活動將得到更多資金支援以及區域創新高地將發揮帶頭作用，因而發展前景可以看好。這既給香港帶來新的發展機會，也提出了更高的要求。

香港要抓住國家全力推動創新的歷史性機遇，發揮多方面的優勢和功能，以此增強香港經濟的競爭力和增長動力。其中最重要的，是要配合國家創新驅動戰略，建立創新科技的研發平台。早在 2011 年，李克強總理訪港宣佈的中央政府支持香港經濟及社會發展的 36 項措施中，就提到要加強內地與香港在科技產業領域的合作，使香港的科技資源進一步融入國家的科技創新體系；國家將大力擴展兩地科技合作新形式，支援在香港建立國家工程技術研究中心分中心，以適當形式在香港設立高新技術產業化基地。到目前為止，香港和內地已共建 16 所國家重點實驗室夥伴實驗室和 6 所國家工程技術研究中心香港分中心，在多個領域開展研發項目合作。最近中央同意撥付給這 22 所國家重點實驗室夥伴實驗室和工程技術研究中心香港分中心的科研經費可以跨境使用，這就為這些機構更好地開展研發活動創造了極好的條件

「十三五」規劃再次重申支援內地與港澳開展創新及科技合作，為香港提供了一個服務國家創新驅動戰略的好機會。而「港深創科園」的橫空出世，正好把握這一機會：一方面，未來新園區可以發展為世界級的科技創新研發平台，為內地戰略性新興產業的發展提供境外支援。根據港科院院長徐立之教授的意見，新園區成立初期的研究方向可以

是生物醫藥、機械人技術、金融科技及智慧城市等，這與內地重點發展5大新支柱產業不謀而合，相信可以幫助這些產業的發展。

另一方面，「港深創科園」也將藉助香港金融、商貿和專業服務等優勢，發展出高端的現代科技服務業，未來可支援內地創科企業借港出海，以新園區為基地進行海外併購、資產營運、引進技術和改善公司治理，充分配合這些企業規範化、多元化及國際化發展的需要。與此同時，隨着內地創新驅動戰略的深入實施，未來將會有更多的境外創科企業以「新園區」為橋頭堡到內地投資發展，新園區有機會成為全球創科企業管理和服務內地創新業務的基地，使香港可以更好地配合和服務國家的創新驅動戰略。

由此可見，總的來看，「港深創科園」被賦予了發展本港科創產業、深化港深科創合作、服務國家創新戰略的重要使命，並有機會在這三個方面取得突破性進展。但要達到這一目標，未來「港深創科園」應以創新思維和機制來開發管理新園區，包括誠邀深圳方面深度參與規劃和管理、更好地吸引全球最頂尖人才匯聚新園區，以及廣泛引入內地和國際上的大型跨國企業和著名科研機構作為支撐等等，與香港科學園形成不同特色和分工，使「港深創科園」在推動本港創科產業發展上，方向更加明確，運作更有效率，真正取得突破性進展。

九．加強人才培養

發展創新型經濟的關鍵在人才，加強人才培養是激勵創新的第九個策略和行動。香港高等教育在亞洲首屈一指，當前應充份發揮其為國家創造知識和培育人才功能，在香港知識服務發展中起着重要作用。但香港社會在教育方面的投入仍嚴重不足，目前香港學生的綜合能力排在全球前列，但中學生升入本地大學的比重只有18%左右，不但遠

低於發達國家和地區，甚至低於內地中心城市的水平，這與發展創新型經濟的要求背道而馳。必須強調的是，發展創新型經濟關鍵在於人；對香港來說，700 多萬民眾創造和運用知識的能力，是香港經濟轉型提升的最重要課題。為此，有需要加大教育投入，提升本地中學生進入大學的比例，造就終身學習的社會氛圍，同時吸引更多的外來學生到香港深造，並設法讓他們留下來為香港服務，儘快提升香港人口的整個知識水平。

與此同時，要更好地吸引全世界最頂尖人才匯聚香港，為發展創新服務出力。目前世界上的一些大城市就是因為匯聚了全球的頂尖人才，才成為提供知識服務和文化創造的世界級都會。特區政府要造就一個關心人才、使用人才的氛圍，特別是在當前西方國家經濟低迷、各路人才都希望到亞洲尋找發展機會的情況下，政府不僅要歡迎他們來港，更要積極創造各種便利條件，包括提供有利開展調查研究、投資理財和研究開發的營商環境，同時需要以優質的生活環境，包括降低房屋租金、提升空氣質素、提供最好的飲食和一流的文化藝術，吸引各類頂尖人才匯聚香港，使香港成為全球人才最想來的地方。

十．結語：拆牆鬆綁去屏障

除了上述 8 項策略和行動外，香港在激勵創新方面還有更多事情要做。應該看到，目前香港創科產業發展現狀不甚理想，乃是由多方面原因所造成的。從政策層面來看，長期以來積極不干預政策理念下科技財政投入有限，官產學研結合有所不足。從市場層面來看，由於土地房屋供應嚴重短缺，樓價高企加上人力成本上升，導致創科產業大多局限於資本密集的服務，難以建立較大規模的本土生產基地作為發展後盾。從企業層面看，是香港缺少對科技創新的企業投資。香港中文大學醫學院副院長盧煜明就慨歎本港缺乏富有科學知識的企業家，

不了解科研的發展潛力，因而不敢冒險投資，學者要被迫自研自產自銷，到市場尋找出路。[20]

更重要的是，發展科創，人才是致勝關鍵。然而，目前香港仍未形成發展創科的學術及社會氛圍。不少人仍然認為，從事科技創新的前途遠遠比不上金融、醫護和法律等行業，本地學生報讀理工科的人數持續下降，尤其是歷屆高考狀元紛紛擠入醫科、商科和法律等高收入專業，令香港科研人才出現斷層，正在不斷升級的大灣區搶人才大戰也使香港腹背受敵，令境外科研公司對來港卻步，從而使「讀科學沒錢途」變為自我實現的預言，其結果是競爭力持續下滑，情況令人擔憂。

香港大學王于漸教授在〈香港與超全球化一文〉中明確提到，「在超全球化時代，要加入全球供應鏈，只有創新一途，進攻乃唯一防守之道；香港在創新方面的障礙，主要在於知識密集人力短缺，本地高等教育的公共投資，自 1990 年代起停滯不前；另一有關創新的障礙，在於僵化且打擊競爭的商業法規，重重規管不但在各方面窒礙創新和競爭，且減少年輕人就業機會；港商和專業人士當年協助內地構有利營商環境，偏偏能醫不自醫，竟未能改善本地營商環境，反而往往自堵前路，妨礙發展。」

因此，未來香港激勵創新的第 10 個策略和行動，是要拆牆鬆綁，儘快掃除妨礙創新的屏障和枷鎖，切實轉變思想觀念，根據創科產業前期投入大、產出週期長等特點，進一步加大對中游及應用型研究的持續性投入，同時藉助國家「十三五」規劃，以「港深創科園」為依託，加快推動本港向以創新創意為核心的知識經濟轉型，為本地創科產業更好發展奠下穩固的根基。

20　詳見《大公報》報道，2018 年 5 月 29 日。

第 三 章

提 升 金 融

香港是全球 3 大金融中心之一，是最具競爭力的產業。金融業貢獻香港 GDP 的 18%，居各行業之首；直接僱用 25 萬人，同時為相關行業創造了大量崗位；支持了本港海外投資等行業的運作，也為內地經濟發展提供大量資金。

從綜合功能、影響範圍、創新能力和金融定價權等項綜合考量，世界上的金融中心，可分為「世界級金融中心」（又稱全球金融中心）、「區域國際金融中心」、「特色國際金融中心」、「國家金融中心」和「區域金融中心」等 5 個層次。其中，全球金融中心是最高層次的金融中心，服務範圍覆蓋全球、規模大、功能全、人才多，是全球金融創新及定價中心。以此標準計，目前倫敦和紐約才是名副其實的世界級金融中心。香港在全球金融中心排名中，雖位居「探花郎」，但仍是一個區域性的國際金融中心。

根據國際經驗，金融中心的根本優勢決定於營商環境、優勢人才、市場流通性、稅收及成本、基礎設施等關鍵要素。香港要從區域國際金融中心向世界級金融中心邁進，需要緊抓機遇，精準定位，採取有效策略，全力以赴推動發展。本章從如下 11 個方面提出新思維及展開討論，並提出可行的策略建議。

一．應對全球金融之變局

近年來，在周邊地區強大的競爭下，金融業似乎成為香港唯一仍具獨特優勢的產業，紐倫港（Nylonkong）也幾乎成為香港這一世界級品牌的代名詞。但 2008 年世紀金融海嘯使紐倫港遭受重創，世界金融秩序面臨重構之際，國務院關於在 2020 年把上海基本打造成國際金融中心的戰略決策，使正在全力以赴力保金融地位不失的香港，即時面對關乎未來如何發展的重大決擇。傳統的思維方式、策略和政策，已

不足以應對這些百年一遇、甚至千年一回的重大改變；唯有把握未來發展脈搏的新思維和新策略，才能使香港闖出一條新路。

以新思維和新策略構建香港金融中心的未來，至少需要 3 個角度：

一是從全球和區域角度，探尋金融海嘯後世界經濟格局演變和金融秩序重構的趨勢和方向；高度開放和國際化的香港金融業，不但要順勢而行，還要抓住先機，率先佈局。

二是從國家角度，了解中央政府有關金融發展的戰略思路和具體部署，特別是上海和香港的戰略地位和政策重點；未來香港金融中心的發展，有一半取決於其在國家戰略中的定位、以及滬港兩地的策略互動。

三是從香港角度，說明我們應在新的外圍環境下，識別香港金融業的真正優勢和約束條件，爭取以不對稱競爭突圍而出；香港能否發展世界級金融中心，另一半取決於我們自身能否採取正確的策略和行動。

（一）全球新秩序：牽動香港金融變局

謀劃香港金融發展，首先必須掌握當前全球正在出現的一系列重大變化，絕不能明於微而昧於巨。這些全局性或結構性的改變，正是未來牽動香港金融變局的真正動因。

2008 年全球金融海嘯的一個正面效應，是開啟全球經濟重心向東轉移，具有全球一半消費人口、善於利用資訊技術和互聯網接受新知識、以及提升自主創新能力的亞洲地區、特別是東亞地區，成為全球經濟增長的主要引擎。如果和平和發展這一世界主流保持不變、以及中國政治保持穩定的話，估計全球經濟重心東移的大趨勢和大格局，應可維持到本世紀中葉或以後，其進程又可分為如下三個階段：

第一階段，走向「東亞主導」。東亞經濟已成為全球經濟增長的主要動力，全球金融海嘯又加強了這一趨勢，從而使東亞地區[21]的經濟規模趕歐超美的時間大為提前。預計 2017 年東亞地區的 GDP 已超越包括美國、加拿大和墨西哥在內的北美自貿區（NAFTA）和由 20 多個歐洲國家組成的歐盟，成為全球最大規模的經濟區域，這意味着全球將全面進入「東亞主導」的經濟時代。其中，處於工業化中後期的中國，在金融海嘯後可望維持快速增長，並將逐步轉向以內需主導，規模空前的工業化和城鎮化、備受重視的科技研發和自主創新、以及佔全國 60% 人口的中西部崛起，將為中國經濟的長期快速發展，不斷注入新的動力。

第二階段，走向「亞洲半球」。在東亞地區成為全球最大經濟區域之後，隨着中國和印度等大國經濟的進一步崛起，全球經濟將進一步向「亞洲半球」的時代邁進，到 2030 年，以東亞為主體的整個亞洲地區的經濟總量，估計將佔到全球 GDP 的一半左右，人均 GDP 則可望達到全球的平均水平。這雖然只是正常的期望，但對人口佔全球一半的亞洲來說，意義卻是非同凡響。由於「一帶一路」國家和地區大都在亞洲，在「亞洲半球」之後將進一步邁向「絲路半球」。

第三階段，走向「中國世紀」。由中國和印度兩個大國帶動的亞洲經濟將進一步擴張，到 2050 年，亞洲經濟總量將佔到全球的三分之二左右。其中，中國 GDP 可望佔全球的三分一、亞洲的一半及東亞的三

---

21 本文所指的東亞地區，包括中日韓、港澳台、東盟 10 國，共 16 個經濟體。

分之二，佔全球比重恢復到十九世紀中葉以前的水平。[22] 以中國為主體並由其帶動的東亞地區，經濟總量將佔到全球的一半，世界經濟將真正進入「中國世紀」，並將同時開啟「東亞半球」的新時代。

東亞，尤其是亞洲經濟重心的形成和強化，將改變全球金融的發展格局，並對全球金融秩序產生革命性的影響；香港作為亞洲的國際金融中心，過去一直是歐美推動的金融全球佈局的重要節點（Node），一向以歐美金融機構的活動為支撐，金融海嘯後已面對歐美金融機構削減本港業務的壓力，有需要順應金融區域化的發展而做出調適，在保持與歐美金融市場對接的同時，重點拓展亞洲市場，方能保持和發展國際金融中心地位。

（二）金融佈局轉變：亞洲金融中心崛起

世紀金融海嘯帶動金融去全球化的浪潮，曾經作為金融全球急先鋒的歐美跨國金融機構，紛紛從外國、特別是新興經濟體撤資回國自救；歐美大量金融機構被國有化或由政府注資救助，使得這些機構的全球業務拓展受到制約；全球正在興起的貿易保護主義，也會嚴重阻礙金融全球化的進程。但與此同時，加強區域金融合作的各種自救行動，卻使金融區域化加快推進；未來隨着亞洲經濟的進一步崛起和「一帶一路」倡議的全面推進，區內的國際金融中心將會進一步冒升，區內金融合作也將會更加頻密展開，金融區域化將逐步取代金融全球化，

---

22 美國的世界頂級金融投資專家西格爾（Jemmy J. Siegel）在《投資者的未來》一書中，提到中國的生產增長率只要每年都超過美國 3%，到 21 世紀中葉其經濟規模將幾乎達到美國的兩倍；與此同時，印度經濟將達到和美國一樣的規模。西格爾還引用荷蘭格羅寧根大學的經濟史學家麥迪遜（Angus Maddison）教授的説法，在 19 世紀的大部分時間裏，中國佔到世界經濟總產出的 1/3，現在正在發生的是中國正在挖掘它的潛能以恢復到以前的水平。

成為亞洲金融發展的驅動力：

- 隨着亞洲區域經濟合作進程的不斷加快，特別是中國 - 東盟「10+1」、東盟 + 中日韓「10+3」、乃至「東亞峯會」(10+6) [23] 合作機制以及其他各種類型的單邊合作機制的推進，區內貿易和投資規模將不斷擴大，並催生對區域化金融服務的龐大需求。

- 隨着亞洲消費市場的不斷擴大和成熟，區內將出現更多的世界級跨國企業，目前全球前 1,000 名企業中，超過三成企業把總部設在亞洲 [24]，這將進一步強化區內產業鏈、商業和社會網絡，並將產生與跨國投資相關的區域化金融服務需求。

- 亞洲金融危機和全球金融海嘯喚醒了沉睡中的區域貨幣金融合作，亞洲國家和地區加強貨幣互換、建立儲備基金以及設立金融監管常設機構，使區內金融合作向構建地區貨幣體制方向邁進。雖然只是一小步，但卻是金融區域化的一個突破口。

亞洲經濟重要性不斷提升和區域合作不斷推進所釋放出來的對金融服務的龐大需求，都預示着亞洲金融中心、特別是中國金融中心將獲得巨大發展。未來 20 年區內將出現眾多國際金融中心羣雄並起的局面 (除了香港、新加坡和東京外，上海、北京、首爾、孟買、台北等城市都正在加快謀劃發展)，並且一定會出現類似紐約和倫敦的世界級金融中心 (英國倫敦金融城稱之為「環球金融中心」)，最終形成以一、兩

---

23 亞洲金融危機後東亞合作遂成浪潮，目前已形成以東盟 + 中日韓 (10+3) 為主渠道、以多組「10+1」為分渠道、以若干兩國間合作機制和「東亞峯會」(EAS，東盟 + 中日韓 + 澳新印) 為補充的區域合作框架。「10+3」機制還確立了東亞共同體的長遠目標和共同利益。

24 詳見清華—布魯金斯公共政策研究中心的研究報告——《上海成為國際金融中心面臨的挑戰與政策選擇》。

個世界級金融中心為主導、其他多個區域金融中心和專業金融中心相配合的亞洲新金融格局。而這一涉及亞洲整體發展和各國核心利益的金融佈局，估計到 2030 年將會基本成形。當然，這一輪全球金融佈局的大調整，主要是增量調整，在相當長的時間內並不會危及歐美現有國際金融中心的地位。[25]

我們注意到有些傳媒和學者提出的金融地位與國家經濟整體實力沒有必然聯繫的論斷。我們不排除會出現國家金融地位與經濟實力在一定程度上的不對稱甚至分離的情況，尤其是一些小型或專業金融中心（如新加坡、瑞士、愛爾蘭和盧森堡等）的情況更為特殊，但像紐約和倫敦這樣的世界級金融中心，如果沒有本國強大的經濟實力的支撐，是難以想像的（英國在 19 世紀是世界經濟霸主，造就了倫敦獨一無二的金融地位；美國在二戰後崛起成為全球首富，全球首要金融中心也從倫敦轉移到紐約）。那怕是新加坡和瑞士，也是以區域經濟作為後盾的。同時我們還要明白到，金融中心是經濟發展的高級階段，一些新興經濟體如印度和俄羅斯目前沒有像樣的國際金融中心，並不等於將來不會出現（實際上孟買正在努力這樣做）。更確切地說，金融中心既有賴於健全法律和金融體制，更建基於國家或區域的整體經濟發展，兩者不可偏廢。

（三）金融模式轉變：回歸傳統及建立新模式

在全球金融海嘯前的十多年，以個人主義為基本價值觀和以自由放任為政策導向的歐美金融市場，在不同程度上蛻變為由大型跨國金融機構操控圖利和市場參與者投機炒賣的賭場，不少金融機構的槓桿

---

25 摩根史丹利總裁 Jonathan Chenevix-Trench 曾認為最終全球可能會形成 4 至 5 個世界級金融中心，圍繞它們的還有一些次級中心城市。

比率都在 30 倍以上，已經破產的雷曼兄弟，從 2004 年到 2007 年，財務槓桿操作比率由 24 倍急升至 33 倍，美林從 2003 年的 15 倍飆升至 28 倍，連一向行事嚴謹的英資大行，槓桿比率（資本對總資產）也由 2004 年 12.9 倍升至 2008 年的 25.2 倍，均超出美國聯儲局認定的 20 倍安全標準，並為金融從業者、特別是金融高管帶來了豐厚利潤。到金融海嘯爆發前夕，高盛、摩根士丹利、雷曼兄弟和貝爾斯登等投資銀行的收入，超過 60% 來自與服務企業客戶無關的、在資本市場的交易所得。世紀金融豪賭最終帶來世紀金融海嘯，去槓桿化成為這些金融機構難中求生的「必要之惡」。去槓桿化不僅帶來去全球化，也帶來了投機性金融向中介性金融的理性回歸，特別是投資銀行需要回歸到主要擔任撮合企業與資本市場結合的中間人角色。

更重要的是，金融區域化將帶來發展模式的轉變。有研究認為，未來亞洲新金融發展模式，將會建基於「開放、學習、包容和強調集體主義」的新亞洲價值觀以及「多元一體、和諧共贏」的新地區主義理念。它一方面是對現代化的熱情追求和對西方文化如市場經濟、民主政治、公民社會和個人尊嚴的學習借鏡，特別是在強調市場經濟導向這一發展觀上形成廣泛認同，另一方面也強調和諧包容和集體主義的傳統價值，這使得亞洲區域金融發展模式出現一些不同的特徵：

- **在強調金融發展的同時，更加注意防止過度投機。**基於金融是經濟的血液這一現代發展理念，亞洲國家和地區毫無例外會把發展金融業作為推動經濟發展的「殺手鐧」，並由此而展開區域金融合作。但一向重視實體經濟及對投機賭博持保留態度的亞洲地區，在經過兩次大規模金融危機的洗禮後，會對過度金融炒買、特別是那些曾引發金融危機的高本槓桿金融工具更加敬而遠之。未來大規模的金融投機活動，在亞洲區將難以得到廣泛認可，而那些能真正發揮傳統中介服務功能、把儲蓄轉化

為投資的金融活動，將成為金融市場的主流模式。

- **在強調金融開放的同時，更加重視防範金融風險。**基於傳統價值和比較優勢，亞洲金融開放基本上落在整體經濟、特別是貿易和投資開放之後。但隨着經濟的進一步崛起和比較優勢的改變，亞洲區的金融開放步伐會不斷加快，甚至在某些時點上會出現突破。但這些都必須建立在有關國家對金融風險的防範和控制的基礎上，而不會像歐美發達國家那樣讓市場大門完全洞開。在金融發展和防範風險之間，區內經濟體（特別是中國）的天秤總是會向防範風險傾斜。因此，在今後相當長的時間內，亞洲金融開放仍會稍稍落在整體經濟之後，區內跨境金融交易量相對於 GDP 的比重，仍將小於歐美等發達經濟體，但這並不妨礙亞洲區內形成龐大規模的跨境金融交易。

- **在強調市場運作的同時，更加重視發揮政府功能。**亞洲地區在發展經濟方面，總是把市場這隻「看不見的手」和政府這隻「看得見的手」加以綜合應用。儘管日本、南韓、台灣和新加坡等經濟體的發展模式經常為人所詬病，但中國在過去三十多年更加重視政府推動經濟的功能作用，其經濟制度反而引致更多認同和讚許（著名經濟學教授張五常甚至稱讚中國的經濟制度為最佳模式）。在未來亞洲金融發展和走向區域化方面，我們將更多地看到政府的推動力量，包括實施金融發展戰略、編制金融發展規劃、制定金融開放政策、加強金融風險控制、加大金融市場調節、強化金融機構監管以及推動區域金融合作，甚至在危機發生時直接干預金融市場運作等等。市場運作和政府推動相結合的「雙主導」模式，將構成亞洲金融發展模式的基本特色，同時也是亞洲金融區域化的主要動力。

（四）貨幣體系轉變：美元獨尊轉向「貨幣共和」

　　全球金融海嘯的另一個效應，是美國的信譽和實力受到嚴重削弱，加上美國開動印鈔機引發全球對美元貶值的憂慮，美元的獨尊地位正在悄悄發生變化。在倫敦 G20 峯會前夕，以中國和俄羅斯為代表的發展中國家，提出以超主權貨幣作為國際儲備貨幣，儘管受到英美反對而未能落實，但有關行動明顯是對美元前景產生了疑慮。

　　中國提出以超主權貨幣取代美元，源自對本身大量持有美元資產的憂慮，因而對美國發鈔救市提出了警告；而且有關建議也佔據了維護全球經濟公平的道德高地，因而引起不少國家的共鳴。但我們也深深知道，美元作為全球主要儲備貨幣，涉及美英的核心利益，它們根本不會輕言讓步；而如果沒有以英美為首的西方國家的首肯，超主權貨幣一定難產。因此，要真正捍衛中國的核心利益，只有讓人民幣儘快走出去，與美元等強勢貨幣一道，成為全球計價、結算和儲備貨幣之一。

　　之後中國的應對策略，是加快推動人民幣區域化，在周邊地區推廣人民幣的使用，同時通過貨幣互換使人民幣加快走出去。目前在全球官方的外匯儲備中，美元仍佔主導地位，但從長遠看，由於歐羅區嚴守貨幣和財政紀律，特別是嚴控通貨膨脹，歐羅對美元將構成挑戰。中國等國家的行動以及歐羅的進一步壯大，最終將會形成多種主要貨幣共存的局面。但由於美國在中短期內仍會是全球經濟霸主，加上政治、軍事和文化等軟硬實力只會相對削弱，不會在一夜間消失，這一改變無疑會是漸進式的，但也是加速度的，即其發展步伐會隨着時間的推移而逐步加快。

二．香港定位：「超級倫敦城」

在這一系列的經濟和金融變局中，香港和上海無疑處於最有利的地位，也承擔最重要的責任。無論是世界經濟重心東移導致全球金融中心佈局的大調整，還是金融模式的轉變以及由人民幣加快國際化進程開啟「貨幣共和」的新時代，滬港兩地都處在最前沿的位置，並擁有最多最好的發展機會。那麼，香港自身應如何定位呢？

筆者認為，未來香港金融業的發展定位，是打造成「超級倫敦城」。具體包括兩層涵義：一是從市場層面，發展香港為亞洲的倫敦，二是從戰略層面，提升香港作為中國境外國際金融中心的地位。

(一) 打造「亞洲的倫敦」

發展香港為「亞洲的倫敦」，全力拓展亞洲及全球市場，是香港未來的基本定位。因為從市場角度看，香港和倫敦有許多共通點，容易借鏡及推動。具體來看：

首先，香港的金融體系基本上是由英國設計的。除維持美元的聯匯制外，其他的諸如自由開放的市場理念、以普通法為主體的法律制度、以原則為本的監管模式、以及重視與業界的溝通交流和投資者教育等等，都與英國金融業、特別是被曾經被譽為「世界金融業的發電廠」的倫敦金融城 (City of London，簡稱「倫敦城」或「金融城」) 有許多共通之處。把香港定位為亞洲的倫敦，在制度建設方面可謂輕車熟路，只要做些改善功夫即可，不需要結構性的大調整。金融中心的定位首先要立足於穩定發展，新定位正好達到這樣的效果。

其次，香港的金融發展模式與倫敦極為相似。兩者都是以相對較小的本土經濟規模，支撐起龐大的金融市場體系。它們與更多依托巨大本土市場的紐約和東京不同，主要依賴自由開放的政策和良好的法

律及監管去吸納全球、尤其是區域的資金、投資者和金融機構，從而大大擴展了市場腹地和服務範圍。其中，倫敦尤為突出，早期倫敦金融城的崛起無疑得益於英國凌駕全球的經濟和軍事實力，但二戰以後做了多次調整和改革，特別是經過 1986 年以解除金融管制為核心的金融大改革（Big Bang）和 2006 年實施旨在重振倫敦金融城的「發展和支持協調戰略」，才形成今天被全球公認為成功的發展模式。

必須指出，倫敦在二戰以後所推行的改革和調整，表面上是迫於應對全球經濟重心向美國轉移的無奈之舉，但有一大半卻是由於其長期堅守的自由貿易理念。改革和調整雖然有時會帶來波折（如有人認為 1986 年的金融大改革是引致 1990 年代一系列金融醜聞的「罪魁禍首」），但也成功地造就了今天倫敦的國際地位。倫敦經濟學院院長 Howard Davies 就認為，倫敦命運跌宕起伏的原因在於其為吸引全球貿易刻意地調整自己，這對香港來說或許是一個很好的啟示。

最後，香港的金融市場結構也與倫敦有相近之處。 正因為發展模式較為獨特，倫敦避開了與紐約等金融中心的正面交鋒，發展出極具特色的金融市場結構。與紐約主要偏重於資本市場不同，倫敦側重於外匯、保險、場外衍生產品交易、金屬交易和資產管理業務等等，每天外匯交易量金和場外衍生金融產品交易量分別佔全球的 34% 和 42%；有 254 家外國銀行在此營業，跨國銀行借款佔全球的 20%，美元債券二級市場交易量更佔到全球 70%，同時還管理着數以萬億計的美元資產。香港在這些方面也發展得很好，但需進一步借鏡及深化發展。

存在的問題是，由於倫敦和紐約的特殊關係，倫敦會否出現「成也蕭何敗也蕭何」的結局？多年來市場一直有個疑問，即 2008 年由美國次貸危機引發的全球金融海嘯，是否會從根本上改變倫敦建基於自由貿易、並賴以發展的高度國際化、業務多元化和靈活監管的金融模

式和特色，從而危及倫敦的國際金融地位，甚至出現生存危機？特別是美國的資金和金融機構對倫敦金融市場的深度參與、紐約和倫敦在金融衍生品開發和轉移過程中的緊密聯繫以及英美多年來輪番上漲的房地產泡沫同時破滅產生的市場共振，使倫敦金融城在某種程度上被華爾街所「挾持」，這會否連累倫敦金融城步華爾街後塵而變得黯然失色？

現在看來，答案應該是有危無險。雖然英美同屬全球主流金融體系，但兩者在組織結構、市場結構和金融監控等方面都有所不同。從組織結構看，英國的主要銀行皆為綜合性銀行，投資銀行業務並不是獨立特行，而是在銀行集團旗下運作，整個銀行業務仍以信貸為主，這不同於美國在金融海嘯前過於專業化和風險過於集中的獨立投行模式；從市場結構看，倫敦衍生品市場最出色的集中在外匯交易，不像華爾街主要集中在場外交易市場進行、導致監管困難和風險極高的信貸衍生品交易；從金融監管看，雖然英國金融監管政策一向較為寬鬆，但倫敦金融機構對風險的內部監控比美國投行們要相對嚴格，而且一向採取主動監管的英國金融服務局（FSA）與金融機構的風險管理流程是相當一致的，可謂外鬆內緊，主動配合。[26] 從已揭示的風險看，倫敦遭受的損失也要小於紐約，從而給倫敦更大的迴旋空間。因此，雖然倫敦也在多次危機中搖曳不定，但很快就挺過危機，繼續上路。

但風險失控和監管失當始終是英美等國需要嚴肅面對的問題。倫敦在 1990 年代就因監管不善而發生了一系列金融醜聞，歷史重演的機會依然存在。與此同時，金融海嘯後全球加強對金融體系的監管成為

---

26 倫敦金融城市長史達德（John Stuttard）過去在訪問香港時曾表示，美國的金融體系之所以陷入困境，是因為它墨守成規。相比之下，英國和香港的體系是世界上最好的，因為它們關注風險，幫助企業去管理和評估風險。

全球共識，全球金融遊戲規則已發生重大改變，銀行業務逐步回歸傳統，基於市場炒作的所謂金融創新受到不同程度的限制，除了 G20 峯會達成多項協議外，美國和歐盟也先後提出一系列改革和完善金融監管的方案，尤其是歐盟提出的一套包括限制結構性金融交易和金融高管薪酬在內的更為嚴格的泛歐金融監管體系，對最具國際特色的倫敦金融業，在一定程度上構成影響。雖然 2017 年初以來美國總統特朗普多次頒佈金融「去監管」總統行政令，包括：1 月 30 日行政令，要求「每推行一項新的監管，就必須撤銷兩項監管」；2 月 4 日行政令，要求美國財政部會同金融穩定監督委員會（FSOC）對現有的金融監管法律進行評估，並開始審查多德・弗蘭克法案；2 月 24 日行政令，要求成立特別小組審查現有監管，重點關注取消昂貴和不必要的監管。但從短期看，總統令並不具有實質性效力，更多是象徵性動作，最終是否修改、修改到甚麼程度，將以國會最終的表決結果為準。[27]

不過，也要看到，從某種意義上講，全球加強監管對善於把傳統注入現代、政策相當靈活、能對市場需求迅速作出反應的英國，實在是利大於弊，這從英國前首相白高敦在 2008 年 9 月雷曼兄弟破產後立即提出一系列強化金融機構監管措施可見端倪。白高敦同時還表示如果實現以上改變，倫敦就能保持其當之無愧的世界金融中心地位。其後的發展也證明了這一點。總的來看，雖然去全球化和加強監管在相當長時間內持續給倫敦帶來調整的陣痛，並使英國金融業回歸到過去的正常水平（即金融增加值佔 GDP 的比重從高峯期的 10% 降到 8% 左右），但具備傳統優勢、時區優勢、制度優勢和人才優勢的倫敦金融城，在消除了巨大泡沫後卻發展得更為平穩，其國際特色和地位沒有改變，

27　詳見 2017 年第 2 季度《中國銀行全球銀行業展望報告》。英國脫歐使金融業發展蒙上陰影，其後續影響仍待觀察。

近幾年倫敦在國際金融中心評比中高居榜首、並多次力壓紐約就是明證！

筆者在這裏不厭其煩地談及倫敦的金融特色和未來前景，旨在説明倫敦金融發展模式對香港的特殊借鑒意義；我們有必要考慮把倫敦模式作為未來香港的基本目標模式，藉此制定香港金融發展的策略和政策。但鑒於目前中國上市企業的數量已超過香港股市的一半，上市公司總市值佔比已超過 60%，交易量更佔到 70% 以上，這一比重大大超越倫敦，加上今後中國企業和人民幣走出去等巨大潛力，未來中國內地因素對香港金融業的影響可能遠比美國對倫敦的影響為大，香港金融業的主要服務對象——亞洲地區的經濟總量也將逐步拋離歐洲，因而未來香港除了學習借鑒倫敦外，還會有自己的優勢和特色，其中最重要的，是擔當中國的境外國際金融中心。因此，我們更準確地説，未來香港金融發展的策略定位，應該是亞洲的「超級倫敦城」（City of London Plus），享有與倫敦、紐約同等的世界級金融中心地位，成為真正的紐倫港。

(二) 提升香港作為中國境外國際金融中心的地位

提升香港作為中國境外的國際金融中心地位，是打造香港為亞洲「超級倫敦城」的另一個重點。其主要內容可包括：

1. **中國境外跨國銀行借款中心**：既包括海外銀行以香港為基地對中國內地放款，也包括中國內地銀行通過香港向海外放款。倫敦是全球跨國銀行借款中心，其中不少是美國銀行以倫敦為基地對歐洲的放款。香港在亞洲金融風暴前曾經是日本銀行在海外的放款基地；將來隨着內地銀行大量走出去，香港有條件成為中國內地銀行對亞洲的放款中心。

2. **中國企業境外集資中心：**既包括中國內地企業在香港股市的IPO融資，也包括內地企業在香港發行企業債券融資。香港在吸收內地企業來港上市方面的條件似乎比倫敦（吸引美國企業在倫敦上市集資）優勝，這充份展現了「一國」的優勢。未來香港應當更好地發揮這一特殊優勢，充份挖掘其巨大的發展潛力，包括吸引更多內地企業來港上市以及搞好「滬港通」、「深港通」等，香港的股票市場要超越倫敦，並非難事。

3. **中國債券境外交易中心：**即要在香港發展中國債券（包括國債、地方債、金融債和企業債）的二級交易市場。倫敦二級債券市場交易量佔全球的70%，其中美國債券佔了不少份額，而且倫敦還吸引美國機構投資者經常透過私募，大量買入倫敦和歐洲市場的公債，其經驗值得香港借鏡。中國內地債券市場潛力仍很大，隨着資本項目的逐漸放寬，加上債券通的開通，未來在境外將形成較大規模的人民幣債券二級交易市場，香港應當爭取成為主要基地。

4. **中國境外人民幣交易中心：**雖然目前人民幣走出去仍處於試驗階段，且時有波折，但未來一旦時機成熟，將會形成龐大的境外交易市場。目前人民幣先行區域化，香港已有近水樓台之利，率先建成最大的人民幣離岸市場；如果香港做得好，讓中央政府放心，還可以加快人民幣走出去的速度。這一塊業務與上海（上海再開放，也不可能自成「境外」）沒有實質性的衝突，香港完全可以放手一試。

需要說明的是，這裏所指的中國境外國際金融中心，並不是按行政地理劃分，而是按服務功能來劃分。因為若按行政地理劃分，香港在七十年代末就已是在中國境外的國際金融中心；而按服務功能劃分，

是指香港作為中國境外的金融服務樞紐，承擔國家對外金融服務的綜合功能，展開一系列與中國內地密切相關的對外金融活動。倫敦二戰以後在以美元為主導的全球金融體系的背景下，重新恢復在全球的金融領先地位，得益於倫敦作為歐洲美元市場的特殊功能，特別是在以美元為主要媒介的外匯和債券等市場形成龐大的交易量。儘管英美不屬於一國（但屬同一主流金融體系），但由於大部分專門技術和部分資金來自美國，加上在倫敦的美國銀行多於紐約的美國銀行，倫敦也可部分看作是美國的境外國際金融中心。

當然，作為中國境外的國際金融中心，內容遠不止這些，它還會隨着形勢的發展而不斷演變。目前在上述諸中心中，中國企業境外集資中心規模最大，且最具操作性；境外人民幣交易中心則最具潛力，其中最重要的是人民幣與外幣交易以及人民幣衍生產品交易（以外匯交易為例，倫敦的外匯交易量是紐約的兩倍，主要是倫敦作為歐洲美元市場，促成美元和歐羅、英鎊、瑞士法郎等歐洲各種主要貨幣的交易。），而且境外人民幣交易中心是建立中國境外跨國銀行借款中心和中國債券境外交易中心的先決條件。由此可見，人民幣業務是把香港真正打造成中國境外國際金融中心的關鍵一環；換言之，從長遠看，香港能否建成亞洲的「超級倫敦城」，很大程度上取決於我們能否率先建立人民幣境外交易中心。

三．協助上海打造「中國的紐約」

（一）上海的定位：中國的紐約

上海作為中國經濟母體內最大的中心城市，在國家打造國際金融中心戰略中，無疑處在最顯眼的位置，並擁有內地其他省市所不具備的眾多發展機會，值得我們注意。

一是戰略優勢：強國戰略的核心。中國要實現百多年來的強國之夢，首先需要在經濟上的崛起和超越。為此，中國需要打造一批在對內發展和對外競爭起中堅作用、且完全可以自主指揮和控制的經濟「航空母艦」——現代中心城市及由其影響和帶動的經濟區域。八十年代初鄧小平給予廣東先行開放政策，開始了這方面的積極探索；1992 年鄧小平南巡之後上海浦東開發戰略的出台，是中央政府實施經濟強國戰略的一個精心部署；2017 年中央決定打造雄安新區並稱之為千年大計，則是以習近平主席為核心的中央領導層推動京津冀一體化、打造北方「航空母艦」的重大決策。

由此可見，中央幾任領導層以經濟發展為主軸的強國戰略意圖，幾乎都是一脈相承的。目前中國的珠三角、長三角和京津冀等三大區域，都承擔着對內帶動發展、對外參與競爭的重大任務，而統領着長三角這一中國最大、最具潛力經濟區的上海，無疑擔當着最為吃重的角色，因而得到了國家最大限度的眷顧，同時也被寄予殷殷厚望。2008 年 12 月國務院正式把上海定位為長三角的龍頭，其後又明確把打造國際金融和航運兩大中心的任務交給上海，使上海在國家戰略層面，差不多處於「旗艦」位置。也就是說，國家給予上海的戰略地位和傾斜政策，不但十分明確和無可爭辯，而且是隨着形勢變化而不斷加碼；這是國家強國戰略的一個關鍵部署，其他省市雖然都有自身的發展目標和利益考量，但首先都需要服從這個大局。

二是結構優勢：配合全國發展。但也要看到，國家給予上海的戰略任務，是自上而下賦與的，上海能否擔負重任，還取決於其經濟結構能否有效配合當前和未來中國經濟發展的需要。在中國的各中心城市中，上海似乎更具備配合國家發展的綜合能力，主要體現在科技創新、金融服務、物流服務、總部經濟和對外幅射等領域。

1. **科技創新功能**：科學發展是當前中國的主旋律，其重點是科技創新和節能環保。人才和知識集聚、高校和科研機構雲集的上海，科技創新一向被視為其發展優勢之所在，政府在政策層面長期給予強力支持，使上海在國內競爭力排名中一直遙遙領先。2016年戰略性新興產業增加值佔上海市生產總值的比重為15.2%，已提前完成國家「十三五」規劃的目標。目前上海已把高新技術產業作為確保經濟發展的主攻方向，希望能更好地引領自身經濟發展，同時配合國家科學發展戰略。

2. **金融服務功能**：經濟活動規模的不斷擴大，增加了對資金融通的需求，加上國家政策的傾斜和支持，使上海成為全國資金的最大集散地。目前上海已建立起十大全國性的金融市場，2016年金融市場交易總額達到1,365萬億元人民幣，其中IPO融資額、股票成交額、市場債券餘額和現貨黃金交易額等指標，都已進入亞太區、甚至全球的前列。更重要的是，上海是國家母體內的金融中心，完全可以配合國家對防範金融安全的要求，並在有需要時把國家整體利益放在第1位。與此同時，目前上海的金融發展模式與正在形成之中的亞洲金融模式較為接近，只要加強法制和監管，將來還會有更大的融合和發展空間。

3. **物流服務功能**：由於大量物流向上海集中，過去5年上海口岸進出口商品總值急升2倍，港口貨物吞吐量則連續十多年保持全球第一；2016年貨櫃吞吐量上升到3,713萬ETU，蟬聯世界第一。雖然近幾年全球貿易受到金融危機的嚴重衝擊，但基於中國對世界資源和市場的依賴，中國的對外貿易、特別是與東亞地區的內部貿易仍繼續增長，上海的貨櫃運輸早已升至世界第1位，成為全球最大的物流和航運中心。

4. **集聚擴散功能：**上海已成為內地企業總部的首選地，每年都吸引逾萬家外來企業、特別是長三角和華東地區的企業到上海設立機構，發展上海本地、長三角地區以及全國性業務，其中大多數是企業總部；由國家商務部批准設立的外資投資性公司，超過 40% 設在上海。與此同時，上海也正在發展成為對外投資基地，近年逐漸對周邊省市、甚至中西部地區加大投資，同時把大量高勞工成本和環保要求的製造業轉移出去，既帶動了其他地區經濟的發展，也推動了自身產業結構的調整和優化。

三是利益優勢：與國家利益一致。按照張五常教授的看法，當前中國經濟制度的最大優點，是中央和地方之間實際上存在的承包合約制。在這一制度下，中央政府可以分稅等方式分享地方發展的成果，並向不發達地區實行轉移支付，以達到全民共享及縮小地區差距的政治目標。幾十年來，上海的財政收入上繳給了中央財政的數額一直居全國之首，對國家作出的巨大貢獻，是其他省市都無法比擬的。由於上海和國家在利益上的高度一致，上海可以不時尋求中央的政策支持，中央政府也樂於提供特殊政策，支持上海快速發展，從而形成良性互動。

當然上海的有利條件還不止這些。正因為上海具有難以替代的政治、經濟、文化優勢和潛力，上海發展國際金融中心就必然會得到國家的全力支持，這與今天許多成功的國際金融中心總是通過國家戰略來培養，實有異曲同工之妙。從這個意義上講，2009 年國務院要求上海發展與中國經濟實力和人民幣國際地位相適應的國際金融中心，實際上確立了上海作為中國的世界級金融中心的定位：

一方面，本世紀以來中國經濟進入高速發展軌道，經濟總量在2010 年就超過日本，成為全球第 2 大經濟體，為上海金融市場提供了發展動力。中短期內上海的金融總量，將有能力挑戰日本東京的地位，

比如 2016 年上海金融市場交易總額超過 220 萬億美元，位居亞洲前列；截止 2017 年 6 月底，上海交易所總市值已達到 4.54 萬億美元，居全球第 4，與排名第 3 的東京交易所相差不到 1 萬億美元。2016 年上海金融業增加值達到 717 億美元，比香港多出逾兩成，預計到 2025 年，上海金融增加值將超過 1,500 億美元，成為亞洲最大規模的國際金融中心；中國經濟有機會在 2030 年躍居全球首位，屆時上海金融業的總體規模，更將進一步向紐約看齊。當然，由於上海在金融法制和人才等方面的不足，上海要建立世界級金融中心仍有一段很艱難的路要走，期間還可能出現反覆，但總體發展勢頭應不會改變。

另一方面，當前人民幣國際化進程在 2016 年加入 SDR 後有加快跡象，未來仍將以循序漸進方式加以推進，即先區域化及在「一帶一路」沿途開展，再發展成為世界貨幣。當然，由於中國的政治和文化特性，預計人民幣國際化的進程，將稍慢於中國經濟實力和地位提升的速度，但這並不妨礙上海金融總量的擴張和金融國際化程度的提高，因此人民幣循序漸進的國際化，反而對上海有利，它給上海足夠的時間去進行金融基礎建設，並修補金融系統的缺陷，從而使上海有機會在人民幣自由兌換後，可以發展成為真正的國際金融中心，進而向世界級金融中心之路挺進。

由此可見，雖然目前上海沒有更加具體的方向和目標，但從目前的發展大勢看，上海未來的金融定位，應該是中國的紐約[28]，即中國最大規模的世界級金融中心。而位於中國的心臟、具有獨特優勢的上海，也完全有條件打造成為與紐約並駕齊驅的金融中心。如果這個目標不

---

28 中國前總理朱鎔基在任時曾談到上海和香港的定位，明確表示未來上海是紐約，香港是芝加哥，由此可見他對上海的喜愛。

能達到的話，那就意味着國家戰略的挫折，中國的經濟發展、甚至國家的崛起都會受到影響，這是中央政府絕對不願意看到的結果。而香港也會受到拖累，不見得會有好處。因而，無論是從國家的整體利益、還是從香港自身的利益考量，我們都應該歡迎上海的定位，並幫助上海儘快發展起來。

在明確了香港和上海未來金融發展方向和目標之後，現在的問題是，在一國之內、乃至亞洲相同時區內是否允許有兩個世界級的金融中心？筆者的答案是：完全有可能！因為未來中國和亞洲的經濟總量足以容納 2 個世界級金融中心。

正如上述，十多年之後，亞洲的經濟總量將佔到全球的一半，這可與目前支撐紐約和倫敦兩個環球金融中心的「歐美半球」（歐美 GDP 在金融海嘯前佔全球約一半）等量齊觀，屆時亞洲區內出現 2 個類似紐約和倫敦的世界級金融中心，一點都不稀奇。到本世紀中葉，亞洲經濟總量將佔全球的三分之二，更足以支撐 2 個世界級金融中心及其他多個金融中心共同發展。

由於亞洲經濟是由中國主導和推動的，在 2030 年前中國將成為全球第一經濟大國，在亞洲區內處於無人挑戰的經濟霸主地位；到本世紀中頁，中國的 GDP 更將達到美國的 2 倍，並將佔到全球的三分一。因此，與中國經濟一道成長、並在其中發揮引擎作用的上海和香港，是最有可能成為亞洲世界級金融中心的 2 個城市。

（二）滬港發揮各自優勢，明確分工和合作

那麼，未來香港和上海將如何分工呢？總的來說，上海是中國的紐約，將是亞洲最大規模的環球金融中心；香港是亞洲的倫敦，是亞洲乃至世界最開放的環球金融中心。

過去有關上海和香港的金融關係，一直處在不明朗期，其原因有二：一是由於中國金融業尚不具備對外競爭優勢（本世紀初還存在中國金融業實際上已經破產之說），為了防範國際金融風險，在金融開放過程中更需要摸着石頭過河，加上上海還存在法制和監管等問題，因而雖然 1991 年鄧小平就提出「中國在金融方面取得國際地位，首先要靠上海」，1992 年中共十四大報告把上海建設國際金融中心列入國家戰略，但國家長期沒有給上海明確的時間表（實際上除了中國加入 WTO 的有限度承諾外，中國金融開放整體上都沒有時間表）。二是上海和香港對國家來說，手心手背都是肉，不方便明確表態偏幫那一方，因而國家在出台新政策支持一方時，總是要提到另一方。

　　但如前所述，從發展大勢看，其戰略方向和目標其實是十分清楚的：即未來上海將會是中國的紐約，國家也有意識地把上海作為中國的紐約來培育和推動。香港由於在國家經濟母體外運作，加上國家對金融安全的特別關注，因而在國家金融發展戰略中，並不具有與上海同等的考量；不過，為了維持香港穩定和繁榮的需要，國家會支持香港為鞏固和發展國際金融中心所提出的合理建議，但這與中央賦與上海的戰略定位和特殊政策，是大有不同的。兩者的戰略方向和政策力度，實際上存着差別。

　　弔詭的是，香港能否成為亞洲的倫敦，在一定程度上取決於上海能否成為中國的紐約。因為只有解決了上海的金融發展問題，國家支持香港方可無後顧之憂；而且如果上海發展順利，國家就更有信心給香港機會。有見於此，香港應當尊重上海的戰略地位，支持和協助上海發展國際金融中心，並以此爭取國家對香港的支持。在中國這樣一個追求和諧共贏的千年文化大國裏，香港要有這樣的胸襟，才能贏得更多的尊重，從而得到更多實實在在的共同利益。

正因如此，香港正確的應對策略，是採取不對稱競爭策略，避免與上海在國家戰略上的正面交鋒。香港應明確表態，居於國家戰略和金融安全的考量，香港完全支持上海發展為中國的紐約，並會在完善法制和加強監管等方面提供協助；與此同時，香港也可理直氣壯地請求國家支持把香港發展成為亞洲的倫敦，在中國金融對外開放中向香港實行更多的傾斜政策，使香港和上海在不同的定位和平台上，進行分工合作和促進共同發展。

應當看到，未來上海和香港作為國際金融中心，都需要發展國內和國際兩個金融市場的業務。但由於上海在中國境內活動，加上國家在相當長時間內都不會完全放開對資本項目的管制（即使人民幣實現可兌換，估計也會對資金出入境實施有限度的管理），所以始終會以內地市場為主，好像紐約主要是為美國市場服務一樣。因此，將來除了大規模的外匯交易外，其他業務主要是為國內企業和居民服務的，這是未來上海國際金融中心的基本特點。不過上海雄心勃勃要發展國際金融中心，當然不會只限於境內，更不會只限於人民幣業務，而是會以上海為基地大力拓展國際金融業務，包括貿易融資、對外項目、尤其是「一帶一路」項目融資、境外企業來滬上市、個人對外證券投資、外匯交易（包括人民幣和外幣兌換）等等，同時也會更多地引入境外金融機構在上海開展跨國銀行信貸、參與本地股市、債市、商品和黃金交易、提供保險和資產管理服務等。

有見及此，未來香港和上海的分工，不可能以幣種來分界（如有專家提出上海負責人民幣業務，香港負責外幣業務），而是要以邊境來分界：上海主要負責境內業務，包括境內的外幣業務和對外業務；香港主要負責中國的境外業務，包括境外的人民幣業務和對內業務。上海重點發展資本市場、商品市場和銀行信貸等業務，香港重點拓展外匯、

保險、場外衍生工具、資產管理、人民幣境外交易等領域。換句話說，在「一國兩制」下，未來上海是中國境內的國際金融中心，香港是中國境外的國際金融中心；它們既同時服務於國家的開放發展，又充份體現了兩制的不同特色。

即使是以邊境來分界，上海和香港仍會有業務交叉。最重要的有3方面：一是 IPO 業務。目前香港已是中國企業的境外上市集資中心，將來還要大力拓展這一項業務，同時香港的新定位也要求香港積極拓展內地和海外 IPO 市場；內地企業是在香港上市，還是在上海上市，不但企業要作出取捨，國家也會作出合理安排。需要指出的是，中國企業境外上市並不涉及國家金融安全，香港可以爭取相對平等的競爭機會。二是人民幣和外幣的外匯交易業務，未來是在香港做，還是在上海做，對境外金融機構來說，或許無關要旨，那裏更方便，就在那裏交易，但對滬港來說則是大事。三是內地居民對外投資和財富管理，是通過上海做，還是通過香港做，也會有很大不同；這類跨境業務越來越多，已成為各金融機構競爭的焦點。從數學上講，這是兩個相連圓圈之間的交集，而且是一塊肥豬肉，因此競爭是不可避免的，而且競爭實際上已經開始。

未來香港和上海的競爭，還涉及到兩地對跨國金融機構設立地區總部和營運基地的爭奪上。而這又取決於開放政策和地緣因素。如果內地金融政策早日開放，資金可以跨境自由流動，那麼以香港優良的法制和監管，跨國金融機構大多會選擇香港作為運營基地去拓展內地業務；但如果內地長期保持金融管制，跨國金融機構需要以 GATT 規則下「商業存在」的方式在內地設立機構方能開展業務，則由於香港市場發展空間有限，具高度流動性的跨國金融機構會放棄香港而選擇上海作為營運基地。就地緣因素而言，在相同條件下，跨國金融機構開

展長三角城市羣的業務，選擇上海可能會比較方便；而要做粵港澳大灣區的業務，選擇香港則更加輕車熟路。當然，如果香港成為中國境外的國際金融中心，跨國金融機構可以在香港從事與中國對外金融活動有關的業務，則香港在爭取跨國金融機構方面會處於更有利的地位。不過，上海不會就此止步不前，因為上海始終會像紐約那樣，會以國內金融機構和服務國內市場為主；未來其金融規模可能會遠大於香港，但較難擁有與香港相媲美的開放度和國際特色。

競爭或許可以帶來共同進步，但現階段為了避免惡性競爭，滬港可進行交叉交易，即互相以對方作為交易對手，上海對外業務可以香港為交易對手，香港的對內業務也以上海為交易對手。如上海開展人民幣貿易結算以香港作為對手，就是一個互惠互利的安排；又如上海開展內地居民對外投資和財富管理，也可以香港作為投資對象或管理基地；再如鼓勵兩地上市公司到對方資本市場發展預托證券（比如 A+H 股），也是一個較合理的安排。未來類似的交叉交易可能還有很多，做得好可帶來雙贏的結果。

（三）協助上海發展

如前所述，上海建設國際金融中心是國家戰略，香港協助上海打造「中國的紐約」，不僅可以有效地配合國家戰略的實施，而且可以從中尋找合作機會，並分享上海金融市場的高速發展的成果。香港的策略重點，應當是在協助上海發展的同時，推動雙方建立類似於紐約和倫敦的密切關係。現階段可採取的措施包括：

1. **加強交流**：建立多層次的金融合作機制，通過政府高層定期互訪、設立滬港金融合作論壇和召開專題研討會，就香港如何協助上海發展國際金融中心，進行系統的商討和設計，並逐步付諸實行。

2. **市場對接**：滬港應儘快建立銀行、證券、保險、外匯等各類金融市場的全面合作夥伴關係，爭取讓更多的金融產品可以在兩個市場同時進行交易，特別是要爭取更多企業採用「Ａ、Ｈ股同步上市」的方式，這不僅有助加強兩地資本市場的聯動，還可提升上海Ａ股市場的定價能力，加快滬市與國際資本市場接軌的步伐。

3. **協助培訓**：協助上海對當地金融官員進行金融監管培訓，為上海培養監管專才。內容可包括銀行監管、金融穩定與市場分析、會計管理、金融基礎建設、風險防範以及反洗錢等，幫助上海建立完善的金融監管框架。

4. **基建對接**：協助上海建設資金清算支付系統，同時擴大兩地銀行、證券，保險和外匯等金融產品的資金結算，使兩地金融基礎設施實現全面對接。兩地交易所應互設辦事處，並探討股權合作的可能性。

5. **互設機構**：滬港應在 CEPA 框架下，放寬互設金融機構的準入限制。上海應允許香港證券公司、保險公司和基金管理公司等金融機構在上海設立由港方控股的下屬公司，並擴大香港在滬金融機構的業務品種和經營範圍；與此同時，香港應鼓勵上海金融機構在港設立分支機構，並通過香港走出去。

6. **金融創新**：從各種金融衍生品的交易量來看，全國衍生品交易量幾乎都集中在上海。內地金融監管部門都將金融改革創新試點放在浦東先行先試，資本市場、金融衍生品市場和商品期貨市場等也都在浦東安家落戶。滬港兩地應推動金融創新合作，以便為上海金融注入活力。

四. 把打造亞洲「超級倫敦城」列入國家戰略

為了實現建設亞洲「超級倫敦城」的目標，香港有需要借鑒英國多年來發展倫敦金融業的成功經驗，成立一個由政府最高層親自掛帥的高層次工作小組，實施這項旨在改革和發展香港金融業、提升香港高增值服務業的重大策略，同時立即採取行動。其中第一項行動是爭取把打造亞洲「超級倫敦城」列入國家戰略。

應當看到，一國兩制能否成功，關鍵在於一國兩制下的香港能否保持繁榮和穩定；作為香港的經濟命脈，金融業對香港的繁榮穩定起到關鍵作用，有需要也理應得到國家的支持。因此，在解決了滬港關係之後，可建議國家把香港打造亞洲「超級倫敦城」列入國家金融發展戰略，其中最重要的，是把國家的對外金融活動和金融開放的試驗盡量放在香港，特別是讓香港作為配合國家進行人民幣國際化的首要試驗基地；除了涉及國家主權的對外金融活動外，盡量通過香港去做。這一戰略既是香港的重要發展機會，也是國家賦與香港的新任務和新使命。

在爭取國家把香港新的金融策略列入國家戰略的同時，一方面應參照倫敦吸引美國金融機構的做法，推動內地國有商業銀行及其他金融機構加快到香港發展的步伐，並把香港作為發展國際業務的第二總部／區域總部和營運基地，這對於進一步完善香港金融業的組織結構、擴大香港對亞洲地區的信貸業務、維護國家利益和金融安全以及更好地推動內地金融機構走出去等方面，都可以發揮積極作用。把香港發展為中國境外的國際金融中心，也為吸引內地金融機構來港發展提供了最重要的市場條件，因為目前香港的市場空間尚不足以吸引眾多的國有銀行來港大規模地拓展業務。目前四大國有商業銀行和部分全國性股份制銀行在香港都有分支機構，但除了香港中銀外，其餘3家規

模尚小，應鼓勵它們實行內部架構重組，建立綜合性的銀行集團，儘快擴充業務規模，壯大實力，建立可與大型跨國金融機構有效競爭的平台。

另一方面，要制定促進香港金融發展的規劃和政策。紐約和倫敦金融中心的發展，就是政府推動、市場選擇的結果。英國政府為金融業提供了良好的政策環境，包括稅收優惠、監管便利以及富有彈性的政策，對倫敦維持和發展國際金融中心地位起了重要作用。有鑒於此，特區政府需要對未來金融中心進行全面規劃，確定香港金融發展的方向目標、發展模式、產業政策、風險防範、監管控制以及與內地金融市場和政策的全面銜接等等，並就與內地金融開放相關問題進行立法，以法律形式確保國家金融安全，以便在嚴格的規則下協助國家穩步進行金融對外開放的試驗。

五．協助國家防控金融開放風險

香港要建立中國境外的國際金融中心，除了要明確與上海的關係外，還要設法消除國家對金融安全的顧慮。中國為了自身的發展利益，需要讓金融機構和人民幣走出去，在國際經濟、金融、貿易市場上擴大話語權；但也深知道，以目前自身的經濟和金融實力，仍需要在與美國和歐洲的合作中尋找發展空間。在這一過程中，特別需要注意防範貨幣和金融風險，以免重蹈日本的覆轍。2017 年 4 月召開的中央政治局會議，再度強調要高度重視防控金融風險，加強監管協調，確保不發生系統性金融風險，隨後人民銀行和銀監會、證監會和保監會等監管部門密集出台調控政策，嚴防加槓桿炒作和交叉性風險，減少資金領域空轉套利，包括銀監會嚴查銀行同業業務和委外業務，證監會嚴打「高送轉」和「次新股」等多種炒作，外管局則加強了對資金外流的控制。在 2017 年 7 月召開的全國金融工作會議上，習近平主席在講

話中把金融安全提升到國家安全的高度，強調金融是國家重要的核心競爭力，金融安全是國家安全的主要組成部分，金融制度是經濟社會發展中重要的基礎性制度，要強化監管，提高防範化解金融風險的能力。這些都說明當前中國金融開放的速度雖有所加快，但仍是把金融安全放在首位，甚至近年有些突破性的進展，如擴大貨幣互換、設立東亞貨幣合作基金以及增加在 IMF 的份額等，也都是基於合作防範地區和全球金融安全的策略考量，由於可見國家對金融安全問題的重視程度。

金融風險包括制度風險和市場風險。香港一向重視自由市場運作，多年來除了適時加強金融制度和金融監管外，金融風險主要由市場自行承擔。需要強調的是，自由市場運作是香港的特色和優勢，任何時候都不應輕易改變；但目前對香港來說，發展機會也同等重要，千年一回的良機稍瞬即逝。應對策略是在保持自由市場運作的同時，配合和國家金融開放和香港金融發展的需要，從制度建設、市場穩定和開放試驗三個層面採取措施，加強對金融風險的防範和控制。具體而言：

第一，從制度建設層面，適當加強特區政府對香港貨幣金融體系的調控能力，防範出現系統性的金融風險。未來可考慮採取的行動包括：

- 進一步強化香港金管局的職能，負責制訂香港貨幣政策以及管理政府外匯基金和財政儲備，確保港幣匯率的穩定、並促進經濟增長和外匯儲備保值增值，全面掌握對香港貨幣發行和流通的調控力。

- 成立一家權威的沒有利益衝突的評級機構，對香港和亞洲企業的信貸活動進行客觀公正的評價，以打破國際上少數評級機構對香港市場的壟斷。

- 爭取中國人民銀行在香港設立分部，主要從事市場研究和統計分析，並與特區政府財經主管部門就貨幣政策和人民幣業務發展等問題交換信息，進行溝通交流。

第二，從市場穩定層面而言，政府可考慮從外匯基金中拿出部分資金，成立一家以金融投資為主、旨在推動香港金融穩定發展的主權基金，主要用於加強香港的金融基建，如尋找機會收購亞洲地區的證券交易所的股權等，也可與中國投資基金和私人機構一道，尋求低價收購大型跨國金融機構在香港和亞洲的優質資產，透過股權投資發揮穩定市場的作用。政府也可以發行政府債券的形式籌集這筆資金。

第三，從開放試驗層面，香港需要對國家利用香港推行金融開放的各項試驗，進行認真的技術設計和論證，以防範和調控金融風險為前提，拿出切實可行的方案，確保各項金融開放試驗能取得成功。其中最重要的，是要在開放人民幣業務和內地資金走出去等項試驗中，建立香港與內地嚴格規範的合作機制，增強國家維護金融安全的信心。

值得注意的是，上述各項應對金融風險的措施，不少是目前英國等發達經濟體的慣常做法，並不會影響金融市場的正常運作，也不應該引發過多的政治爭論。至於與國家金融開放有關的管理措施，可作為特殊項目處理，香港市場應可理解和配合。過去十多年香港在人民幣業務方面就配合得十分默契，並沒有引起太多的爭議。

六．打造三大世界級市場

建設亞洲「超級倫敦城」，需要重點發展 3 個亞洲領先的世界級金融市場，使之成為未來世界級金融中心的支撐。具體而言：

（一）重點發展世界級資本市場

1993 年內地公司青島啤酒率先來港上市，標誌着香港股票市場開始為內地企業提供融資服務。內地企業上市集資推動了香港股票市場的快速擴張，也使香港成為內地企業上市集資的中心，證明了香港在金融市場基礎設施方面的獨特優勢。截至 2017 年 8 月底，香港股市市值突破 31 萬億港元，本港 2,060 家上市公司中，內地企業共有 1,031 家，佔全部上市公司的一半左右，市值佔香港股市整體市值的 65.4%，成交額佔香港股市整體股份成交金額的 78%。顯然，以內地企業新股上市集資為引領的股票市場發展，推動香港國際金融中心的體系結構由銀行業主導轉向銀行和資本市場共同主導，奠定了其在亞太區的領先地位。未來應強化這一地位，並可考慮採取如下行動：

1. **大力挖掘內地上市資源：**目前內地企業上市資源極為豐富，可供上市企業成千上萬，特別是一百多個中央級企業和省市國資委管轄的數千家國有企業，大都還未包裝上市。香港可與內地省市簽訂協議，由各個省市重組包裝一批企業到香港上市。但目前內地企業來港上市受到一些政策限制，香港應積極爭取支持取消有關限制，給予香港相對公平的競爭環境和服務機會。

2. **完善企業上市平台，把香港創業版改造成類似倫敦的 AIM 版：**倫敦交易所自 1995 年推出 AIM 版，迄今為此共吸收 3600 家上市公司，包括大量前俄羅斯和前蘇聯國家的公司，共籌集到 950 億英鎊，成為全球最受中小企業歡迎的金融中心；AIM 版募集的 IPO 有時堪比美國的納斯達克。港交所擬推出創新主板和創新初板是個好主意，在此基礎上，香港應借鑒倫敦的成功經驗，把創業版改造成類似倫敦的 AIM 版，以更加靈活有效的方式，重點吸收兩岸三地的中小企業來港上市集資，使香港

證券市場發展壯大。

3. **加快吸收亞洲新興市場的企業來港上市，特別是原東盟六國、印度、中東和俄羅斯等國的企業：**特區政府各有關部門要與香港交易所配合，在這些國家加強推廣和宣傳工作；香港交易所有需要在這些國家成立辦事處，以便長期展開相關的推介工作。

4. **採取適當措施，鼓勵中國內地、美國、歐洲和亞洲其他地區的上市公司，到香港作第二上市或發行香港預托證券，特別是大型和優質的上市公司，應作優先考慮：**如在內地上市的貴州茅台、五粮液、浦發銀行、中信股份、長江電力，在美國上市的阿里巴巴、新浪網、百度、網易、新東方、京東、攜程網、愛奇藝等，應是重點爭取對象。

5. **加強香港和內地資本市場之間的連接：**「滬港通」和「深港通」以及「債券通」的推出，為建設兩地共同市場提供了巨大空間。目前，上海、深圳及香港三地股市總市值合共超過 11 萬億美元，僅次於美國（泛歐＋納斯達克）的 26.5 萬億美元，規模在全球經濟體中排名第 2。未來應進一步加強三地資本市場的互聯互通，把香港資本市場迅速提升至世界級水平。

6. **發展亞洲債券交易市場：**香港債券市場發展較為緩慢。由於香港政府財政常年有盈餘，很少需要發行公共債券，難以形成債券市場無風險定價基準。2009 年以來，特區政府開始推行政府債券計劃，立法會亦通過相關法案修訂以推動伊斯蘭金融平台發展。在上述措施的影響下，港元債券市場逐漸成為銀行體系和股票市場以外的融資管道，但仍然落後於股票市場和銀行業的表現。未來重點還是要放在境外市場，特別是利用中國與東盟正在商討建立亞洲債券的機會，積極拓展亞洲債券交易，除

了吸收區內政府和企業來港發行債券外，還應借鑒倫敦的成功經驗，設法讓各地已發行債券可在香港掛牌交易，建立亞洲二級債券的交易平台。

（二）強化離岸人民幣業務樞紐地位 [29]

2004 年初國家允許香港開辦 4 種人民幣業務，點燃了人民幣國際化的星星之火。2011 年後，人民幣正式啟動國際化道路，內地資本市場逐步邁向雙向資本開放。香港充分把握中國金融改革開放的大方向，順勢而為，積極擔當人民幣國際化「試驗田」、「橋頭堡」的重要角色，成為人民幣國際化的最佳試驗場，人民幣投資產品日趨豐富，市場交易活動日益活躍，離岸人民幣資金池一度超過一萬億人民幣，2016 年香港人民幣 RTGS（即時全額支付系統）清算額達 202 萬億人民幣，在香港進行的人民幣支付量佔全球比重約 70%，成為全球最大的離岸人民幣交易中心。

如前所述，倫敦在二戰以後恢復全球領先的金融地位，與其成為歐洲美元市場息息相關；未來香港若能進一步發展成為人民幣境外業務樞紐，就具備了最為關鍵的發展要素，就有機會獲得類似倫敦的金融地位。由於人民幣是以循序漸進方式推進國際化，並主要通過香港進行先行先試，所以香港應以先發優勢率先建立離岸人民幣交易市場體系，使中國和世界各主要經濟體之間的人民幣交易，儘可能放在香港進行。通過完善離岸人民幣業務六大中心，將香港打造成為全球離岸人民幣業務的神經中樞。這是香港建設亞洲「超級倫敦城」的第二個重點領域，具體內容可包括：

29　本節部分內容引自《中銀財經述評》2017 年第 43 號文章——〈香港國際金融中心再出發：獨特優勢與嶄新空間〉，作者鄂志環博士。

1. **打造離岸人民幣金融產品開發中心：**香港應發揮內地企業「走出去」及跨國公司「走進去」的主要跳板的區位優勢，針對人民幣業務新需求，加快人民幣產品創新，提升服務能力，吸引更多客戶利用香港離岸人民幣市場。

2. **繼續鞏固香港作為最大離岸人民幣交易中心的地位：**離岸人民幣外匯交易快速增長，香港離岸人民幣日均交易量從 2010 年的 107 億美元等值，上升至 2016 年的 771 億美元等值，增長幅度高達 6.2 倍。人民幣在貿易、以及投融資方面更廣泛的使用，為香港的離岸人民幣外匯交易續添強勁的增長動力。

3. **培育離岸人民幣資產管理中心：**香港金融業可以加強開發資本賬下產品，加快擴大客戶基礎，與央行、主權基金、超主權機構、大型國際金融機構和交易所客戶羣體建立業務往來。完善境外機構債券投資代理模式，吸引客戶開立賬戶，全權代理其人民幣債券投資，以及管理人民幣資金。建立更靈活的資金管控機制，擴大交易和持盤能力。

4. **完善離岸人民幣清算基建中心：**香港應繼續完善香港人民幣清算體系，鞏固現有的金融基礎設施平台，加強與周邊國家和地區的人民幣業務聯繫和業務往來，為香港銀行業提升跨境人民幣服務能力打造堅實基礎，提升人民幣產品優勢及服務水平，全力拓展新市場及新領域。

5. **建設離岸人民幣風險管理中心：**香港有能力提供全面的外匯風險對沖工具，為配置人民幣資產保駕護航。隨着人民幣在投資及金融交易領域的使用日漸廣泛，匯率風險的重要性將會日益突出，引起越來越多的企業和投資者的關注，對沖風險、鎖定收益的產品需求快速上升。香港銀行業應根據環境的變化，加

快開發此類產品，滿足各類客戶的避險需求。

6. **發展人民幣衍生產品交易中心：**2008 年次貸危機發生後，內地金融監管部門減緩了金融創新的進程，這一做法反而給香港提供了機會。未來亞洲地區的人民幣利率掉期和人民幣遠期外匯市場會發展得很快，香港可發展成為人民幣衍生產品的交易中心。

（三）打造亞洲領先的世界級財富管理中心

亞洲經濟的快速成長，是亞洲財富管理業務發展的基本動力。估計未來二十年全球的財富增長，至少有三分之二來自亞洲經濟體。目前歐美 GDP 佔全球不到一半，已養育出紐約、倫敦和瑞士等多個世界級的財富管理中心；隨着「亞洲半球」時代的到來和「一帶一路」建設的推進，區內將會出現世界級規模的理財中心。香港在這方面最具優勢，所以應率先策劃及採取行動，爭取發展成亞洲領先的世界級財富管理中心。這是香港建設亞洲「超級倫敦城」的第 3 個重點領域。

由於歷史和文化的承傳因素，在未來 20 年內，中國仍將會是個高度儲蓄的國家。當中國 GDP 趕上美國時，內地富人對財富管理的需求將超出美國的規模。香港作為中國大型企業的境外 IPO 中心，其上市公司為內地民眾所熟悉和喜愛，這是連倫敦都不具備的獨特優勢。隨着經濟的持續成長，亞洲其他新興經濟體的財富積累也會不斷增多，特別是東盟、印度和中東的中產階段成長很快，未來對財富管理的需求會不斷擴大。2016 年香港資產管理的規模大約有 2.3 萬億美元，相當於倫敦（資產管理規模約 9 萬億美元）的四分之一左右，未來若能有效地拓展內地市場和亞洲市場，可使香港資產管理逐步達到類似倫敦的世界級規模。

存在的問題是，經過 2008 年全球金融海嘯，許多理財客戶、特別是中國內地客戶對外資金融機構缺少足夠的信心，未來若能適當加強風險管理，培育更多的香港本地大型理財機構，給亞洲「有銀一族」以更多信心，香港財富管理就可直追倫敦和瑞士。

七. 全力推動創新金融發展壯大

世界上幾乎所有的金融活動，都可分為如下兩種金融類型：一是為成熟企業和居民消費服務的傳統金融，包括銀行、保險、主板市場、外匯交易以及財富管理等，類似於美國紐約的金融結構（納斯達克交易所除外）。另一種是為科技創新企業服務的創新金融，包括種子基金、創業資本、風險投資以及中小企業板和創業板等，相當於美國舊金山金融市場和納斯達克交易所的結合體。

香港雖然貴為全球金融殿堂的「探花郎」，但基本上屬於傳統金融，創新金融發展不足既是一個短板，也是一大挑戰，因為在粵港澳灣區規劃建設中，科技產業創新發展無疑是首要任務和最大引擎，區內金融合作在很大程度上是圍繞着如何促進科技產業創新發展而展開的；以創業資本和風險投資為代表的創新金融，將是未來大灣區金融合作和發展的主導力量，這將形成類似美國舊金山的創新金融中心。

過去 30 年，美國舊金山灣區的創新金融發展極快，不僅造就了矽谷創新產業的強大崛起，也使舊金山發展成為世界第 8 大金融中心。從粵港澳大灣區看，深圳的創新金融無疑獨佔鰲頭，在早期投資和創業投資兩個市場均優勢明顯。以 2016 年為例，深圳早期投資的募集金額和投資金額分別佔全省的 93.9% 和 66.5%，創業投資的投資案例和投資金額分別佔全省的 64.7% 和 66%，成為深圳科創產業快速成長的「源頭活水」。

香港未來應把發展創新金融作為策略重點，與傳統金融並行發展，實行雙軌驅動。除了我們在上一節中建議政府每年拿出 200 億元設立「三創基金」外，港交所主張建立創新板和筆者建議把創業板改為類似英國 AIM 板都是個好主意。但更重要的，是要在實行創新驅動的同時，注意扶持民間創新金融的發展，尤其是要吸納更多海外風險資本到香港落戶，形成產業聚集，使創新金融成為香港金融發展的新動力。

八. 發展金融科技提升服務水平 [30]

如果説創新金融是金融業自身發展的新內涵的話，那麼金融科技可看做是金融業提升服務的新手段。我們在上一節提到金融科技是香港創新驅動模式「現代服務 +」的重要環節，目前已有香港金融機構開始重視並投資開發，走出了可喜的一步。未來政府應採取鼓勵政策，包括提供金融科技研開支稅務扣減等，為香港金融科技的發展積極創造條件。

值得一提的是，中國內地金融科技發展十分迅速，反而值得我們學習和借鑒。2017 年 7 月，國務院印發《新一代人工智能發展規劃》，目標是到 2020 年，人工智能（AI）總體技術和運用與世界先進水平同步，人工智能核心產業規模超過 1,500 億元，帶動相關產業規模超過 1 萬億元；到 2025 年，人工智能基礎理論實現重大突破，部分技術與運用達到世界領先水平，人工智能核心產業規模超過 1500 億元，帶動相關產業規模超過 1 萬億元。從目前情況看，金融行業有望成為人工智能最早落地應用的領域。近期內地工、農、中、建四大國有銀行和百度、阿里巴巴、京東、騰訊四大互聯網巨頭陸續開展合作，拉開了

---

30 本節部分內容引自《中銀財經述評》2017 年第 58 號文章——〈金融科技有助提升銀行業金融服務水平〉，作者劉雅瑩。

金融科技（FinTech）的序幕，也使 FinTech 成為炙手可熱的話題。相信隨着「AI+ 金融」的發展，銀行能不斷豐富和更新金融科技手段，從而更好地控制成本及提高業務效率，最終優化銀行整體的金融服務能力。

　　早在 2005 年，內地商業銀行和互聯網企業就已進行合作。近幾年來，雙方合作不斷深化，互聯網企業開始為銀行等金融機構提供金融雲、大數據、移動終端開發等服務。2017 年初以來，兩者合作有了實質的飛躍，雙方開始共同探索人工智能、區塊鏈、虛擬貨幣等新興技術在金融場景中的研發、孵化和應用。對銀行而言，互聯網企業的大數據、人工智能、雲計算可改變銀行技術基礎，從而影響銀行獲客能力、風險識別能力、運營效率與資金成本等，有助搭建一個更好的業務形態，從而為銀行發展注入新動力。下面試舉兩個例子加以詳細說明：

　　一是優化消費金融等服務。當前亞洲地區、尤其是中國內地正處於經濟結構調整轉型期，經濟驅動力逐漸從投資和出口轉向消費。2017 年上半年消費對內地 GDP 同比增速的貢獻達 63%，同時消費增速為 10.4%，遠高於投資增速的 8.6%，消費升級已經成為內地經濟發展的主要驅動力。消費升級背後是來自於個人、機構、行業的巨大金融需求，而 AI 技術可以幫助更好地解決未被銀行徵信覆蓋的消費金融需求。近年來，消費金融已逐步成長為金融行業的一個重要「風口」，各商業銀行都爭相佈局。

　　以招商銀行為例，該行從 3 年前就開始其在互聯網消費金融系統上的佈局，並且把消費金融確定為其實現「輕型銀行」戰略轉型目標的重點業務之一，2015 年初，招行在國內首推移動互聯網貸款產品「閃電貸」，客戶可通過招商銀行手機銀行 APP 或網上銀行自助辦理貸款，全天實時運行。由此可見，「金融科技 + 消費金融」不僅符合了當前消

費升級的潮流，也能幫助銀行控制業務成本和提高客戶忠心度，更有效平衡銀行規模和效益。

消費金融是香港金融業的核心業務，不論是拓展本地消費金融業務，還是進軍大中華乃至亞洲消費金融市場，未來需要通過金融科技的運用來提升服務。此外，資本市場、保險業和人民幣業務等都可以運用金融科技來拓展海內外業務，提高客戶體驗和滿意度。

二是提升金融機構的投資者適當性管理效果。資產管理行業往往面臨着剛性兌付、投資者適當性管理等一系列難題，但僅依賴傳統手段仍難以有效保護投資者。金融科技在投資者適當性管理方面主要起多方面作用：如基於大數據、雲計算設計的銀行智能投顧系統可利用機器學習等方式，對投資者的客觀財務實力、風險偏好、投資經驗等因素進行深度剖析，更精準地為投資者風險承受能力進行評估。再如金融科技可運用於資產端的風險管理，從而提高對資產風險的分類精度，並可將金融科技技術嵌入產品設計，使產品風險與投資者的需求適配例如對於不匹配的使用者和產品，智能投顧系統可進行交易攔截，以保障投資者的利益。金融科技還可利用線上平台，採用知識問答、學習型遊戲、模擬投資等多種模式，幫助投資者提升投資經驗和風險認知水平。

面對席捲而來的金融科技大潮，作為國際金融中心的香港絕不能置之不理，而應當立即採取行動，爭取迎頭趕上，並從多個方面提升本港的金融服務水平。香港金融機構已率先採取行動，如消息透露有中資銀行正在研發可跨境使用的電子錢包，並利用區塊鏈技術加強跨境轉帳服務。長和公司與螞蟻金服宣佈聯手拓展電子支付市場共同營運「支付寶 HK」，並研究令其香港錢包可以跨境使用。其後香港金管局也公佈引入虛擬銀行及快速支付系統等 7 項措施，推動香港邁向智

慧銀行發展，其中金管局 2018 年 9 月推出的快速支付系統，可實現零售小額支付全接通，個人與個人之間無論各自使用甚麼銀行或支付系統的用戶，都可以實時支付或收款。

以上行動，説明香港在金融科技方面已邁出可喜的步伐。但僅有這些還不足夠，將來還需要加倍努力，爭取在區域競爭中突圍而出。總的來説，香港發展金融科技可以從多方面優化金融業的金融服務能力，進一步擴大金融服務範圍，大大提高業務效率。這是香港向世界級金融中心邁進的必要條件，絕不能等閒視之。

九．集聚和培養高層次金融人才

大量調查表明，能否獲得金融人才是國際金融中心發展的極為重要的條件；倫敦金融城發展的一個重要啟示是，要保持國際金融中心的領先優勢，首先必須保持人才優勢。為此，倫敦向各國的專業技術人才打開了大門，十年間引入了近百萬國際移民，使得倫敦的國際僑民佔到全部居民的接近 30%，並成為全球金融人才最聚集的城市，多國籍、多領域、高學歷、高技能和創新型的金融人才比比皆是。不少跨國金融機構在倫敦設立歐洲總部，就是看中了這裏高層次和多元化的人才結構。香港應借鑒倫敦的成功經驗，向世界各國、特別是亞洲各地的人才打開大門，吸引更多的高層次金融人才到香港工作，為把香港發展成為亞洲「超級倫敦城」打下最重要的人才基礎。

十．協助國家推動亞洲金融合作

（一）進展與難點

迄今為此，亞洲金融合作已經歷了兩個階段：第一階段始於 1966 年成立的亞洲開發銀行（簡稱亞開行）。它是面向亞太區的區域性政府

間的金融開發機構，建立時有 34 個成員國，目前增至 67 個成員國，其中亞太國家 48 個，主要任務是為亞太區發展中成員籌集與提供資金，希望通過發展援助幫助成員消除貧困，促進亞太區經濟和社會發展。

日本一直是亞開行的最大股東和主要資金來源，以亞開行為渠道吸納國內巨額剩餘資本投入到急需資金的亞太國家，早期貸款對象主要是印尼、泰國、馬來西亞、韓國和菲律賓等日本重要的經貿夥伴。如 1985 年簽署廣場協議後，日本製造商就利用高日圓把產能轉移至東盟，亞開行在通過改善當地基礎設施引導日本民間資本轉移過程中扮演了重要角色。但由於亞開行由日本和美國共同主導，成員要獲得貸款，都要在政府透明度、意識形態等方面通過嚴格考核，各種考核動輒需要數年，此外還有環保、僱傭、招投標等諸多要求，因而這一階段的亞洲金融合作，還是日本一權獨大，單邊提供資金，其他成員都是資金接受方，基本上沒有「話事權」，因而是以資本輸出為導向的、不完整和不對等的金融合作。

除了亞開行外，這一階段亞洲金融合作還包括由中日韓和澳洲、新西蘭等 11 國組成的東亞及太平洋地區中央銀行行長會議（EMEAP），這是一個於 1991 年成立的政策對話機制，各央行的副行長每年舉行兩次會議，而首屆行長會議也於 1996 年舉行，其後每年舉行一次，目的是透過交流與合作，維護區內金融穩定，推動區域金融市場發展，促進支付系統建設並加強銀行業監管，為區域金融政策對話開了一個好的開端。

亞洲金融風暴帶動了第二階段的亞洲區域金融合作，「清邁倡議」應運而生。為應對金融危機，2000 年 5 月東盟和中日韓（「10 + 3」）的財長們決定設立一個金融合作協議，是為「清邁倡議」，在建立雙邊貨幣互換、資本流動監測機制、完善區域政策對話和經濟監控機制以及

進行人員培訓等四大領域展開合作。「清邁倡議」是亞洲區第一個區域流動性救助機制，是各國在平等磋商基礎上為應對金融動盪而展開的多邊聯合行動，對深化亞洲金融合作無疑具有重要意義。

「清邁倡議」的核心內容是「10 + 3」雙邊貨幣互換，累積金額一度達到 800 億美元，但從未被使用過，部分原因是因為 90% 的額度動用要與 IMF 的貸款條件掛鉤。2007 年 5 月在「10 + 3」日本京都財長會議上，各方一致同意通過建立自我管理的外匯儲備庫，即各成員國中央銀行或財政部分別拿出一定數量的外匯儲備，建立區域儲備基金，在危機發生時集中使用，協助發生危機國家應對國際收支和短期流動性困難。這項行動改變了「清邁倡議」的雙邊性質，開始向多邊機制發展。

這一階段的亞洲金融合作，還包括在發展亞洲金融市場方面提出多種倡議，特別是 2003 年「10 + 3」提出建立亞洲債券市場動議（ABMI），並立即付諸實施，當年由 EMEAP 牽頭成立亞洲債券基金一期（ABF1），總金額為 10 億美元，這是各國聯手發展區域債券市場的首次行動，但資金只能用於投資 EMEAP 經濟體中主權和準主權發行體發行的美元債券；2005 年 6 月 EMEAP 推出亞洲債券基金二期（ABF2），總金額倍增至 20 億美元，向私人部門開放，投資方向由主權和準主權美元債券擴展到主權和準主權本幣債券。2006 年 11 月 EMEAP 還決定成立副行長級的貨幣與金融穩定委員會，負責經濟監測、危機管理。

全球金融海嘯使以應對金融危機為導向的亞洲金融合作得到深化。2008 年「10 + 3」財長會議通過了亞洲債券市場動議新路線圖，重點是推動各經濟體加快發展各自的本幣結算債券市場。2009 年「10 + 3」財長會議聯合公佈了《亞洲經濟金融穩定行動計劃》，將共同儲備基金擴大到 1,200 億美元（2014 年又擴大至 2,400 億美元），會議提出建立

獨立的區域監控機構，增強了一國爆發危機後獲得援助的可預期性與及時性。2010 年「10 + 3」財長會議創建了宏觀經濟監測機構——亞洲宏觀經濟研究辦公室（AMRO），負責監測本地區及成員經濟體的宏觀經濟和金融系統運行情況，對風險進行預警。

然而，擴展後的「清邁倡議」後來並沒有被真正動用過，如 2009 年韓國遭遇資本外流衝擊時，寧願選擇向美聯儲申請援助，卻沒有尋求啟動「清邁倡議」。與此同時，亞洲匯率機制和貨幣合作也是停滯不前，儘管 2005 年亞開行曾提出亞洲貨幣單位（ACU）的動議，但由於參加國無法取得共識，亞開行將原定 2006 年 5 月啟動 ACU 的計劃無限期押後。

亞洲金融合作之所以進展緩慢，一方面是因為亞洲對外貿易的最終需求 70% 左右依賴歐美市場，加上區內金融市場在規模、深度、效率和流動性等方面與歐美存在很大差距，大量儲蓄不能直接轉化為投資，而是投向美國等區外金融市場，形成對美元和美國金融市場的高度依賴。另一方面，雖然亞洲經濟體在經濟週期、貿易與投資等方面的政策協調不斷增加，要形成集體行動，卻面臨諸多難題，尤其是中國與日本存在着主導權之爭，這從 AMRO 第一任主任由中國人與日本人分別擔任半個任期的安排中可看出端倪。由此可見，第二階段的亞洲金融合作具有很強的危機驅動特徵，一旦危機來襲，金融合作就向前推動；倘若危機緩和，金融合作就會停滯不前。

（二）重點和前景

前兩個階段的亞洲金融合作，主要是由日本和東盟分別主導和推動的，中國只扮演了參與者的角色。由於亞開行本質上與世界銀行沒有太大差別，無法針對亞洲發展中經濟體的真正需要，而東盟雖然積

極推動區域經濟整合，但因實力較小，加上受到諸多牽制，難以形成合作軸心及充當領導的角色。這就需要由更有遠見、更有實力、更能自主的經濟體來引領和推動，中國從配合參與者向引領塑造者轉變，正好滿足了這種需要，亞洲金融合作由此迎來了大國引領、發展導向、區域自主的新時期，即進入亞洲金融合作的第 3 個階段。

新階段的亞洲金融合作首先建立了促進亞洲經濟加快發展的戰略導向和金融區域化優先的基本原則，同時確立了中國引領合作方向和塑造合作新規則的領頭羊角色，從而帶動亞洲金融合作邁上一個新台階。具體而言：

一是「一帶一路」倡議下的金融支持，成為新階段推動亞洲金融合作的核心動力。推動「一帶一路」需要巨額資金，亞行估計 2017-2030 年亞太區僅基建投資就需要超過 26 萬億美元，如何融資成為關鍵，成立新的多邊開發機構就成為正確的選擇。其中，亞投行、絲路基金和正在籌建中的亞洲金融合作協會是金融拉動「一帶一路」的三架馬車，也是深化亞洲金融合作的重要途徑。亞投行目前擁有 70 多個創始成員，成員數量有望達到 90 個，大大超過亞開行，並已以創新機制開始運作，已確定為首批融資對象的 4 個項目均處在「一帶一路」的重點地區——孟加拉國、印尼、巴基斯坦和塔吉克斯坦。絲路基金主要作為投資主體支持「一帶一路」重點項目建設和運作，目前已率先投入一些項目，包括聯手三峽集團於巴基斯坦建設水電站、聯手中國化工併購意大利倍耐力公司以及投資俄羅斯亞馬爾液化天然氣項目等，其中有些也是亞投行支持的項目。這是一個良好的開端，相信未來還會加大步伐，帶動亞洲金融合作邁步向前。

二是推動人民幣區域化和貨幣合作。中國於 2009 年開始大力推動人民幣國際化，重點是跨境貿易投資人民幣結算以及發展離岸人民幣

金融市場。其中最重要的還是區域化發展，香港成為內地以外最大人民幣交易中心，人民幣貿易結算佔全球 60% 以上；新加坡人民幣市場發展也十分迅速，現已確定把人民幣作為儲備貨幣。但也要看到，過去 7 年人民幣國際化在很大程度上受到跨境套利與套匯行為的激勵，隨着國內外利差的縮小以及人民幣升值預期的逆轉，人民幣國際化的速度從 2015 年開始已顯著放緩，香港人民幣存款一度超過 1 萬億人民幣，2018 年 4 月底已降至 5,000 多億人民幣。因此，人民幣國際化亟需新的思路來重新推動，未來一個重點把推動亞洲金融合作與推動人民幣國際化結合起來，通過實現人民幣的區域化來最終推動亞洲的貨幣合作。

必須看到，亞洲貨幣合作停滯不前是因為區內沒有一種貨幣可以成為其他國家的錨貨幣。如今中國對亞洲經濟的影響力與日俱增，未來通過「一帶一路」下金融領域的互聯互通，有助於增強人民幣的認受性，預計將會有更多國家把人民幣作為結算、交易和儲備貨幣，從而推動人民幣成為亞洲區的核心貨幣，以此為基礎深化亞洲貨幣合作，就會取得事半功倍的效果。

三是倡議成立亞洲金融協會。習近平主席在博鰲亞洲論壇 2015 年會上提出積極推動構建地區金融合作體系，探討搭建亞洲金融機構交流合作平台，得到與會者的高度重視。2015 年 11 月李克強總理在東亞合作領導人系列會議上，倡議區域國家金融機構聯合發起成立亞洲金融協會，以加強地區金融機構交流和金融資源整合。亞洲金融協會被定位為一個區域性、非政府的國際金融合作組織，籌建工作正在緊鑼密鼓進行中，初始牽頭發起機構是中國銀行業協會，2016 年 3 月 25 日發起會議在海口召開，來自亞洲、歐洲、美洲 12 個國家和地區的 38 家發起機構代表參加會議，表示將積極支持並參與亞洲金融合作協會

創建。相信此舉有望協調亞洲區內金融市場建設，避免以往多次發生的大規模地區金融動盪。

從上述可見，由中國帶頭的亞洲金融合作新階段可謂動作頻頻，響應熱烈，前景應可看好。但也要看到，亞洲金融合作仍處在初級階段，未來還有很長的路要走，不論是亞投行、絲路基金，還是亞洲金融協會，都需要致力推動金融合作創新。如絲路基金是開放的，在運作一段時間之後如何吸引海內外投資者，使之更具區域金融合作性質，仍值得深入研究；又如亞洲金融協會除了在貿易融資、銀團貸款、保理業務、反金融詐騙和教育培訓等方面加強合作外，還需要結合創新產業和互聯網金融以及金融領域數字化、網絡化的發展方向，探討金融領域重新整合的方式和途徑。從金融市場看，過去亞洲債券市場發展較為緩慢，隨着亞洲地區擴大內需，加上「一帶一路」建設將帶動區內貿易和投資，為亞洲大量儲蓄剩餘在內部轉化提供了條件，發展亞洲債券市場日趨重要。亞洲債券市場倡議（ABMI），就是希望亞洲各成員發展以本幣計算的債券市場，未來需要更多利用這個機制，加快區內債券市場的發展，尤其是要擴大境外人民幣點心債的發行，使之成為區內最重要的本幣債券。

（三）香港的角色

香港一直是亞洲金融合作的重要參與者。早在 1969 年就以自身名義成為亞開行成員，也在亞洲開發基金補充資金時提供支持；香港也是亞太經合組織成員，派代表出席亞太經合組織為金融及中央銀行官員而設的會議，曾負責統籌該機構發展本地債券市場合作計劃；香港金管局還分別在 1999 年及 2009 年主辦 EMEAP 第 4 屆及第 14 屆行長級會議，對亞洲金融合作做出了不少貢獻。未來在國家主導亞洲金融

合作的新形勢下，香港可以發揮更大作用，具體可以從幾個方面着手：

一是全力協助國家推動亞洲金融合作，推動香港金融機構參與亞洲金融合作協會。隨着亞洲經濟實力不斷提升，亞洲地區已成為世界財富增長的中心，對把區內儲蓄轉化為本地投資有更多的要求。香港作為國際金融中心，在參與跨國金融合作方面擁有豐富經驗，特區政府除了成立基建融資促進辦公室外，未來還應借助「一國兩制」和金融中心優勢，從金融制度、運行規則、市場監管和專業人才等方面提供支持，協助國家提升亞洲金融合作水平。與此同時，還要積極推動本地金融機構參與協會的工作，甚至可以爭取把亞洲金融合作協會的總部設在香港，並提供專業支持，逐步把亞洲金融合作協會打造成為亞洲版的 IMF。

二是以金融創新助推絲路建設，為亞洲金融合作提供平台。香港金融機構可在銀團貸款、項目貸款、發行基建債券以及基金等傳統領域與亞洲各金融機構合作，以創新方式向沿線國家提供融資；以戰略性思維吸納投資項目來港上市；亞投行和絲路基金將為香港商業銀行和投資銀行帶來重大投資項目的合作良機；香港 2015 年發行 10 億美元伊斯蘭債券得到投資者認可，未來在這方面與相關國家和金融機構展開合作發展的空間很大。值得一提的是，香港在亞投行運營中可以充當特殊的支持角色，包括擔當亞投行的首要國際融資平台、作為亞投行支持項目的國際投資夥伴、配合亞投行促進人民幣國際化以及為亞投行提供國際性人才等，成為亞投行在海外的主要營運中心。

三是再創香港人民幣市場新優勢，為亞洲貨幣合作創造條件。「一帶一路」建設為人民幣的區域化發展帶來了歷史機遇。目前人民幣在沿線地區使用逐漸活躍，多項政策紅利也帶動人民幣使用的滲透度快速提升，未來有望成為「一帶一路」沿線地區的關鍵貨幣。香港作為全球

最大的離岸人民幣中心，一直以來利用廣泛的清算網絡和高效的流動性管理功能，為其他境外地區提供人民幣頭寸和資金調劑，支持其他市場發展人民幣金融資產和產品創新。由於香港的人民幣離岸市場的總量規模和服務水平均為市場領先水平，同時具備人才優勢、法律優勢以及專業優勢，因此香港自然成為未來海外人民幣基建融資的優先選擇。

綜合而言，推動「一帶一路」建設和強化亞洲金融合作所釋放出來的對金融服務的龐大需求，都預示着亞洲金融中心將獲得巨大發展。香港在服務「一帶一路」建設和配合推動亞洲金融合作的同時，有機會進一步提升為世界級金融中心，包括建成世界級的資本市場、財富管理中心和離岸人民幣市場等，最終發展成為「亞洲的倫敦」。

十一. 深化香港與大灣區的金融合作

過去 30 多年香港與珠三角在貿易和投資方面，建立了全球獨一無二的分工合作關係，但由於金融政策上的「大一統制」，金融合作仍無法自行其是，地緣優勢始終難敵制度限制。粵港澳大灣區規劃賦予本地區在金融開放上先行先試的政策，此舉雖不足以突破金融「大一統制」，但天秤開始向地緣因素傾斜。香港支持上海的金融發展戰略，也可望為深化香港和珠三角的金融合作，打開方便之門。目前最重要的，是需要用足用活粵港澳大灣區規劃提供的先行先試政策，爭取在符合香港目標的某些方面，率先取得突破：

- **規劃支持大灣區企業積極利用資本市場發展壯大，這與我們打造亞洲領先的世界級資本市場的不謀而合。**珠三角地區的企業 IPO 資源十分豐富，加快科創企業大量湧現，符合包裝上市條件的企業將數以千計。香港可與珠三角城市合作，推動更多

企業到香港發行 IPO。由於企業赴港上市仍需要中國證監會審批，香港要和廣東一道，爭取中國證監會授權廣東省證監會自行審批一定規模以下的企業上市申請，逐步解除珠三角企業來港上市的障礙。

- **珠三角居民的財富為全國之最。**珠三角居民儲蓄存款佔全部銀行存款的比重，大大高於上海和北京的水平，儲蓄存款總量則比上海、北京和天津 3 大城市要大得多，這還不包括數額龐大的民間存款和現金，這為香港的財富管理提供了極好的客源條件。兩地應就此先行先試，特別是爭取珠三角率先有條件地開放港股直通車，為珠三角居民在香港進行財富管理提供便利。

- **中央政府已逐步開放地方政府發行債券，所以應爭取廣東在香港發行地方政府債券，包括港幣債券和人民幣債券。**廣東財政收入豐厚，發債條件相對較好，應可受到香港市場歡迎。

- **深圳和香港未來是兩位一體的國際大都會，香港和珠三角所有的金融合作措施，都可以在深圳先行試驗。**除此之外，目前的重點還應放在兩地證券市場的合作上，要採取措施打通兩個證券市場的聯繫，使深圳證券市場成為未來香港世界級證券市場的有效補充。

十二．結語：兩手抓策略

香港特區政府於 2007 年 9 月召開「十一五與香港」經濟高峯會，提出要把香港發展成為世界級金融中心的設想；現在我們進一步把香港定位為亞洲的「超級倫敦城」，實際上是對這一設想的具體化，它既符合全球經濟重心東移的大勢和國家長遠發展的目標，也最能發揮香港自身的優勢。香港應當明確地確立這一定位，全力以赴，貫徹落實。

為了成功打造亞洲「超級倫敦城」，香港需要採取兩手抓的策略：一手抓政策，一手抓監管。在政策方面，香港需要明確和上海的關係，主動支持上海打造中國的紐約，並爭取國家支持發展香港為中國境外的國際金融中心，這是香港能否發展為「亞洲的倫敦」的關鍵；在監管方面，香港需要因應亞洲金融發展模式的轉變和國家對金融風險的考慮，適當調整金融監管方式，在發揮自由市場作用和政府監控之間求得最佳平衡。如果兩手抓的策略應用得當，香港就成功了一半。

　　香港能否能成功實現這一策略目標，還有一半取決於自身的積極行動。特區政府需要制定金融發展規劃和促進政策，努力拓展市場空間。亞洲的「超級倫敦城」有兩個主要的市場腹地，一個是中國內地，另一個是亞洲地區和「一帶一路」沿線，香港需要集中資源把資本市場和財富管理發展為世界級規模，並率先建立亞洲人民幣市場。與此同時，香港還要採取「遠交近融」策略，在擴大與上海的交往的同時，充份利用粵港澳大灣區規劃加快與珠三角的深度融合。

　　倫敦的經驗告訴我們，發展金融猶如逆水行舟，不進則退。在國家經濟進一步崛起及追求高質量發展的大勢下，香港要保持區域國際金融中心地位或許不難，但我們現在面對的是世界級金融中心之爭，金融活動具有更強集聚功能的特點，也要求香港不能蛙步而行；香港進則成為一流的世界級金融都會，退則落在上海和新加坡之後，成為圍繞世界級金融都會運轉的次級金融中心城市。

　　當然現在下結論還為時過早，正如著名投資大師巴菲特的格言：「只有在退潮的時候，你才能知道誰是裸泳者。」香港要不做裸泳者，只有抓住當前出現的千年一回的良機，迅速制訂策略並採取行動，才能像倫敦那樣踏着浪尖而行，數百年屹立不倒！

第 四 章

強化投資

我們深深體會到，有必要把發展香港為世界級的國際投資平台作為未來特區政府的一個施政重點。這是一項既切合國家下一階段發展需要、又可最大限度發揮香港優勢的世紀大工程，對中港兩地的未來發展都極為重要。下面我將向各位詳細闡述具體的思路，主要集中在兩個方面：第一，我們為甚麼要這樣想？第二，我們應該如何去做？希望能儘快凝聚社會共識，並匯聚政府、工商界和學界等力量加以推動。

下面讓我們打開話匣子，先談談為甚麼要這樣想？這裏面又可分為兩個重要的問題：一是發展世界級的國際投資平台對香港有何作用和影響？二是香港有甚麼條件和機會去打造這一平台？首先讓我與大家分享對第一問題的看法。

一．作用和影響

（一）國際投資才是香港最大經濟支柱

香港雖然是亞太區首屈一指的國際投資及服務中心[31]，但國際投資對本港經濟的極端重要性，卻因其在基於「國土（本地）原則」的 GDP 核算中不被視為本地生產活動、投資及其帶來的收益未能計入本地生產總值的「統計缺陷」，而幾乎被籠罩在貿易和物流、金融、旅遊以及專業服務和其他工商支援等四大支柱產業的光環之下，甚至連六大優勢產業也都排不上。但「瑕」不掩瑜，從居民收入的角度看，國際投資及相關服務作為本港的一項動力最強、影響最廣，收益最豐的經濟活動，其重要性絲毫不亞於上述任何一個產業，甚至有過之而無不及。

根據政府統計處的數字，本世紀以來香港對外投資以相當於名義

---

[31] 在國際收支平衡表中，所謂「國際投資」包括香港向外投資和吸收外來投資兩部分。本文論及的國際投資，主要指香港的向外投資。

GDP 逾兩倍左右的增速擴張 [32]，到 2017 年底本港國際投資頭寸的資產總值，高達 42.7 萬億元（港元，下同），相當於當年名義 GDP 的 16 倍（詳見附件一）；為香港帶來了 1.4 萬億元的投資收益流入（不包括本地投資支援服務的收入），相當於 GDP 的 52.5%（詳見附件二），比本港四大支柱產業增加值的總和（2016 年為 13,675 億元）還要多，比本港第一大產業——貿易及物流業的增加值（2016 年為 5,231 億元）要高出 1.7 倍，比本港第二大產業——金融業的增加值（2016 年 4,291 億元）更要高出兩倍以上。**可見，從收入規模看，國際投資才是香港最大的經濟支柱。**

（二）對本港產業及就業影響極大

更重要的是，國際投資不僅給本港直接帶來巨額的經濟收入，**還深深影響着本港貿易、金融、旅遊以及專業和工商支援服務等支柱產業的發展，從而帶來了大量的就業機會**，包括本地就業職位和海外工作崗位。以貿易為例，目前香港轉口貨物中超過 70% 與中國內地有關，而這些與內地有關的轉口貨物，大都是由香港投資在內地的來料加工企業提供的，據政府統計處的資料，2017 年原產中國內地經香港輸往世界各地的轉口貨品中，有 72.6% 曾經安排在內地加工製造，其他未涉及外發內地加工的轉口貨品，也有不少與香港投資於內地的生產企業有關，這說明香港在內地、特別是珠三角地區的投資設立的數萬家工廠，實際上是香港貿易及物流發展的最大引擎。再以金融為例，多年來香港企業開展對外投資，帶動了對項目融資、貿易融資、出口保險等龐大金融服務的需求，對外投資項目的成功運作又帶動了企業對

---

32 2000-2017 年的 17 年間，香港國際投資頭寸的資產總值勁增 3.8 倍，年均增長 9.7%，同期香港名義 GDP 年均增長 4.1%，前者為後者的 2.37 倍。

香港上市集資等高端金融服務的需求。對外投資對法律、會計、工程技術等專業服務的依賴更深，香港企業在對外投資談判、項目評估、盡職調查和訂立合同的過程中，經常可以看到律師、會計師等專業人士的身影。

（三）對外投資收益成為最重要的居民收入來源

由於本港對外投資收益數額巨大，而且本世紀以來以接近兩位數的高速度（相當於同期名義 GDP 增速的 2.4 倍）擴張，預計未來本港對外投資收益流入總量佔 GDP 比重將會持續上升，成為香港居民最重要的收入來源，這使我們看到了香港經濟中更加亮麗的另一面，也讓我們有充份理由「撥亂反正」，確信國際投資才是香港經濟中最有「錢途」的環節。

如果我們把香港國際投資按不同性質，再劃分為直接投資和金融投資兩大類，就會發現 2017 年本港向外直接投資收益流入高達 9,558 億元，相當於多年來社會各界力保不失的本港「三大中心」所創造的價值總和（2016 年貿易、物流和金融業增加值合共 9,552 億元）。而且本世紀以來向外直接投資收益增長極為迅猛，2000-2017 年均增長 11.3%，是同期名義 GDP 升幅的 2.8 倍；最近 7 年的平均升幅雖降至 5%，但仍高於本港名義 GDP 增速的。向外直接投資收益佔香港全部國際投資收益的比重，從 2000 年的 36.6%，迅速增加到 2017 年的 68.4%，從而成為國際投資的主力。包括有價證券投資、金融衍生工具、其他投資和儲備資產在內的金融投資，雖然時有較好的表現，但由於飽受到金融風暴的影響，過去 17 年的投資收益每年僅增長 3%，金融投資收益佔全部國際投資收益的比重，在 2017 年已降至不足三分之一，儘管 2017 年底金融投資按市場價值衡量的全部頭寸高達 26.8 萬億元，佔本港國際投資總頭寸 62.8%。有鑒於此，我們在下面主要從

對外直接投資角度探討如何打造世界級的國際投資平台這一重大課題。

（四）中國內地是最重要的合作夥伴

在香港全部向外投資中，中國內地無疑是最重要的目的地。根據政府統計處提供的香港對外直接統計數字，2016 年底香港向中國內地直接投資的頭寸為 4.82 萬億元，佔香港向外直接投資總頭寸的 40.2%；當年從中國內地取得 4,526 億元的投資收益，更佔到香港全部向外投資總收益的一半左右，說明對中國內地投資的效益要遠遠高於其他地區。但這些比重仍然低估了中國內地對香港國際投資的重要性，因為香港向外直接投資的最大特點，是約有 45% 的投資頭寸投放於設在英屬維爾京羣島、百慕達羣島和開曼羣島等離岸金融中心的公司，但該等離岸金融中心主要是簿記中心（Paper Center），並非實際投資的地方，大部分資金會轉投到內地，部分資金甚至會轉回香港。如果我們在香港向中國內地投資數額中加上香港通過離岸金融中心對內地的投資額（目前內地在統計來自香港的直接投資中已加上香港通過離岸金融中心的投資），並在香港向外投資總額中扣除轉回香港的投資資金，那麼香港向中國內地直接投資的實際頭寸以及從中國內地取得的實際投資收益，佔香港向外直接投資總頭寸和向外投資總收益的比重，均在 80% 以上。

二．機遇和條件

其次，我們想說明香港有甚麼機會和條件去打造世界級的國際投資平台。簡單地說，這既是國家未來 30 年進一步開放發展的迫切需要，也是我們應對上海、廣州、新加坡等區內中心城市競爭的需要；香港也完全具備優勢和條件去發展這一領域，在未來十年內，把目前這一區域性投資服務中心進一步提升為世界級的國際投資平台。

根據聯合國貿易和發展組織提供的數字，2014 年全球對外直接投資總額達到 1.23 萬美元，雖然是全球金融海嘯爆發以來的次低水平，但香港對外直接投資達 1,250 億美元，僅次於美國，居全球第二位，佔全球的 10.2%，説明香港已是亞太區的首要國際投資中心。另據該組織的調查報告，發展中國家和轉型經濟體在吸收國外直接投資中發揮着愈發重要的作用，世界前 15 個最具吸引力的投資目的地中，超過一半是發展中國家和轉型經濟體，中國位居第 1，是跨國公司首選的投資目的地。這就為香港進一步發展成為國際級的投資平台創造了最重要的條件。具體而言：

（一）內地新一輪發展帶來的投資機會

　　目前中國經濟正處於投資推動階段，各個經濟領域對投資的需求都非常龐大，內地地級市以上政府每年在香港舉辦逾三百個招商投資洽談會，説明內地各地方對投資的需求十分迫切。2017 年內地全社會固定資產投資總額接近 10 萬億美元，且以每年 7% 以上的速度增長，投資對經濟增長的拉動作用佔三分之一左右。十九大報告對中國未來 30 年的高質量發展以及經濟結構戰略性調整和提升作了全面部署，將從本質上改變中國經濟模式的特徵。其間不論是擴大內需、發展現代服務業和戰略性新興產業，還是加快城鎮化和中西部地區的開發，都需要大量新投資才能真正見效，這些都給香港帶來更多更好的投資機會，也要求香港不斷調整對內地的投資結構，在配合內地實現發展戰略的同時，把香港打造成為世界級的國際投資及服務基地。

　　第一，擴大內需的投資機會。擴大內需是未來中國經濟結構調整的重中之重，其中隱藏着巨大的投資機會；內部消費市場的不斷擴大，也為香港提供了更誘人的投資前景。數據顯示，2017 年中國內銷市場

規模就達到 5.5 萬億美元，遠高於出口總額，預計到 2030 年內銷市場規模將進一步增至 18 萬億美元，真正成為全球最大規模的消費市場。香港作為內地最大的外來投資者，迄今為止對內地投資總額超過 1 萬億美元（內地統計），佔內地吸收外商直接投資的 52.6%。未來香港對內地直接投資的方向，應逐漸從「兩頭在外」轉向「內銷主導」，從低附加值產品轉向高附加值產品，投資重點應向與居民消費有關的衣、食、住、行等領域傾斜，從中尋找高檔優質的消費性及相關投資項目。同時引入香港的生產技術、品質管理和檢測論證制度，為內地提供高質安全的消費品，以刺激和擴大內地需求。香港在珠三角的加工制造企業，也可以通過追加投資設立分銷渠道去擴大產品內銷，一方面以優質產品去刺激內地需求，另一方面又可爭取內地這一最具潛力的市場機會。

以食品為例，雖然內地食品供應已經十分豐富，但高檔及安全的食品仍較缺乏，如有機蔬果、生態肉類水產、高標準奶粉等等，從而妨礙食品消費市場的提升和擴張，香港投資者可以在內地積極尋找機會投資生產這類食品，以滿足 13 億人對這類食品急速增長的需要。又如居住類項目也隱藏着擴大消費需求的巨大潛力，因為未來 30 年中國人對改善居住條件的需求仍會有增無減，除了城鎮高收入居民需要更大更好的住房外，上世紀八、九十年建設的低標準住房大多數需要拆除重建，因而估計未來 20 年中國城鎮至少需要新建 200 億平方米的高質量住宅，住宅物業管理和居住服務也要大大加強。香港企業除了繼續投資發展環境優美的優質住宅外，還可更多地在內地投資設立工程顧問公司和物業管理公司，引入香港成功經驗向內地提供規範化的建築質量監管、物業管理和居住服務，協助內地提升居住質量。

第二，**發展服務業的投資機會**。未來國家將把推動服務業大發展作為產業結構優化升級的戰略重點，努力營造有利於服務業發展的政策和體制環境，在加快發展生產性服務的同時，大力發展與生活有關的服務業。前者包括金融服務、現代物流、高技術服務和商務服務等產業，後者涵蓋商貿服務業、旅遊業、家庭服務業和體育事業等領域。這些需要重點發展的服務領域，既涵蓋勞動密集型的一般服務業，也包括需要現代知識和技能的高增值服務。後者正是香港不可替代的獨特優勢。目前內地吸收外資中服務業已佔到一半以上，其中增長最快的是批發和零售、租賃和商業服務以及居民服務業等，2017 年內地服務業佔 GDP 的比重已提高到 51.6%，開始形成服務主導的經濟結構，因而需要加大對服務業的投資力度。香港作為內地最大的外來投資者，未來在協助內地調整和提升三次產業結構方面有巨大的用武之地。

第三，**發展新動能及加快製造強國建設的投資機會**。未來國家一方面將注重發展壯大新動能，重點是做大做強新興產業集羣，加強新一代人工智能研發運用，在醫療、養老、教育、文化、等領域推進「互聯網＋」。發展智能產業，拓展智能生活。另一方面，將加快製造強國建設，推動集成電路、第五代移動通信、飛機發動機、新能源汽車、新材料等產業發展，實施重大短板裝備專項工程，推進「中國製造 2025 示範區」等。與此同時，國家也鼓勵香港增強產業創新能力，支持香港環保、醫療服務、教育服務、檢測和認證、創新科技、文化創意等六大優勢產業發展。這些產業與國家正在致力打造七大戰略性新興產業之間的關係極為密切，完全可以相互配合和互動發展。香港可以通過戰略投資、參股、風險基金等方式，參與這些戰略性新興產業的投資和開發，在配合內地提升產業結構的同時，更好地分享未來經濟發展成果。

第四，中西部開發和城市羣發展的投資機會。根據十九大報告，未來國家將強化舉措推進西部大開發形成新格局，深化改革加快東北等老工業基地振興，發揮優勢推動中部地區崛起。實施這三大區域發展策略，一方面需要進行大規模的基礎設施建設、資源開發和生態保護，另一方面也需要重點推進中西部地區內數十個經濟區或城市羣等區域發展，這些都需要資金、技術、市場、人才和管理等方面的支持。香港一直是西部大開發和中部崛起的積極參與者和推動者，在各省區的投資一直都居首位，未來香港可利用國際投資中心的優勢，更大範圍的參與中西部地區的資源開發和利用，這不僅可以為縮小區域發展差距出力，而且可以獲得更好的回報，並為香港開拓更大的經濟腹地。

　　城鎮化既是中國經濟發展的必然結果，也是未來中國經濟增長的重要動力。中國常住人口城鎮化率從 2010 年的 47.5% 提高到 2017 年的 58.5%，使中國真正實現人口以農村為主向以城鎮為主的歷史性轉變，預計到 2030 年將進一步提升至 70% 左右。為此，今後國家將以大城市為依托，以中小城市為重點，逐步形成輻射作用大的城市羣，特別是會在東部地區逐步打造更具國際競爭力的城市羣，在中西部有條件的地區培育壯大若干城市羣，把有條件的東部地區中心鎮、中西部地區縣城和重要邊境口岸逐步發展成為中小城市。發展城市基建需要大量資金和技術，而這正好是香港的一大優勢，香港可以在投資城市基礎設施等項目的同時，從城市交通管理、行政管理、社會管理等方面提供協助，使香港能最大限度地抓住內地加快城鎮化的機遇。

（二）推動內地企業以香港為基地向海外投資發展

　　當前中國企業的「走出去」，已從傳統的商品出口到海外上市和海外建廠，再到大規模的海外併購、主動進行全球戰略佈局、全方位展

開國際合作的新階段，「一帶一路」倡議廣受沿線國家歡迎，並已形成五通並舉、六廊同進、區外共助的大好局面，對外投資規模也隨之迅速擴大。2007-2017 年間，中國利用外商直接投資增加不到 1 倍，對外直接投資卻從 187 億美元增加到 1201 億美元，激增 5.4 倍。根據國家「十三五」規劃和「一帶一路」倡議，今後中國將加快實施「走出去」戰略，引導各類所有制企業到境外投資合作，並將推出更積極有效的政策措施加以推動。

中國企業「走出去」有利於促進當地經濟發展及提供就業機會，總體上受到全世界特別是第三世界國家的歡迎。但此舉並非只有鮮花和掌聲，仍存在不少困難和障礙，尤其是透過海外併購方式「走出去」，失敗率可達 50% 以上，主要問題是融資困難、缺乏國際經營管理人才、信息不暢、專業服務不足等等。香港在海外投資、尤其是併購方面具有便利的地位和豐富的經驗，且擁有日趨成熟的知識型服務和方便快捷的投資中介地位，可協助內地企業更好地開發海外資源和拓展海外市場。在內地企業走出去的過程中，香港的功能和角度主要包括如下幾方面：

第一，國際化的融資服務。國企目前仍是對外投資的主力，佔對外投資總額的 80% 以上。這類企業財力雄厚，資金大多不成問題。過去國家電網公司收購菲律賓國家輸電網 25 年特許經營權和巴西 7 家輸電公司 30 年特許經營權，就是調用內部資源支付的。但國企也需要香港提供更加便捷、規範和專業的融資服務，特別是國企在香港掛牌上市，可增進海外投資者的認可，有助於提升海外併購能力和成功率，降低併購成本和潛在風險。在民營企業層面，則首先要解決資金不足的難題，調查顯示有超過 60% 民企把拓展海外市場作為發展策略，但最大發展制約仍是資金不足，香港可提供高水平的融資服務，協助民

企解決資金難題，如過去聯想收購 IBM 個人電腦，大部分資金是透過香港市場籌集的，海爾集團和 TCL 集團也通過在香港上市解決了對外投資發展的資金問題。

第二，多元化的商業支援。香港正在發展成為亞太區的供應鏈管理和營銷中心，為內地企業借「港」出海提供了更加廣潤的空間。內地企業借港出海，大多數與市場分銷有關，大都通過香港與海外客戶接洽，跟進訂單和營銷，配送貨物到世界各地。如江西銅業就在香港設公司，協助母公司從海外採購原材料，並把母公司產品銷往世界各地；金蝶軟件也在香港建立亞太區總部，負責業務推廣和在亞太區建立合作網絡。香港也正在發展成為內企在海外的研發中心和創意設計基地，如北京同仁堂在香港科技園興建生產研發基地，聯想成立創新設計中心香港分中心。內地企業要成功走出去，發展品牌乃是當務之急，香港則可擔當重要角色，包括協助內地企業改善形象、提供參展、洽談、宣傳機會以及為品牌發展提供制度保障，近年來就有不少內地企業使用香港的優勢建立品牌，藉此打開國際市場。

第三，發達資訊和高端人才。近年來中國企業對外投資以海外併購為主，佔到對外投資的 40% 以上。但由於缺少應有的資訊和人才，以至無法精準把握市場脈搏和企業真正價值，在併購後又遇到企業文化不同難以磨合的問題。香港是國際資訊中心，也是東西文化薈萃之地，造就了許多國際視野的高端人才，近幾年內地企業在走出去過程中，都十分注意發揮香港資訊和人才優勢，以彌補內地之不足，如中國三峽集團在香港設立三峽南亞公司，利用香港人才優勢投資巴基斯坦水電項目；又如中國移動利用香港人才進行海外項目的盡職調查和提供諮詢，並在香港註冊成立中移動國際投資公司，利用香港的人才和資訊開拓國際市場。

第四，高增值的專業服務。內企拓展國際市場，經常需要解決法律、會計、管理、工程技術、諮詢和仲裁等專業方面的問題，不少民營企業對海外法制和權利保護不了解，容易出現投資失誤。香港是亞太區的專業服務中心，可以提供國際水平的專業服務，如香港法律服務的優勢是熟悉歐美法制和國際慣例，具有與外商洽談國際貿易、融資、併購和處理糾紛的豐富經驗。過去內地企業的海外併購行動，不少是由香港投資銀行或顧問公司牽線搭橋，同時提供專業支援服務，從而大大提升了項目收購的成功率。

第五，淡化海外併購的政治風險。內地國企對外購併經常碰到東道國的政治問題而擱淺，特別是國企海外購併往往以資源能源為主要對象，容易引發西方國家的政治干擾，政治風險已成為內地企業海外投資、尤其是戰略性併購的最大風險。內地企業防範對外投資的政治風險，既要參照國際通行規則對東道國進行全面系統的國家風險評估，更需要進行投資策略的調整，又要對與中國有重大戰略博奕、且可能構成併購障礙的國家，採取借船出海方式加以推進。香港作為亞太區的國際投資中心，是內地企業借船出海的理想之地，因為香港企業海外併購的政治障礙相對較小，併購成功率也相對較高。內地企業可通過在香港設立公司到東道國投資，也可夥拍香港本地企業一起到海外進行收購兼併。兩地企業結合雙方優勢共同「走出去」，有利於提升海外購併成功率，並達到互惠互利的共同目標。

實際上，香港也已成為內地企業走出去的重要基地，近年來在香港吸收的外來直接投資中，中國內地企業就佔到大約一半的頭寸（包括來自離岸中心轉投資），在年間流入中更佔到 50% 以上（詳見附表三）。當前國家推動企業「走出去」，已不是像過去那樣簡單的推動出口或招商引資，而是要打造一批具國際競爭力的跨國企業。由此可見，中國

企業對外投資潛力將進一步得到釋放，預計未來 10 年對外投資總額將達到 1.5 萬億美元，更多企業將成為跨國企業，參與全球投資和運作。香港若能強化在內地企業走出去中的特殊角度，讓更多的中國企業通過香港走出去，就能進一步確立香港在中國對外直接投資的戰略地位，為發展香港為世界級的國際投資中心奠下重要的基礎。

（三）金融投資的發展良機

在香港 2017 年底國際投資的資產和負債中，金融投資的頭寸分別佔到 63% 和 46%，而且增長速度還比直接投資快；加速金融投資的發展，也是打造香港國際投資中心的關鍵一環。有價證券是金融投資的主要內容之一，2017 年底香港證券投資的資產總量高達 13.5 萬億元，差不多相當於對外直接投資的資產總量。未來隨着中國內地證券市場的不斷開放，海外對投資中國股票和債券市場的機會將逐漸增多，香港不僅自身可以通過「滬港通」、「深港通」、「債券通」等金融投資平台，在保障國家金融安全的前提下更多的參與對內地的證券投資，而且可以吸引更多的海外資金和企業，以香港為基地參與中國內地的證券市場。與此同時，內地企業和居民個人對香港和海外證券市場的興趣也愈來愈大，香港可以利用自身的有利條件，打造成為內地企業和居民投資海外證券市場、進行全球財富管理的跳板，使香港成為全球金融投資的管理中心。

三．政策和措施

最後，我們來談一談香港應該如何做才能達致打造世界級的國際投資平台目標。具體來看：

（一）建立一個有效促進投資的平台

香港不僅是中國內地最大的外商投資來源地，也幾乎是內地各省市最大的外來投資者。2003 年簽訂的 CEPA 協議，在促進香港和內地投資便利化方面採取了一些積極的措施，並在 2015 年簽署了投資協議。但光有這個總平台還遠遠不夠，除了因為 CEPA 協議在地方層面未能真正落實，從而出現所謂「大門開小門不開」的問題外，關鍵在於有關政策措施的力度不足，對各地方投資也缺少針對性。目前最重要的做法是，我們要與內地各省市合作建立一個投資合作平台，從地方層面以最有效的方式推動兩地投資合作。具體內容包括：

第一，簽訂鼓勵投資的雙邊協議。由特區政府與內地各省市區政府深入商討，分別簽署一份鼓勵及便利香港投資的協議。主要內容可包括：（1）提供信息。及時向香港全面提供各項建設計劃及有關投資項目的最近信息和資料，推薦適合港商投資的項目。（2）同等優先。對競爭性較強的投資項目，讓香港投資者以公平的方式參與競投，在同等優先原則下協助港商把握投資機會。（3）優惠政策。在省地級政府力所能及的範圍內為港商提供土地、稅收等優惠政策，努力降低投資成本。（4）投資便利。推出促進投資的便利化措施，進一步優化投資軟環境，提升投資審批效率，為港商投資提供一條龍的優質服務。

第二，建立設訴處理、調解和仲裁機制。與內地省市區商討，協助各省市區政府參照國際通行的商業規則，制定一套針對香港投資者的及時有效的投訴處理程序和商業糾紛調解機制，甚至可由雙方共同成立仲裁機構，藉此切實保護港商投資利益。目前港商在中國內地、特別是不發達省區投資遇到的最大風險，是投資權益的保護問題，一旦遇到侵權行為或商業糾紛，往往不是投訴無門，就是雖有解決渠道，但遲遲不能解決問題。由兩地政府以協議方式建立有關機制，可為港

商提供一個具透明度和約束力的解決途徑。目前內地不發達省區為了發展經濟，大都把引進外資作為頭等大事來做，有必要也有條件通過協商建立港商投資的保護機制。

從另一角度看，有關行動實際上也是利用香港完善的市場機制，協助有關省區進一步改善投資環境。在這一過程中，實現了兩地優勢的更大互補：香港發揮了資金和制度兩大優勢，內地省市區在推動經濟發展的同時，加快建立市場經濟體制，可收一箭雙雕之效。通過制度性安排強化合作夥伴的優勢互補，正是區域合作的核心價值所在，也是區域合作能否成功的關鍵。

第三，探討設立香港投資區的可能性。以更積極的態度探討香港在內地各省區合作設立香港投資區的可能性。近年來在推進兩地合作時，不少省區都提出與香港合作，在省內設立香港投資區，提供特殊的投資環境和政策，吸引港商到區內投資和發展。香港可與有關省區商討設立香港投資區的可能方式，最具操作性的是由有關省區政府自行設立（類似廈門設立的幾個台商投資區），特區政府適當作些配合和推動。中長期而言，若需要更緊密的合作方式，可作進一步商討。此外，香港應經常組織工商界到各省區詳細考察投資環境，尋找投資機會。有關活動可由政府出面，各商會配合；也可由各商會出面，政府作出協助和配合。

（二）舉辦國際投資論壇及洽談會

在香港設立「香港國際投資論壇」，**把這一論壇打造為亞太區的「達沃斯論壇」**，成為專門探討投資及經濟問題的國際論壇，邀請中國內地各地政府官員、專家學者和商界人士發表意見，向香港和國際投資者介紹中國各地建設規劃和投資動向，分享投資經驗及推介各省區的投

資機會。「香港國際投資論壇」可以是綜合性的,也可以是專項領域的,如交通運輸、能源、城市基建、製造業等等。與此同時,還可考慮在香港定期舉辦「香港國際投資洽談會」,由內地各省區推出需要招商的投資項目,廣泛邀請國際投資者、特別是跨國公司參與洽談。兩地共同努力,把它打造成為推動投資合作的國際品牌。

(三)以擴大內銷推動對內投資

當前和未來相當長的時間內,加工製造仍會是港商投資的一個重點領域,因而想方設法擴大港企內銷,對推動香港向內地投資至關重要。中國內銷市場的不斷擴大,也為港企拓展內銷提供了動力。近 10 年來,廣東把鼓勵港企擴大內銷作為應對金融海嘯的重要手段,先後出台了簡化加工貿易企業出口轉內銷的審批手續,和來料加工貿易企業原地不停產轉型的操作指引,並對「三來一補」企業在轉型過程中必須補繳的稅項提供財政補貼,為港企擴大內銷打開了方便之門。為了抓住內地市場發展機會,香港在內地的來料加工企業紛紛變身為三資企業,其他早已擁有內銷權的港資出口企業也紛紛提高內銷比例,並取得了較好的經濟效益。有力拓內地市場的香港企業表示內銷市場的利潤空間更大,可以高出 10%-15%,在當前全球貿易糾紛頻發等不確定因素下,內銷市場似乎更具吸引力。

但總體而言,目前港企大多仍主要是為出口加工服務的,內銷比重仍甚低,而且大都銷售渠道不暢。香港生產力促進局曾調查發現仍有超過一半港企未啟動內銷計劃,以擴展內銷協助內地擴大內需仍有很大潛力。目前大多數港企拓展內銷市場時,遇到的主要障礙是缺乏分銷渠道、營商環境有待改善以及對內地市場缺乏了解等問題,最希望政府幫助建立銷售渠道和解讀內地的政策法規,為此,兩地政府應在這些方面重點加強合作,透過更加積極的鼓勵和促進政策,為港企

在內地設立分銷網絡、進行市場推廣、打造及管理品牌提供更多的方便。初步估算，未來只要有一半的港企拓展內銷業務，而且內銷比例平均達到 50% 以上，那麼廣東的外貿順差就有機會減少一半，全國外貿順差就可以減少三分之一，中國的內外需結構就可以得到很大改善。

（四）加快發展香港人民幣離岸市場

發展人民幣離岸市場對香港打造國際投資平台作用甚大。隨着中國經濟規模的不斷擴大，人民幣在國際投資中的地位將更形重要，未來誰擁有人民幣離岸市場，誰就有機會成為國際投資樞紐。一方面，香港人民幣離岸市場可以吸引更多的國際投資者，利用香港提供的人民幣資金，在未來內地開放境外人民幣投資的情況下，更便捷地向內地投資，並以此規避匯率波動風險；另一方面，內地投資者也可利用香港的人民幣離岸市場，更方便直接地對海外進行各種投資活動。

近期中央決策層強調要鞏固和提升香港國際中心地位，支持香港發展成為離岸人民幣業務中心和國際資產管理中心。這既是對香港金融優勢的充分肯定，也對香港協助內地金融開放發展寄予厚望。香港要配合「一帶一路」建設和內地企業「走出去」的進程與需要，通過建立和完善多功能的香港人民幣市場體系，把香港打造成為中國境外最重要的人民幣結算、投資、儲備基地、定價中心和風險管控中心，為境外企業「走進去」和內地企業「走出去」提供最有力的支持。

四．結語：努力打造世界級投資平台

為了進一步把香港打造成為世界級的國際投資平台，香港一方面要注意維持和強化自己的競爭優勢，特別是要加快發展知識型服務業、創新科技和文化創意，改善和提升香港的經濟結構；另一方面要不斷改變特區政府的經濟思想、管理思維和行為方式，徹底放棄自由放任

和不干預的經濟政策,在香港經濟發展中擔當積極推動的角色,尤其是要在建設香港國際投資平台過程中發揮主動性和催化作用。特區政府除了出台更有效的政策措施外,還可考慮成立類似於新加坡淡馬錫的主權投資基金,把現在 3.4 萬億元的儲備資產拿出一部分作為投資基金,投入到內地和海外有更好效益的項目。政府從無為到有為,這是時代的要求,也是發展的動力,香港若能真正打造世界級的國際投資平台,就能抓住國家未來發展的關鍵,就能更好地結合中港兩地的優勢,就可為香港未來 30 年的發展奠定更可靠的基礎。

附表一

香港國際投資頭寸(期末頭寸)

單位:億港元

	2000 年	2010 年	2017 年	2000-2017 年均增長
資產	88,993	232,300	427,351	9.7%
在外地的直接投資	30,278	80,780	159,056	10.3%
有價證券投資	13,943	72,660	134,904	14.3%
金融衍生工具	1,311	4,569	6,201	9.8%
其他投資	35,073	54,717	93,468	5.9%
儲備資產	8,388	19,973	33,721	8.6%
負債	71,697	180,589	317,415	9.1%
在香港的直接投資	35,508	90,388	171,901	9.7%
有價證券投資	11,945	32,185	44,064	8.0%
國際投資頭寸淨值	17,295	51,711	108,937	11.4%

附表二

香港對外投資收益變動情況　　　　（單位：億港元）

	2000	2010	2017	2000-2010 平均增長
投資總收益	4,234	9,027	13,973	7.4%
直接投資收益	1,538	6,812	9,558	11.3%
有價證券投資收益	951	1,868	3,020	7.5%
整體收益 /GDP	32.1%	51.6%	52.5%	
直接投資收益 /GDP	11.7%	39.0%	35.9%	
國際投資頭寸 /GDP	675%	1283%	1604%	

附表三

2014-2016 年香港外來直接投資頭寸及流動　　　（億港元）

	年底頭寸			年間流動		
	2014	2015	2016	2014	2015	2016
總計	116,029	123,359	126,081	8,765	13,515	9,112
中國內地	34,935	32,703	32,414	2,218	2,008	2,568
離岸中心	51,334	57,569	58,725	4,221	4,521	4,177
中國內地及離岸中心佔比（%）	74.4	73.2	72.3	73.5	48.3	74.0

附表一至三資料來源：香港政府統計處

第 **五** 章

深 化 合 作

香港第 5 個新思維是深化合作，既包括與祖國內地強化經貿合作，也包括與其他經濟體加強經貿往來。由於內地對香港經濟發展具有絕對的影響力，關係到香港的未來，本章的分析重點放在內地，且主要從「一帶一路」建設、高質量發展和粵港澳大灣區發展規劃 3 個方面展開。展望未來，需要確立香港和內地經濟關係的新定位，以便更好地把香港融入國家發展大局，從經濟層面率先納入國家的治理體系。

一．對接「一帶一路」

習主席提出的「一帶一路」倡議，能在短時間內就全面付諸行動，迅速打開局面，歸因於推動戰略的理念和方式取得突破，帶動區域合作模式的全面創新，使沿線國家和民眾看到了希望。它在未來 20-30 年將是影響中國、亞洲乃至全球的一件大事，一旦成功推行，將重塑全球經濟版圖，並形成「絲路半球」。香港若能抓住這一歷史性機遇，確定國際服務樞紐的策略定位，充當戰略支援和協助推動的重要角色，就有機會發展成為世界級都會。

（一）快速推進的中國一號工程

2013 年 9 月 7 日，習近平主席在哈薩克斯坦紮爾巴耶夫大學發表演講，首次提出建設絲綢之路經濟帶的倡議。同年 10 月 3 日，習近平主席在印尼國會發表演講，首次提出建設 21 世紀海上絲綢之路的倡議。至此，「一帶一路」倡議已經成形，並快速推進。

2013 年 11 月 12 日召開的十八屆三中全會，正式做出決策，提出要推進絲綢之路經濟帶、21 世紀海上絲綢之路建設，形成全方位開放新格局。一個月後召開的中央經濟工作會議，強調推進絲綢之路經濟帶建設，抓緊制定戰略規劃，加強基礎設施互聯互通建設；建設 21 世紀海上絲綢之路，加強海上通道互聯互通。2014 年 3 月 5 日，李克強

總理在政府工作報告中提出要抓緊規劃建設絲綢之路經濟帶、21 世紀海上絲綢之路，推進孟中印緬、中巴經濟走廊建設，推出一批重大支撐項目，加快基礎設施互聯互通，拉緊相互利益紐帶。

2014 年 11 月中旬 APEC 會議於在北京召開，在 11 月 8 日的對話會上，習近平總書記對互聯互通的內涵予以全新詮釋，指出「我們要建設的互聯互通，應該是政策溝通、設施聯通、貿易暢通、資金融通、民心相通五大領域齊頭並進；如果將「一帶一路」比喻為亞洲騰飛的兩隻翅膀，那麼互聯互通就是兩隻翅膀的血脈經絡。」2015 年 3 月 28 日中國政府發佈《推動共建絲綢之路經濟帶和 21 世紀海上絲綢之路的願景和行動》。這是第一份有關「一帶一路」的政府白皮書，介紹了倡議的時代背景、共建原則、框架思路、合作重點和機制、中國各地方開放勢態，號召各國積極推動共創美好未來。至此，「一帶一路」倡議經過一年半的準備，已經正式登台亮相，接受世人的檢閱。

從地理指向看，「一帶一路」是中國向西開放之通道，其經略方向涵蓋了大部分亞洲經濟體，並一直延伸到俄羅斯及部分中、東歐國家，未來還將進一步拓展至西、北、南歐國家，將構建起世界上跨度最長與最具潛力的經濟走廊。從幅射範圍看，包括中國在內，沿線約有 64 個國家，擁有 44.6 億人口，佔全球的 60.8%；GDP 21.9 萬億美元，佔全球的 29.3%；貨物出口 7 萬億美元，佔全球的 37.3%。當然，絲路建設並不局限於這 64 個國家，有意願參與的其他國家和地區均可列入其中；但由於一開始以這些國家為界，下面的分析主要以這個範圍為準。

「一帶一路」沿線國家或地區大多數為新興市場或發展中經濟體，大都處於經濟發展的上升期或崛起階段，本世紀以來年均 GDP 增速為全球平均水平的 2.5 倍，是世界經濟的主要增長點。區內後發優勢強勁，各方開展互利合作的空間巨大。隨着貿易和投資規模的不斷擴大，

預計未來沿線各國經濟仍將以全球平均兩倍的速度增長，20 年後 GDP 總量將佔到全球接近一半，形成意義非凡的「絲路半球」，成為全球真正的經濟重心和財富增長的源頭活水。

（二）區域經濟合作模式的創新

如果我們比較歐美國家長期倡導的以貿易和投資規則為核心的多邊和雙邊合作機制，就會發現「一帶一路」倡議正在帶動區域合作模式的全面創新，使沿線國家和民眾看到了巨大的發展潛力，並對未來寄予厚望。這一創新模式可概括為「一個核心、三大重點」：

1. 「一個核心」是合作理念的創新

官方正式表述是：以運輸通道和互聯互通為紐帶、以多形式合作機制為動力、以打造利益共同體和命運共同體為目標，開創區域經濟合作新模式。具體而言，「一帶一路」倡議針對性強，傳統 FTA 大多以確定貿易和投資規則為核心，往往缺乏針對性，這是其一。其二，更重要的是，「一帶一路」提出以打造利益共同體和命運共同體為發展目標，是全新的區域經濟合作理念，其內涵甚至超越了現今全球區域經濟整合的高級形式——經濟共同體，充份體現了中華文明一向倡導的「和敬惠融、天下大同」的核心價值，也與亞洲國家持有的「開放、學習、包容和強調集體主義」的新亞洲價值觀以及「多元一體、和諧共贏」的新地區主義理念是基本一致的，因而也是其核心價值所在。這將為成功推進「一帶一路」建設提供重要動力，一旦取得成功，將為發展中國家的國際投資合作提供新的經驗。

2. 「三大重點」則指向合作方式的創新

重點之一，以建設經濟走廊作為重要推進平台。這是區域合作方式的重大創新。現階段主要有新歐亞大陸橋、中蒙俄、中國－中亞－

西亞、中國－中南半島、孟中印緬和中巴等六大陸上經濟走廊和三條海上經濟走廊，如歐亞大陸橋是橫跨亞歐大陸的鐵路運輸系統，全長逾一萬公里，是古絲綢之路主要走向，以此建設經濟走廊，將是世界上最長、最具潛力的經濟走廊。又如中國－中南半島經濟走廊涵蓋中國和東盟 10 國，早已是 10+1 自由貿易區，且已完成自貿區升級談判，在此基礎上打造經濟走廊，無疑將錦上添花，事半功倍。

目前這些經濟走廊建設已取得不少進展。以中巴經濟走廊為例，巴基斯坦基礎設施十分缺乏，尤其是電力供應嚴重不足，在大城市因為缺電每天要停電 10 個小時，大大影響經濟發展和人民生活。為了解決這一難題，巴基斯坦政府出台了一系列鼓勵電力投資的優惠政策，然而效果一直欠佳。「一帶一路」倡議為該國帶來了好機會，過去 3 年來，中巴雙方共簽訂了總額近 1,000 億美元的投資協定，重點是瓜達爾港和能源電力項目，其中瓜達爾港是中巴經濟走廊的西南門戶，目前正在加強港口基建以及疏港公路、機場、電站和自貿區等一系列配套工程；能源電力專案涉及水電、風電、太陽能、火電、核電和輸電線路等 30 多項大中型建設工程，它是中巴經濟走廊建設中真正的主角，挑起了中巴經濟合作的大樑，中國內地多家金融機構如國家開發銀行、進出口銀行和中國工商銀行等都參與融資，香港也有上市公司參與其中。

巴國水力、風能和太陽能資源豐富，第一大河印度河從北到南貫穿全境，沿途匯入吉勒姆河、奇納伯河、拉維河等支流，估計水電裝機容量可達 46,000 兆瓦（比兩個三峽電站還要大），目前已建成的水電站裝機容量只有 6,459 兆瓦，因而還有逾六倍的增長空間。巴政府為了鼓勵對電力行業的投資，設定了風電、水電和進口煤電工程回報率 17%、本土煤電工程回報率 20% 的目標，並以此對電力進行定價，同

時免除了發電公司所得稅、營業稅和預提稅，只收取中小企業 5% 的進口稅。巴政府還確立了保證購電義務，為政治不可抗力、法律更改和關稅稅收改變提供保護，確保投資者能取得預期收益。

中巴經濟走廊框架下的港口和能源合作模式，極具針對性，其成功推進，將為中國輸出發展經驗，推動國際投資合作，提供示範。

再以中蒙俄經濟走廊為例。2017 年 4 月，國家發改委公佈《建設中蒙俄經濟走廊規劃綱要》，標誌着「一帶一路」框架下的第一個多邊合作規劃綱要正式啟動實施。《綱要》重點關注促進交通基礎設施發展及互聯互通、加強口岸建設和海關、加強產能與投資合作、深化經貿合作、加強生態環保合作等 7 大方面。其中交通合作居於首位，未來將共同規劃發展三方公路、鐵路、航空、港口、口岸等基礎設施，加強在國際運輸通道、邊境基礎設施和跨境運輸組織等方面的合作。

中國連續多年為蒙古最大經貿夥伴，同時也是俄羅斯第 5 大出口市場和第 1 大進口來源地。2017 年中蒙、中俄貿易額分別達到 66 億和840 億美元，中國累計對俄羅斯投資 430 億美元，一批重大項目合作正在積極推進。截至 2017 年 7 月底，中國對蒙直接投資存量 41.1 億美元，佔蒙古吸引外資總額比重超過 30%，是蒙古第 2 大外資來源國。

重點之二，通過與沿線國家分別簽訂備忘錄和路線圖，實行「一國一策」。幾年來，已經有 100 多個國家和國際組織參與其中。中國已與56 個國家和區域合作組織發表了對接「一帶一路」倡議的聯合聲明，並且簽訂了相關諒解備忘錄或協定。如中國和巴基斯坦，合作打造中巴經濟走廊，目前合約總投資約 1,000 億美元。中國和塔吉克，主要建設中國－中亞天然氣 D 線，合作解決能源供應、交通運輸、糧食安全三大瓶頸。中國和馬爾代夫，重點在海洋事務、基建、旅遊和民生領域展開合作。中國和斯里蘭卡，雙方啟動 FTA 談判，在港口建設運營和

臨港工業園開發建設展開合作。

重點之三，成立新的多邊開發機構籌集建設資金。最具影響力的是亞投行，資本為 1,000 億美元，現有 77 個成員，另有十多個國家和地區等待加入，並以新機制運作。亞投行吸收世界銀行和亞洲開發銀行的有益經驗，並借鑒中國的成功做法，不成立常設董事會，日常決策和管理交給行政管理層，以提高營運效率。三大評級機構均給予最高信用評級。亞投行於 2016 年 1 月正式營運，當年就為 7 個亞洲發展中國家的 9 個項目，提供了 17.3 億美元貸款，撬動公共和私人部門資金 125 億美元。

上述合作模式的全面創新，為成功推進「一帶一路」建設提供了核心動力。模式創新是「一帶一路」戰略的靈魂所在，它解決了長期以來「南南合作」無法解決的問題，從而得到了沿線國家的熱烈響應，形成了五通並舉、區外共襄的良好局面，迄今為止總體進展好於預期。國家開發銀行已建立沿線專案儲備庫，涉及 60 多個國家，總量超過 900 個項目；中國進出口銀行與「一帶一路」有關的專案一千多個，項目分佈於 49 個沿線國家。2014-2017 年，中國與沿線國家貨物貿易額為 4.2 萬億美元，佔中國對外貿易總額的 27%。中國對沿線 59 個國家累計投資 637 億美元，主要投向新加坡、馬來西亞、老撾、印尼、巴基斯坦、越南、俄羅斯、阿聯酋和柬埔寨等國家。中國在沿線 20 個國家建設 56 個經貿合作區，累計投資 179 億美元，為東道國創造了數以萬計的就業崗位。

值得一提的是，「一帶一路」建設還得到英國、德國、法國等區外國家的關注和支持。其中，英國先行一步，儘管英國並非古老絲綢之路沿線國家，但它是對「一帶一路」倡議最持歡迎立場並高度樂觀的國家。2015 年 3 月，英國在西方大國中率先加入亞投行，使亞投行一飛

沖天，「一帶一路」成為國際焦點。2015 年 10 月在國家主席習近平對英國訪問期間，這個歐洲大陸最西端的國家表現出了對「一帶一路」的濃厚興趣，並以實際行動表明了加入的意願，兩國簽署超過 150 份合作協議，總金額約 400 億英鎊。英國政府明確表示，高度期待「一帶一路」建設取得成功，希望能夠促進歐亞地區的經濟增長和互聯互通的提升。作為西方首個宣佈加入亞投行意向創始成員國的國家，英國對中國促進亞洲基礎設施發展立場積極，願同中方積極探討在「一帶一路」框架下開展合作。

據分析，英國參與「一帶一路」有兩大考量：其一是商界的考量。英國商界人士認為，由於英國在工程設計與諮詢、金融服務、法律服務等領域處於全球領先地位，各界十分期待通過其在專業服務業領域的專長成為「一帶一路」的西端支撐點。若能將大量基礎設施專案的支援服務鎖定在英國，必將為英國專業服務業提供不少商機。其二是戰略的考量。除專業服務業外，英國政府高度強調「北方經濟增長區戰略」及其國內高端製造業與「一帶一路」建設對接，因兩者有着高度互補性，「一帶一路」建設將為英國北方地區發展提供龐大的國際貿易和投資平台。

（三）香港的定位

2016 年張德江委員長在訪港時發表講話，充分肯定了香港在「一帶一路」建設中具備的 4 大獨特優勢，明確了中央政府將支持香港在主動對接「一帶一路」、打造綜合服務平台、推動人民幣國際化、深化與內地合作以及共同開闢「一帶一路」市場等方面發揮重要作用，為香港政府與各界參與「一帶一路」建設提供了重要的指引和方向。

有鑒於此，對接「一帶一路」，首先要確定香港的策略定位。香港

特區政府對參與「一帶一路」建設的策略定位，是作為「一帶一路」的「超級聯繫人」，將國家和「一帶一路」沿線國家聯繫起來。因為香港擁有「一國」和「兩制」雙重優勢。在「一國」之利下，香港的貨物和服務可以在 CEPA 等優惠政策下便利地進入內地，而「兩制」之便則讓香港有與內地城市不同的經濟和社會制度，及廣闊的全球商業聯繫。

為更好地抓住機遇，香港當局成立由行政長官主持的「一帶一路」督導委員會，負責制定香港參與「一帶一路」的策略和政策，並設立「一帶一路」辦公室，負責推動研究工作，統籌協調相關政府部門及貿發局、旅發局等機構，以及與中央部委、各省市政府、香港的業界、專業團體和民間團體聯絡。香港金管局也成立了基建融資促進辦公室（IFFO），透過匯聚主要持份者，以促進基建投資及其融資。

筆者認為，香港既是亞太區的金融、商貿、物流、投資管理和專業服務中心，也是 21 世紀海上絲綢之路的橋頭堡，具有「一國兩制」制度優勢和獨特區位「一帶一路」優勢。在國家推動「一帶一路」建設的過程中，香港不僅僅是「超級聯繫人」，而應當定位為「國際服務樞紐」，充當境外戰略支援和全面服務的角色。這一新定位具有更實質的內涵，使香港可以更好地對接國家「一帶一路」，發揮至關重要的功能和角色。

（四）實施五大行動

在這個新定位下，香港可以發揮獨特優勢，全面對接國家「一帶一路」，並由此獲得更大的商機，進一步打造世界級都會，享有類似紐約之於北美和倫敦之於歐洲的地位。具體而言，香港可從如下 5 個方面積極參與和配合國家落實「一帶一路」策略：

1. 積極參與絲路沿線投資和管理，發展香港成為世界級的投資與管理基地

基建是「一帶一路」戰略的重點，根據規劃，未來將以基礎設施建設為重點，共同編組陸運、海運、空運和資訊等立體交通大網絡。在交通物流方面，首先是充分利用現有亞歐大陸橋，開通亞歐國際貨運列車。亞歐大陸橋是橫跨亞歐大陸的鐵路運輸系統，包括西伯利亞大陸橋（從海參崴經西伯利亞到荷蘭鹿特丹）和新亞歐大陸橋（從中國連雲港到荷蘭鹿特丹，又稱第二亞歐大陸橋，1992 年開通，全長 10900 公里），近幾年已開通多條運輸通道，包括渝新歐線（重慶－德國）、蓉新歐線（成都－波蘭）、鄭新歐線（鄭州－德國）、漢新歐線（武漢－捷克）、義新歐線（義烏－西班牙）、蘇滿歐線（蘇州－滿洲里－俄羅斯－波蘭）等等。

高鐵將是未來基建的主力。2014 年 11 月中俄兩國總理簽署備忘錄，決定開建北京－莫斯科高速鐵路，總長七千公里。其中莫斯科－喀山段 770 公里率先開工，總投資 210 億美元，這是中國鐵路走出去的第一個開工項目。泛亞鐵路中線有機會率先開工建設。泛亞鐵路包含東線、中線和西線 3 個方案，目前進展最順利的中線，它由中老鐵路、中泰鐵路和曼谷－新加坡鐵路 3 部分組成，至今已取得進展。泛亞鐵路一旦落成，中國到中南半島各國均可一日直達，將成為區內各國貨流和人流的黃金走廊，有利於進一步強化區域經貿往來和旅遊合作，也可為中國建設「一帶一路」提供示範。目前高鐵輸出雖然面對不少障礙，但前景仍可看好。

類似的情況還很多，比如在東南亞和東歐地區，雅萬高鐵和匈塞鐵路也都在推進之中，由中國三峽公司開發的一些水電項目也已開工建設，許多建設項目都需要資金支援。與此同時，陸路跨境油氣管道

建設也正在提速，主要包括西氣東輸三線、四線、五線工程、中亞天然氣管道 C 線、D 線以及中俄東線、西線天然氣管道等。

那麼，「一帶一路」基建投資需求有多大呢？西方學者估計，總需求超過 20 萬億美元；亞行估計 2017-2030 年僅亞太基建所需投資累計超過 26 萬億美元。與此同時，沿線國家豐富資源，如中亞五國的石油、天然氣儲藏量大，開發價值較高，未來開發力度將加大，石油化工、冶金及深加工、採礦、機械製造和電子等產業發展也需要大量投資。但由於絲路沿線國家儲蓄率普遍較低，如中亞四國的儲蓄率只有 22%，僅及中國的一半，當地政府可用於基建投資的資金十分有限，資本市場不發達，較少使用 BOT 等民間融資形式，現有多邊開發銀行在該領域的年度融資規模也只有 100-200 億美元，目前主要通過設立亞投行和絲路基金等四大機構籌集資金，不過資金缺口仍很大，如何融資成為關鍵。這就需要金融機構、尤其是銀行業參與融資，打造暢通的金融大動脈和資金平台。

目前香港是亞太區首屈一指的投資與管理中心，聯合國貿易發展組織發表的世界投資報告披露 2015 年香港向外直接投資流出金額激增超過 70% 至 1430 億美元，僅次於美國，居全球第 2 位，超過中國內地的 1160 億美元，反映香港作為全球直接投資管道的角色。絲路沿線基建和產業投資的強勁增長，給香港帶來參與開發的機會，具體而言：

一是推動港商參與基建投資和管理。「一帶一路」基建投資規模大，需要民間投資的支援，香港企業可利用 PPP 模式及其他方式參與基建投資、建設和管理。

二是鼓勵港商參與沿線資源開發和產業發展。沿線國家資源豐富，如中亞五國的石油、天燃氣儲藏量大，開發價值較高，未來開發力度將加大。石油化工、冶金及深加工、採礦、機械製造和電子等產業將

加快發展，給香港企業帶來機會。

三是支援經濟走廊和產業園建設。隨着「一帶一路」建設的推進，外來投資者將更多以香港為基地進入內地及絲路沿線其他市場，內地企業也會愈來愈多利用香港進行區內併購及投資等活動。

由此可見，未來國家「一帶一路」建設將成為香港對外投資增長的主要帶動力量，投資金額將有增無減，香港將有機會提升為世界級的投資和管理基地。

2. 促進絲路沿線貿易發展，打造環球商貿和供應鏈管理平台

「一帶一路」將從三個方面促進貿易：（1）以投資帶動中國高鐵等運輸設備、建築機械、鋼鐵水泥等出口。（2）實施貿易便利化措施，擴大中國消費品輸出。（3）推動能源、資源及特色產品源源不斷輸入中國。預計到 2030 年中國與絲路沿線國家的貿易年均增長將達到 10% 左右，雙邊貿易額將從 2017 年的 1.1 萬億美元增加到 3 萬億美元以上，佔中國外貿總額比重將從現時的 27% 提升至 40% 以上，這將給香港商貿活動帶來更大發展空間。

香港擁有龐大的商業人脈網絡，也是亞洲最重要的會議展覽中心、採購中心、商業配對中心，可以協助各地政府和企業物色商業夥伴，成為「一帶一路」的主要商貿物流促進平台。目前亞洲市場是香港國際貿易中心的主要出口去向和進口來源地，佔香港對外商品貿易總量的 77%。「一帶一路」建設將增加香港貨物轉口或轉運、離岸貿易和服務輸出等機會，商貿洽談、展覽、品牌推廣等貿易支援服務也將大幅增加。

「一帶一路」也為航運業注入新動力。航運涉及的內容廣泛，包括連接港口、碼頭、集疏運體系，以及船舶經營、船舶登記、入籍、保險、法律、仲介代理、金融等服務。其發展不僅帶動相關行業的增長，還將推動港口腹地產業結構和經濟增長模式的轉變，為當地經濟發展

帶來巨大影響。可以說，航運業的發展狀況，將直接影響到海上絲路建設的成敗。

近年來，海上絲路沿線國家和地區之間的貿易額度正在逐年提升，但一方面航運基礎設施落後，另一方面沿線國家或地區間缺乏合作，國際航運管理和有關標準不統一制約了業務增長。航運企業和港口充分合作，已成為航運業的一種發展趨勢。在「一帶一路」的背景下，多產業協同佈局成為跨國航運企業戰略調整的重要方向，香港要將「一帶一路」的策略目標轉變成實實在在的企業商業模式，打造航運物流產業的綜合競爭力，成為航運業持續發展的新引擎。

更重要的是，香港將有機會加強貿易轉型，進一步加強供應鏈管理業務，藉助「一帶一路」提供的機遇，把香港打造為環球商貿和供應鏈管理的重要平台。在政府層面，香港將充分利用「一國兩制」和高度自治的優勢，加強與「一帶一路」沿線主要貿易夥伴的經貿聯繫，推動高層互訪，並締結自由貿易協定（自貿協定）及「促進和保護投資協定」（投資協定），特別是要在完成香港－東盟 10+1 自貿談判後，伺機與南亞和中亞等國家簽訂自貿協議，才能更好地抓住區域貿易發展良機，也才能更好地配合和支援國家「一帶一路」建設。

3. 為「一帶一路」建設提供國際化融資服務，提升香港為世界級金融中心

在國家「一帶一路」建設中，香港金融業擁有巨大的優勢和條件，可以提供多功能的服務和多方面的支援，包括地理區位優越，同時擁有一個國家和兩種制度的雙重優勢；作為國際金融中心，在融資等多元化金融服務具備比較優勢；作為最大離岸人民幣業務中心，在人民幣國際化進程中佔有先機，未來海外人民幣融資大都將在香港進行；擁有完備的法律體系、低稅率及簡單稅制，在內地同沿線國家貿易、

投資、財資管理中可以發揮關鍵作用等等。

以市場融資為例，作為重要的國際金融中心，香港無資本項目管制、資金自由流通，擁有同國際接軌的健全法律體系，各類金融機構和金融專業人才匯集，金融要素市場門類齊全，發債、上市、銀團貸款、風險資本投資等各類融資工具下成本相對較低，是絲路沿線政府、政策性金融機構、企業理想的融資平台。其中，基礎設施建設互聯互通項目具有投資金額大、建設和資金回收週期長等特點，香港金融機構可給予全流程金融支援，涵蓋保函擔保、結算匯兌、發債融資、政策性貸款、專案貸款、銀團貸款、現金管理等多項金融服務領域；成熟的基建專案還可在香港上市及資本運作，為香港資本市場提供新機會。

在基建投融資方面，亞投行是「一帶一路」策略的重要一環。香港積極參與亞投行的籌建工作，已加入亞投行作為成員，並在香港提供調解和仲裁服務。為進一步吸引跨國及內地企業在香港成立企業財資中心，特區政府建議在符合指明條件下，企業財資中心的相關利息支出在計算利得稅時可獲扣免，以及就指明財資業務的相關利潤，寬減一半的利得稅。在國際資產管理、風險管理及跨國企業財資中心方面，香港有條件吸納「一帶一路」的財富及滿足其風險管理服務需求。

當然也要看到，絲路沿線國家經濟、政局環境差異較大，一些國家市場化程度不高，法律制度不健全，企業乃至銀行經營缺乏規範的行業準則，為金融業務風險管理帶來新挑戰。面對這些重大機遇和挑戰，香港金融業要以戰略思維把握全域，努力通過金融創新協助國家推動「一帶一路」建設。具體可以從四個方面着手：

其一，為「一帶一路」金融創新提供平台。香港金融機構可在銀團貸款、項目貸款、發行基建債券以及基金等傳統領域，以創新方式向

沿線國家基建專案提供融資；以戰略性思維吸納沿線成熟的投資專案來港上市及資本運作，為香港資本市場進一步壯大提供新機會；亞投行、絲路基金等支持性金融機構將為香港商業銀行和投資銀行帶來重大投資專案的創新合作良機；值得一提的是，亞投行、絲路基金等支援性金融機構的建立，將為香港商業銀行和投資銀行帶來重大基建專案合作良機，香港在亞投行運營中可以充當特殊的支援角色，包括擔當亞投行的首要國際融資平台、作為亞投行支援項目的國際投資夥伴、配合亞投行促進人民幣國際化以及為亞投行提供國際性人才等，成為亞投行在海外的主要營運中心。

其二，大力發展伊斯蘭金融。「一帶一路」涉及廣大伊斯蘭地區，如何妥善處理伊斯蘭金融問題至關重要。香港早在 2008 年就提出發展伊斯蘭金融，並且投入資源去研究發展伊斯蘭金融問題，尤其是所涉及的法律及稅務問題，積累了一定人才、市場網絡及風險管理經驗。2014 年特區政府成功發行首筆 10 億美元的伊斯蘭債券，投資者反映熱烈，反映香港相關的法律框架廣為國際投資者所接受。特區政府也致力建立有利伊斯蘭金融發展的平台，其中包括強化有關市場基建、培訓人才、鼓勵伊斯蘭金融產品開發和促進與其他伊斯蘭金融市場的合作。未來香港應加大發展伊斯蘭金融業務的力度，為國家建設「一帶一路」提供更好支援。

其三，借助「一帶一路」再創香港人民幣市場新優勢。香港作為全球最大的離岸人民幣中心，未來應以創新理念為「一帶一路」提供不同的金融產品和多樣化的資產分配工具。伴隨人民幣在沿線國家持續輸出和擴大運用，人民幣離岸市場規模也將不斷擴大，在沿線國家持有人民幣資產的各類機構、企業和個人的多元化人民幣資產管理需求也將快速提高，人民幣清算服務和理財產品、離岸市場拆借、離岸債券、

匯兌交易與套保工具衍生品等財資業務空間更加廣闊。

其四，為經濟走廊和產業園建設提供專項融資安排。一方面，香港可為 6 大經濟走廊建設提供一攬子金融服務，對符合商業性和銀行風險控制要求的專案提供融資、資金結算和清算，同時借助香港金融機構多元化投資平台，參與走廊建設基金投資。另一方面，中國在東盟、中亞、南亞、中東歐和邊境地區共設立了數十個產業園區，作為推進「一帶一路」的平台，對於政治環境友好、基礎設施具備一定條件、產業聚集達到一定程度的園區及入園企業，香港銀行可提供授信支援，以創新思維制定綜合金融服務方案。

推動「一帶一路」建設所釋放出來的對金融服務的龐大需求，都預示着亞洲金融中心、特別是中國金融中心將獲得巨大發展。正如第 3 部分所述，未來 20 年區內將出現眾多國際金融中心羣雄並起的局面，並將會出現類似紐約和倫敦的世界級金融中心，最終形成以一、兩個世界級金融中心為主導、其他多個區域金融中心和專業金融中心相配合的亞洲新金融佈局。而這一涉及絲路沿線整體發展和各國核心利益的金融佈局，估計到 2030 年將會基本成形。香港金融市場在服務「一帶一路」建設的同時，有機會進一步提升為世界級金融中心，包括世界級的資本市場、財富管理中心和離岸人民幣市場等，最終發展成為「亞洲的倫敦」。

4. 支持內地企業到絲路國家投資，打造香港為中國企業的境外營運中心

香港一向是跨國公司在亞太區的區域總部所在地，目前在香港運作的地區總部和辦事處約有 4,000 家，其中不少是中資企業。國家大力鼓勵及推進內地企業走出去，並將通過「一帶一路」建設在周邊國家和地區營造有利於中資企業的投資環境，為中資企業投資開發利用這些

地區的能源資源及轉移過剩產能提供了便利。中資企業在絲路沿線投資意願也進一步提升，未來將會有更多的中資企業借港出海，先到香港設立投資機構，再以香港企業身份到絲路國家投資發展。香港可為這些中資企業的直接收購案提供融資安排、品牌管理、現代物流、專業服務等，令走出去企業的業務發展更加順暢；也可和中資企業合作一起到絲路沿線投資，各自發揮優勢以提升項目建設的成功率。

目前已有中國三峽集團公司和中國電力投資等大企業以香港為跳板到「一帶一路」沿線國家投資，不但解決了股權多元化問題，還取得大量融資，並得到國際性人才的協助。以中國三峽集團公司為例，為投資巴勒斯坦吉拉姆河上的四個大型水電站項目，該企業在香港註冊成立三峽南亞公司，佔 70% 股權，國際金融公司和絲路基金佔 30% 股權，成功實現產權多元化。同時該公司正在尋找 70 億美元融資，相信當中不少部分會在香港進行。

三峽集團是中國最大的清潔能源集團及全球最大的水電企業，走出去的足跡已遍佈 40 多個國家，海外投資累計已達 90 多億美元，包括水電、風電、太陽能在內的清潔能源發電裝機容量已達到 1,150 萬千瓦。在「一帶一路」沿線的東南亞國家已成功建成馬來西亞檳城供水項目、泰國巴帕南水閘專案、老撾南累克水電站工程、菲律賓大馬尼拉供水專案、巴基斯坦曼格拉大壩加高工程、巴基斯坦地震災後重建項目等多個重點工程項目。根據計劃，到 2020 年底，三峽集團要再造一個海外三峽，海外裝機容量起碼要達到 2,300 萬千瓦。

隨着「一帶一路」建設的推進，相信未來將會有更多內地企業以這方式到絲路沿線投資，香港將成為內地企業在境外最重要的營運平台和服務基地。

5. 為絲路建設提供規範化的專業服務，發展香港為世界級的專業服務中心

作為一個全球商業樞紐，香港包括法律、會計、諮詢顧問、工程技術在內的專業服務及其他工商業支援服務業，在 2016 年合共為本港帶來 388 億美元的增加價值，佔本地生產總值的 12.5%，並為超過 53 萬人提供職位。未來可為絲路建設提供專業支援。沿線地區對專業及基礎設施服務需求殷切，香港在多個領域，包括會計、法律、投資環境及風險評估、環境諮詢、建築、工程管理等均擁有優勢，可以為「一帶一路」沿線地區提供顧問服務和參與營運管理。此外，香港有完善法制及採用國際商界熟悉的普通法制度的優勢，在與「一帶一路」沿線國家的經貿聯繫、優勢企業走出去等多方面，可提供專業規範的國際法律服務。總之，香港的專業服務優勢在國家「一帶一路」可以發揮特殊作用，包括為中企在絲路沿線開展業務提供盡職調查、國際法律、會計事務、品牌推動、顧問諮詢等支援，藉此把香港專業服務提升至世界級規模和水平。

（五）儘快採取行動

國家「一帶一路」已進入全面實施階段，而且推進速度很快。時不待我，香港應儘早採取行動，儘快制定自身的定位、策略和政策，在配合國家戰略的同時，為未來發展成為世界級都會創造條件。其中一項重要舉措，是推動亞投行和絲路基金在香港設立辦事處或財資中心，利用香港國際金融中心地位、尤其在融資和資產管理方面的優勢，支持亞投行和絲路基金的營運。香港已以非主權國家身份加入亞投行和絲路基金，未來應主動作為，爭取儘快落實。

最後值得一提的是，國際性人才是香港最寶貴的資源，在「一帶一

路」建設中可以最大限度地發揮作用，以提升成功機率，減少失誤和損失。未來香港應培養和引入更多國際性人才，以便更好地服務國家「一帶一路」建設，同時最大程度地分享絲路發展帶來的共同利益。

總而言之，推進「一帶一路」建設將是國家在未來一段時間內對外開放的主旋律。隨着「一帶一路」的深入實施，終將形成絲路半球，前景看好。但未來仍面對不少挑戰，包括區內宗教問題、政治紛爭和社會轉型等，對投資風險管控帶來重大挑戰，對經濟整合帶來的影響不可忽視。面對這一歷史性機遇，香港應發揮獨特優勢，化解內部深層次矛盾，在參與絲路建設攜手合作，締造多贏格局，為長遠發展打造更好基礎。

二. 配合高質量增長

十九大報告的一大亮點，是首次提出「把提高供給質量作為主攻方向，顯著增強我國經濟質量優勢」；2017 年底召開的中央經濟工作會議，進一步指出「推動高質量發展是當前和今後一個時期確定發展思路、制定經濟政策、實施宏觀調控的根本要求」。2018 年三月召開的全國兩會，把推動高質量發展作為做好當年工作的首要任務，提出要着力解決發展不平衡不充份問題，圍繞建設現代化經濟體系，促進經濟結構優化升級，說明決策層把推動高質量發展擺在最重要位置。其間透露出新時代許多重要的新信號，需要深入解讀；它給香港帶來的新機遇，需要認真把握。那麼，到底如何實現高質量發展？香港如何作出配合？在此我們試作一探討。

(一) 立足高質發展

早在九十年代中期，國家在制定「九五」計劃時，就提出積極推進經濟增長方式的轉變這一深層次命題；「十一五」規劃還把轉方式作為

新時期的一項重要任務。但由於當時中國生產成本遠低於發達經濟體，加上商品仍是供不應求，十多年間轉方式並無太大進展。直到「十二五」規劃以加快轉方式為主線，制定並實施了一系列政策框架，尤其是推動供給側結構性改革，經濟結構調整才真正邁開步伐。

換言之，十八大以來，中國經濟轉型已初見成效，經濟增長已由高速轉向中高速，GDP 增幅從 2003-2011 年平均的 10.8%，降至 2012-2017 年平均的 7.2%。決策層從中國經濟的實際情況出發，提出經濟發展進入新常態的正確判斷，制定並實施與之相適應的一系列政策框架，尤其是推動供給側結構性改革，促進經濟結構向中高端邁進，使戰略性新興產業、高技術產業等新興行業一直維持較高增長，新動能成為推動經濟平穩增長的重要動力。與此同時，服務業和消費崛起成為經濟增長的主要引擎，第三產業對經濟增長的貢獻率由 46% 提高到59%，最終消費對經濟增長的貢獻率由 55% 提升至 65%，已接近歐美發達經濟體的總體水平。

儘管如此，目前經濟發展中仍面對不少困難和挑戰，主要表現在發展質量和效益仍不夠高，創新能力還不夠強。一方面，不少行業的產能嚴重過剩；另一方面，民眾和企業對高質量的產品需求得不到滿足，不少消費需求及中間需求流向國外，供給側跟不上需求側轉型升級的步伐。

以消費為例，世界旅遊組織（UNWTO）發佈的報告顯示，2017 年中國大陸遊客的境外消費總額達到 2,610 億美元，是美國的兩倍，且連續第 12 年呈兩位數增長，其中大多數是購買海外高端消費品。再以生產為例，儘管國內鋼鐵過剩產能數以億噸計，但每年還要進口一千多萬噸特種鋼材，價值約 150 億美元，這就需要通過技術改造，大幅度提高產品品質，才能把中國鋼鐵工業由大做強，由次做優。

正因如此，十九大報告明確宣佈，中國經濟已由高速增長階段轉向高質量發展階段，需要全國上下一心，在轉變發展方式、優化經濟結構、轉換增長動力等三個方面進行攻關，爭取突破。為此，未來在經濟發展過程中，國家將堅持質量第一、效益優先的行進路向，積極推動三大變革──質量變革、效率變革和動力變革，旨在提高全要素生產率。

推而廣之，在打造現代化強國的新時代，發展仍是理政興國的第一要務，但必須是高質量發展，而今後 5-10 年是關鍵的時間節點，需要全國上下一心，全力以赴，希望早日見到成效。

(二)四大核心內涵

雖然目前高質量發展已成為全國共識，但其具體涵義仍是眾說紛紜，莫衷一是，實有必要作出深入闡釋。我們認為，高質量發展這一當前中國第一大主題，主要包括如下 4 大內涵：

第一個內涵是提質增效。從近期中美貿易戰和中興公司遭受美國制裁所暴露出來的問題可以看出，中國產品、服務和管理質量不適應需求變化是一大短板，需要一場深刻的質量革命，以提升供給質量為主攻方向，大力發展先進製造業、現代農業和高端服務業，加強企業和行業的品質管理，使中國製造和服務成為高質量的標杆。與此同時，以最少的勞動、資本、土地、資源等要素投入，獲得最大的產出（包括勞工收入、企業盈餘、國家稅收和就業崗位等），大力提升投入產出比率和經濟效益。

第二個內涵是創新驅動。從外圍看，當前世界各國提升國際競爭力越來越依賴於創新能力，既包括科技創新和文化創意，也包括理論和制度創新。創新能力越強的經濟體，發展質量就越高，對經濟增長

的貢獻也就越大。全球新一輪科技革命和產業變革對中國形成了倒迫機制，也提供了大量機會。從內部看，近幾年來中國勞動人口總量出現下滑，資源投入也面對瓶頸，傳統發展方式難以為繼，需要加快實施創新驅動戰略，使科技創新真正成為經濟增長的主要引擎。

第三個內涵是綠色低碳。綠色發展既是當今世界潮流，也是中國經濟可持續發展的內在要求和民眾對實現美好生活的迫切希望。目前中國一方面的確存在嚴重環境污染、生態系統退化等問題，另一方面綠色低碳技術發展神速，有條件、也有能力加快污染防治，恢復被破壞的生態環境，從而使綠色低碳成為高質量發展的重要標誌。

第四個內涵是協調共用。一方面推動城鄉協調發展，加快實現城鄉一體化進程，採取措施更有效解決「三農」這一關係現代化全域的老大難問題，進一步縮小城鄉差別。另一方面是促進區域協調發展，加快東部優化、中部崛起和西部開發，積極打造京津冀、長三角和大灣區等三大世界級城市羣。更重要的是，要貫徹共用發展理念，讓發展成果惠及全體民眾，更加公平地分享發展成果，實現共同富裕。

上述四大內涵中，提質增效、創新驅動和綠色低碳是發達經濟體共同擁有的發展經驗和展現高質量發展的基本特徵，當然也是中國未來努力的基本方向。而謀求更加公平和協調的發展，則是新時代中國特色社會主義的基本要求，也是區別於歐美國家的主要特色所在。

現在的問題是，應如何判斷高質量發展所要達到的長遠目標？實現高質量發展的一個重要目標，是勞動生產率得到大幅度提升，整體經濟以更少的投入獲得更多的產出。按這一目標來衡量，目前中國與發達經濟體之間的差距仍較大，如 2016 年美國勞動生產率約為中國的 8.4 倍，日本勞動生產率是中國的 7.6 倍，需要加快迎頭趕上。而要提高勞動生產率，首先必須提升勞動力質量，使知識、技能和管理對經

濟增長的貢獻不斷得到提升。在這方面，中國進步神速，2017年接受高等教育的人口超過1.7億人，佔總人口比重為12.5%，比1982年的0.4%高出逾30倍；預計到2030年，接受高等教育的人口超過3億人，佔總人口比重將達到20%或以上，佔勞動人口比重更將達到35%以上，中國將出現人口紅利從數量紅利向知識紅利的歷史性轉變。

實現高質量發展的另一個目標，是提升全要素生產率並使之成為實現經濟增長的主要途徑。2015年提高全要素生產率首次寫入政府工作報告，十九大在論及高質量發展時再次強調要提高全要素生產率，表明國家對這一命題的高度重視。與此同時，近年來供給側結構性改革優化了資源配置，創新驅動帶動了全要素生產率的不斷提升，2017年科技進步對經濟增長的貢獻率已達到57.5%，比5年前高出5.3個百分點。隨着高質量發展戰略的推進和更多重大技術的突破，中國科技進步貢獻率將加快提升，到2035年將達到80%左右，接近發展國家的水平。

實現高質量發展的第三個目標，是戰略性新興產業成為經濟增長的主要引擎。在「十二五」規劃期間，中國戰略性新興產業迅速崛起，佔GDP比重從4%倍增到8%，預計到2020年這一佔比將升至15%以上，到2030年將進一步提升至30%，真正成為經濟發展的主導力量。可見，中國高質量發展潛力有待開發，前景應可看好。

(三) 六大操作重點

推動高質量發展，關鍵是建設現代化經濟體系，這被十九大稱為是正處在攻關期的中國經濟「跨越關口的迫切要求和我國發展的戰略目標」。其本質要求是重實抑虛，未來將一手抓實體，加快建設現代產業體系，促進中國產業邁向全球價值鏈中高端；另一手抑虛擬，嚴控房

地產和金融泡沫。其核心內容是求實、創新、興農、協調，分別觸及到發展取向、增長動力、三農問題和區域發展等多個政策層面，是推動高質量發展的四大操作重點和四大硬體。與此同時，還要深化改革，不斷完善市場經濟體制，形成全面開放新局面，説明高質量發展最終必須依靠完善的市場經濟體制和全面對外開放，二者是高質量展的 2 大軟件。求實、創新、興農、協調、改革和開放，構成了高質量發展的 6 大操作重點。

1. 第一個操作重點是求實，即注重實體經濟

這個操作重點主要是針對實體經濟發展不足、虛擬經濟過度膨脹而作出的重大抉擇，也是對經濟發展路向的全面糾偏。十九大提出，建設現代化經濟體系，首先必須把着力點放在實體經濟上，説明提高供給體系質量，主要依靠實體經濟，而不可能靠虛擬經濟來推動。換句話說，推動高質量發展的首要政策是注重實體經濟，使現代化經濟體系建基於強大的實體經濟之上，避免重蹈美國過去大搞經濟泡沫損害經濟根基之覆轍。

有見及此，在注重實體經濟這一發展路向重大轉變上，中國未來將採取如下兩大舉措：一方面是打造製造強國和發展現代服務。今後中國將培育若干世界級先進製造業集羣，推動互聯網、大數據、人工智慧與實體經濟深度融合，在中高端消費、創新引領、綠色低碳等領域培育新增長點，推動中國製造向中國創造轉變，同時採取措施激發和保護企業家精神，採取更多措施鼓勵更多人創新創業。與此同時，瞄準國際標準加快發展現代服務業，尤其是高技術服務和戰略性新興服務。另一方面是堅持去產能、去庫存、去槓桿、降成本、補短板，重點在產能利用、待售房產、企業負債率和短板領域投資上下功夫，同時健全金融監管體系，守住不發生系統性金融風險的底線。可見，

未來中國將把提升供給質量和防控風險結合起來，走出一條「重實抑虛」的新路。

2. 第二個操作重點是創新，即加快建設創新型國家

這個操作重點是要解決經濟增長動力的選擇問題。十九大提出，創新是引領發展的第一動力，是建設現代化經濟體系的戰略支撐，未來將採取多項措施加以推動，包括強化基礎研究和應用研究，實現前瞻性基礎研究、引領性原創成果重大突破，突出關鍵共性技術、前沿引領技術、現代工程技術和顛覆性技術等四大創新，為建設科技、質量、航太、網絡、交通等 5 大強國和數字中國、智慧社會提供支撐；加強國家創新體系建設，強化戰略科技力量，支持中小企創新等等。與此同時，實行科技發展和人才培養並舉，培養造就一大批具國際水平的戰略科技人才、科技領軍人才、青年科技人才和高水平創新團隊。

所有這些，都將推動中國經濟增長從依靠勞動力和資本等中低端生產要素轉向依靠創新和人才等高端生產要素，實現經濟發展方式的徹底轉變，對提高全要素生產率具有決定性作用。今後 5-10 年是全球產業變革的關鍵時間節點，中國新興產業迅速崛起，不但符合世界發展的大方向，且在不少領域是後發先至，有機會成為全球新興產業的發展重心，潛力巨大，前景看好。

3. 第三個操作重點是興農，即實施鄉村振興戰略

農業農村現代化是現代化經濟體系不可或缺的組成部分，沒有農業農村現代化，就不可能真正實現高質量發展。十九大報告指出三農問題是關係國計民生的根本性問題，要堅持農業農村優先發展，加快推進農業農村現代化。擬採取的主要措施，首先是完善基本經營制度，深化土地制度改革，第二輪土地承包到期後再延長 30 年；其次是確保糧食安全，把中國人的飯碗牢牢端在自己手中；再次是構建現代農業

產業體系、生產體系和經營體系，發展適度規模經營，培育新型農業經營主體，實現小農戶和現代農業發展有機銜接，為建立現代農業產業體系打好基礎；最後是促進農村一二三產業融合發展，支持和鼓勵農民就業創業。

相信這些政策將帶動城市反哺農村，工業反哺農業，從而有助發展農村經濟及縮小城鄉差距。但也要看到，由於農業農村問題較為複雜，要實現現代化可能需要突破土地制度等障礙，這也是建設現代化經濟體系難度較大的一個環節。

4. **第四個操作重點是協調，即實施區域協調發展戰略，解決區域發展不平衡問題**

未來將從如下幾個方面推動：首先是確立區域整體發展思路，包括加大力度支持老少邊貧地區加快發展、強化舉措推動西部大開發形成新格局、深化改革加快東北等老工業基地振興、發揮優勢推動中部地區崛起以及創新引領率先實現東部優先發展。其次是以城市羣為主體構建協調發展的城鎮格局，加快農業轉移人口市民化。最後是推動京津冀協調發展及長江經濟帶，包括以疏解北京非首都功能為引領推動京津冀協同發展，高起點規劃、高標準建設雄安新區，以共抓大保護、不搞大開發為導向，推動長江經濟帶發展。

上述這些政策將有助於各大區域板塊全面發展，並將出現京津冀、長三角和粵港澳大灣區 3 大世界級城市羣並起的局面。以城鎮化為例，過去五年有 8,000 多萬農業轉移人口成為城鎮居民，城鎮化率年均提升 1.2 個百分點，到 2020 年仍將有約 5,000 萬農業轉移人口成為城鎮居民，中國常住居民城鎮化率將提到 60% 以上。

5. **第五和第六個操作重點是改革和和開放，即完善社會主義市場經濟體制，形成全面開放新局面**

具體舉措是推進國企 PPP 改革和貿易強國建設、支持民企發展、防控金融風險、放寬市場准入以及探索建設自貿港等。到 2017 年底，央企將全面完成公司制改革，下一步是推進股份制改革，引入各類投資者，以實現股權多元化。不久前國家工信委等 16 個部門聯發指導意見，明確表示民企是製造業發展的主力軍，向全國下屬部們佈置 8 大項共 36 個任務，希望啟動民間投資活力和引導民企轉型升級。與此同時，實行高水平貿易投資自由化便利化政策，大幅放寬市場准入，取消中資銀行和金融資產管理公司的外資單一持股不超過 20%、合計持股不超過 25% 的限制。與此同時，強調為實體經濟服務是金融的天職，通過深化投融資體制改革，充份發揮投資對優化供給結構的關鍵性作用，提高直接融資比重，促進多層次資本市場發展；設立國務院金融穩定發展委員會，人行建立雙支柱調控框架，既要保持幣值穩定，又要維護金融系統的穩定，真正守住不發生系統性金融風險的基本底線。

2018 年是推動高質量發展的開局之年，如何落筆至關重要。李克強總理在政府工作報告中提出，2018 年推動高質量發展的一個操作方向，是深入推進供給側結構性改革，繼續抓好「三去一降一補」，嚴控虛擬經濟泡沫。另一方向是加強國家創新體系建設，在全面把握世界新一輪科技革命和產業變革大勢基礎上，通過深入實施創新驅動發展戰略，不斷增強經濟創新力和競爭力。與過去相比，2018 年有 4 個操作重點特別值得留意：

首先是更加重視補短板及提高供給質量。重點是發展壯大新動能和加快製造強國建設，包括做大做強新興產業集羣，加強新一代人工智慧研發應用，在醫療、養老、教育、文化等領域推進「互聯網＋」，

推動集成電路、第五代移動通信、飛機發動機、新能源汽車、新材料等戰略性新興產業發展，實施重大短板製備專項工程，創建「中國製造2025」示範區等等。與此同時，加快發展現代服務業，全面開展質量提升行動，推進與國際先進水平對標達標，發起一場中國製造的品質革命。

以人工智慧為例，近年來國家在多項重大決策中均展現了發展人工智慧的決心，2017 年 7 月國務院還出台了《新一代人工智慧發展規劃》，正式提出人工智慧發展的頂層戰略設想。目前全球人工智慧領域主要是中美主導，中國在計算機視覺技術方面已達到全球先進、部分領先水平，2016 年人工智慧年專利年申請數超過 3 萬項，是 2010 年的十倍，產業規模已突破 100 億元，預計 2019 年將增加至 344 億元，發展潛力巨大。

其次是打造大眾創業、萬眾創新升級版。政府工作報告指出中國推動創新發展的最大富礦，是擁有世界上規模最大的人力人才資源，強調集眾智匯眾力，一定能跑出中國創新加速度。為此，一方面要提供全方位創新創業服務，包括推進雙創示範基地建設，設立國家融資擔保基金，支持優質創新型企業上市融資，將創業投資、天使投資稅收優惠政策試點擴大到全國。另一方面深化人才發展體制改革，推動人才資源自由流動，加大高技能人才激勵，鼓勵海外留學人員回國發展，形成創新創業新格局。目前中國創業創新主體迅速增加，2018 年 3 月 16 日，在北京市政服務中心，國家工商總局局長張茅頒出中國第一億張營業執照，深圳 2017 年平均每天新設近千家企業，說明雙創熱潮方興未艾，這將為高質量發展不斷注入源頭活水。

再次是強調減少無效供給要抓出新成效。2018 年將繼續破除無效供給，化解過剩產能、淘汰落後產能，在過去 5 年已退出鋼鐵產能 1.7 億噸、煤炭產能 8 億噸的基礎上，再壓減鋼鐵產能 3,000 萬噸，煤炭產

能 1.5 億噸，淘汰關停不達標的 30 萬千瓦以上煤電機組。雖然去產能規模不及過去兩年，且已近尾聲，但 2018 年仍大力度減少無效供給，表明政府推動高質量發展過程中，除了做好上述兩項加法外，還下定決心做減法，努力削減過剩產能及淘汰「殭屍企業」，從另一面確保供給質量。

最後是更大力度減輕企業稅負和非稅負擔。2018 年將改革完善增值稅，按照三檔並兩檔方向調整稅率水平，大幅擴大享受減半徵收所得稅優惠的小微企業範圍，為企業和個人減稅 8,000 多億元。與此同時，通過清理規範行政事業性收費、調低部分政府性基金徵收標準以及繼續降低企業「五險一金」繳費比例等措施，為企業主體減輕非稅負擔 3,000 多億元。兩項合計，2018 年將減輕企業負擔 1.1 萬多億元，比 2016 年的 5,700 億元和 2017 年的 5,500 億元大幅增加近倍。此舉可望令企業輕裝上陣，進一步促進實體經濟轉型升級。

值得注意的是，高質量發展並不會大幅降低經濟增長速度，相反，可帶來更健康、更穩定、更長遠的經濟進步。實際上，這一趨勢業已形成，最近十個季度中國 GDP 增速在 6.7%-6.9% 之間，出現超平穩增長勢頭，尤其是 2017 年戰略性新興產業增加值同比增長 11.0%，戰略性新興服務業營業收入同比勁增 17.3%，為經濟穩中向好注入了強勁動力。

政府工作報告提出 2018 年經濟增長的預期目標與去年一致，均是 6.5% 左右。雖然沒有像 2017 年那樣強調會爭取更好的結果，但並不意味着經濟增速必將放緩，因為報告再次強調發展是解決中國一切問題的基礎和關鍵，要確保經濟運行在合理區間，實現經濟平穩增長和質量效益提升的互促共進。相信 2018 年中國全面進入高質量發展階段，各項提質增效措施將更好地帶動經濟平穩快速增長，使 GDP 增幅保持在 6.5% 以上。

（四）香港的機會

十九大報告提出要支持香港融入國家發展大局，高質量發展乃是大局中的大局。香港最需要融入這個大局並加以密切配合，發揮多方面的優勢和功能，積極支援和參與國家高質量發展戰略，並以此增強香港經濟的競爭力和增長動力。具體而言，香港可以採取如下行動：

1. 在形成全面開放新格局中發揮引領作用

建設現代化經濟體系的一大舉措，是「開放引領」，推動形成全面開放新格局，其中「一帶一路」無疑是重點，此外還要實行高水平的貿易和投資便利化政策，大幅度放寬市場準入，尤其是賦與自貿區更大改革自主權，探索建設自由港等等，說明中國開放的大門不僅不會關閉，還會越開越大。

香港在開放方面居全國領先地位，對外開放度在全國、亞太區乃至全球也是不遑多讓。2017 年香港進出口總額高達 10,555 億元，相當於全國的 25.6%，出口佔 GDP 比重高達 145.6%，是全國平均水平的7.9 倍，也大大高於上海和北京等內地中心城市，FDI 和 ODI 與全國相比都不相上下；全球跨國公司區域總部和辦事處總量更是亞太區之最。更重要的是，香港為全球最自由、最多功能的自由港，已連續 20 多年被評為世界最自由的經濟體，可為內地探索建設自由港提供最鮮活的參照系。同時，香港還是「一帶一路」建設的海外最重要節點，擁有最龐大的海外華人網絡和最多功能的境外服務樞紐，相信未來在對外開放中會繼續走在全國前列，並將發揮開放引領和示範作用，協助國家儘快形成全面開放的新格局。

值得一提的是，香港未來可繼續作為中外企業投資合作的營運基地。一方面，香港在服務內地企業走出去方面具有境外市場難以競爭的優勢，因為香港監管制度適中，為內地企業走出去服務已積累了 20

多年的經驗，聚集了一支較國際化且有較高專業水平的服務團隊，未來可支援內地企業借港出海，以香港為基地進行海外併購、資產營運、引進技術和改善公司治理，提供資金管理、行銷、法律、財務等全面服務，充分配合這些企業朝規範化、多元化及國際化發展的需要。另一方面，隨着內地高質量發展戰略的實施，未來將會有更多的境外企業、尤其是科技創新企業以香港為橋頭堡到內地投資發展，香港有機會成為全球高端企業管理和服務內地業務的基地。

2. 配合國家創新驅動戰略，建立創新科技的研發平台

2011 年李克強總理訪港宣佈的中央政府支持香港經濟及社會發展的 36 項措施中，提到要加強內地與香港在科技產業領域的合作，使香港的科技資源進一步融入國家的科技創新體系；國家將大力擴展兩地科技合作新形式，支援在香港建立國家工程技術研究中心分中心，以適當形式在香港設立高新技術產業化基地。「十三五」規劃再次重申支援內地與港澳開展創新及科技合作，為香港提供了一個服務國家創新驅動戰略的好機會。近期習近平主席親自批示內地撥付香港國家重點實驗室的科研資金可以在香港使用，使香港科技界深受鼓勵，大大增強了業界的信心。

香港融資管道暢通、資訊自由及發達，加上有較完善的智慧財產權保護制度，具有一定的發展創新科技優勢。事實上，香港科技園經過多年的耕耘已具一定規模，近年又成立了科技發展局和香港科學院，未來如得到國家的進一步支援，香港可以把兩地優勢更好地結合起來，加強科技創新、創造產業投融資以及打造「港深創科園」等方面的合作，發揮創新和產業協同效應，在研發、資金、測試到生產全過程展開合作，發展科技創新研發平台，為香港再工業化和內地企業來港發展創意產業及科技研發提供良好環境，成為建設創新型國家的重要力量。

3. 配合國家發展高端服務，提升服務質素

如上所述，國家要實現高質量發展，最重要的是「重實抑虛」。從操作層面看，「重實抑虛」需要兩手抓：一手抓實體，加快建設現代產業體系；一手抑虛擬，嚴控地產泡沫和金融風險。抓實體涵蓋高端產品和高端服務兩個層面，通過提升產品和服務兩種質量，促進產業邁向全球價值鏈中高端。其中，抓高端服務的主要措施是加快發展現代服務業，瞄準國際標準提高水平，推動生產性服務業向專業化和價值鏈高端延伸、生活性服務業朝精細和高品質方向轉變。

近年來中國現代服務業發展更加迅猛。過去 5 年服務業年均增長 8.1%，佔 GDP 比重從 2012 年的 44.6% 提升至 2017 年的 51.6%，主要歸因於具有較高增值能力的現代服務業的全面崛起。2017 年首 3 季資訊及軟體服務、高技術服務和戰略性新興服務分別勁增 23.5%、12.4% 和 17.0%，比整體服務業高出 4.4-14.5 個百分點，比 GDP 增速更高出 5.6-16.7 個百分點，成為帶動服務業持續快速發展的生力軍。

以互聯網為例，中國 2016 年互聯網普及率就達到 53.2%，移動互聯網接入量 93.6 億 GB，比上年增長 1.24 倍，上網人數高達 7.3 億人，居世界首位。由於互聯網不斷向經濟社會各個領域全面滲透，為經濟發展注入了新動能，以網購為例，2016 年網上零售額比上年增長 26.2%，2017 年進一步加快至 32.2%，比社會消費品零售額增速高出近兩倍。

但也要看到，內地服務業發展仍不平衡，尤其是金融投資、教育醫療、專業服務、公共服務和居民服務等方面仍有很大發展空間。而這一點正好是香港的強項。香港是亞太區最重要的服務中心，服務業佔 GDP 超過 90%，各項服務業、尤其是高端服務業獨具優勢，可以協助國家發展高端服務，不斷提升服務質素和水平。

4. 為中國內地創新活動提供國際化的融資平台

十九大報告從多方面提出要深化投融資體制和金融體制改革，發揮投資對優化供給結構的關鍵性作用，增強金融服務實體經濟能力，提高直接融資比重，促進多層次資本市場健康發展。香港已是全球三大金融中心之一，也是亞太區最重要的投資管理基地，在國家推動創新發展的過程中，香港金融業擁有很大優勢和有利條件，可以提供多功能的服務和多方面的支援。一方面，香港金融機構可在銀團貸款、項目貸款、發行債券以及基金等傳統領域，以創新方式向內地科技創新和戰略性新興產業提供融資；以戰略性思維吸納較為成熟的創新項目來港上市及資本運作。另一方面，未來國家將加大金融支持創新驅動發展戰略的力度，重點是構建普惠性創新金融支持政策體系，包括加快建設技術和知識產權交易平台，創立從實驗研究、中試到生產的全過程科技創新融資模式，推動高收益債券及股債相結合的融資方式，鼓勵發展眾創、眾包、眾扶、眾籌以及天使、創業和產業投資，鼓勵銀行與創業投資和股權投資機構投貸聯動，以及加快發展科技保險等等，這些都為香港商業銀行、投資銀行、創投基金、資產管理、保險等機構帶來創新合作的良機。進而言之，香港可以為中國內地創新活動提供國際化和規範化的融資平台，成為內地創新企業和機構在海外的金融服務中心。

5. 協助內地防控金融風險

過去十年，中國內地貨幣供應量（M2）年均增幅高達 15.3%，大大高於同期實質 GDP 平均升幅（8.3%）和通脹（2.6%）之和的 10.9%。另據人民銀行提供的數字，至 2016 年底中國總債務大約 255 萬億元，相當於 GDP 的 343%，扣除金融部門後的實際負債率約為 250%，與國際清算銀行統計的 2015 年中國非金融部門負債率接近 260% 相差不

大，而全球大投行和評級機構估算 2016 年中國負債率在 280% 至 300% 之間，整體負債率明顯偏高。由於貨幣資金大量湧入資產領域，吹起了巨大的資產泡沫，先後出現股市牛市、債券牛市和期貨牛市，其後也發生了股市暴跌、債市期市異常波動，人民幣大幅貶值。

有鑒於此，2017 年 7 月召開的中央金融工作會議，一方面從戰略高度、全域角度對金融作出明確定位，強調金融是國家重要的核心競爭力，金融安全是國家安全的重要組成部分，為實體經濟服務是金融的天職和宗旨，也是防範金融風險的根本舉措，另一方面提出着力完善金融安全防範和應急處理機制，決定成立國務院金融穩定發展委員會，強化人行宏觀審慎管理和系統性風險防範職責。

此後，監管層開始推進防範金融風險的全面佈局，相關監管政策相繼出台。其中，2017 年 11 月出台的《資管辦法（徵求意見稿）》最受各界關注，內容包括要求資管產品實行淨值化管理、打破剛性兌付、規範資金池業務、降低期限錯配、從嚴規範資產管理行業的產品嵌套和通道業務。緊接着，銀監會出台《商業銀行流動性風險管理辦法（修訂徵求意見稿）》，新增三項流動性監測指標，抑制銀行同業業務過度擴張並鼓勵機構減少期限錯配。12 月 22 日，銀監會發佈《關於規範銀信類業務的通知》，將表內資金和收益權納入銀信合作範疇，長遠而言將規範銀信類業務的運作。此外，資管產品增值稅將自 2018 年 1 月 1 日起開徵，這將抑制通道類資管產品和多層嵌套的資管產品業務，將對資管行業的規範運行產生了深刻的影響。

2017 年底召開的中央經濟工作會議進一步提出未來要打贏「防範化解重大風險、精準扶貧、污染防治」三大攻堅戰，指出今後 3 年要打好防範化解重大風險攻堅戰，重點是防控金融風險，促進形成金融和實體經濟、金融和房地產、金融體系內部的良性循環，做好重點領域

風險防範和處置，堅決打擊違法違規金融活動，加強薄弱環節監管制度建設。為落實這一決策，中銀監在 2018 年初開始，在不到 4 星期時間內，已先後出台四項加強監管政策，分別針對銀行大額授信管理、委託貸款、股權風險和加強銀行監管。如其頒佈的《2018 年整治銀行業市場亂象工作要點》，指出 2018 年要整頓 8 個現存問題，共 22 項要點，包括公司治理不健全、違反宏觀調控政策等，明確要求銀行業針對相關問題作出整頓。中銀監表示，整頓銀行業市場亂象不可能一蹴而就，而是當前及今後一段時期銀行業改革發展和監管的一項常態重點工作。由此可見，金融防風險將是未來 3 年 3 大攻堅戰之首，金融監管仍是主線，金融緊監管不會在短期內結束，今後或將有更多監管細節出台。

香港作為亞太區最重要的國際金融中心，在金融監管方面擁有較多的經驗，完全可以為內地防控金融風險提供支援。如在銀行監管方面，香港建立了符合國際標準、審慎的銀行監管制度，特別是巴塞爾委員會建議的標準，既有助促進銀行體系的整體穩定及有效運作，亦提供足夠的靈活性，讓認可機構作出商業決定。認可機構須遵守《銀行業條例》各項規定，包括：保持充足的流動資金及資本；向金管局提交定期申報表；遵守有關向任何客戶、董事或僱員貸款的限制；就任命董事、高層管理人員及控權人向金管局申請審批。香港金管局按照巴塞爾銀行監管委員會建議的國際慣例監管認可機構，採用「持續監管」的風險為本監管模式，包括進行現場審查、非現場審查、審慎監管會議、與外聘審計師合作以及與其他監管機構交換資料，期望及早發現問題。在證券監管方面，香港採用「國際證監會組織」訂立的監管標準，力求在保障投資者利益和維持市場穩定之間尋找監管平衡，促進市場發展與創新，以維持證券業的競爭力和香港國際金融中心地位。這些都可以為內地提供參考和借鏡。

總而言之，十九大為國家到本世紀中頁的發展長路，描繪了宏偉藍圖，制定了基本方略，這將給香港帶來千載難逢的歷史性機遇，本港應全面融入其中，共襄盛舉，共擔重任，為國家新一輪的改革發展做出更大貢獻，也為自己贏取更大發展空間，共用更大發展紅利。

三. 共建粵港澳大灣區

早在 2012 年 12 月，習近平主席視察廣東時，就要求廣東落實好粵港、粵澳合作框架協議，聯手打造更具綜合競爭力的世界級城市群。2016 年 3 月，「十三五」規劃綱要明確提出，要支持共建大珠三角優質生活圈，推動粵港澳大灣區和跨省重要合作平台建設。李克強總理在 2017 年政府工作報告中提出，要研究制定粵港澳大灣區城市群規劃，提升港澳在國家經濟發展和對外開放中的地位和作用。2018 年政府工作報告中再次強調要出台實施粵港澳大灣區發展規劃，全面推進內地同香港、澳門互利合作，粵港澳大灣區發展戰略正式啟動。

（一）主要優勢及發展目標

所謂灣區，是指分佈於沿海的諸多港口城市和城鎮組成的集群，由此衍生的經濟形態就是灣區經濟。2007 年美國發表的《二十一世紀海上力量合作戰略》報告的扉頁上明確寫道：「世界上百分之九十的商業運輸通過海洋，世界上絕大多數人口居住在離海岸幾百英里的地方，這顆星球有近四分之三被水覆蓋。」世界銀行提供的資料也顯示，全球約 60% 的經濟總量來自灣區及其直接腹地，皆因灣區發展條件最好，競爭能力最強，是世界經濟的增長極和科技創新的領頭羊。

大灣區則是灣區經濟發展到一定階段的產物，是國際城市群協同發展的共同趨勢，美國的三藩市灣區、紐約灣區、日本的東京灣區以及英國的倫敦灣區等，都是其中的佼佼者。其中三藩市灣區是美國加

州北部的大都會區，以矽谷為發展中心形成產業集聚，集中了美國第二多的世界五百強企業，既是世界高科技中心，也是美國西海岸重要金融中心和旅遊勝地。東京灣區是日本的製造中心、能源基地、國際貿易和物流平台、科教中心以及金融重鎮，也是全球第一個由政府規劃而打造出來的大灣區，創造的經濟總量佔到日本 GDP 的四成，產業集聚能力堪稱世界一流。

粵港澳大灣區涵蓋珠三角九市和港澳兩個特別行政區，是典型的灣區經濟形態。2017 年大灣區土地面積約 56,000 平方公里，常住人口 6,800 萬，GDP 總量約 1.5 萬億美元，與紐約灣區旗鼓相當，超越舊金山灣區，但少於東京灣區。進出口貿易約兩萬億美元，集裝箱輸送量約 7,000 萬箱，是全球數一數二的商貿中心和物流基地。與京津冀城市羣和長三角城市羣相比，粵港澳大灣區具有以下明顯不同的特點和優勢：

1. 開放發展居全國領先地位

粵港澳大灣區的對外開放度，在全國、亞太區乃至全球也是不遑多讓。香港是全球最自由、最多功能的自由港，已連續 20 多年被評為世界最自由的經濟體。珠三角進出口總額佔全國 25%，實際利用外資佔 22%，對外投資佔 25%。就大灣區整體而言，2016 年出口佔 GDP 比重高達 75%，是全國平均水平的 3.8 倍，也大大高於長三角（滬蘇浙）和京津冀兩大城市羣。2015 年大灣區的 FDI 高達 2,030 億美元，比長三角和京津冀兩個城市羣總和（滬蘇浙＋京津冀）還要多出 1 倍強。全球跨國公司區域總部和辦事處以及海外金融機構，無論是數量規模還是層次水平，都是全國其他城市羣所無法比擬的。

2. 市場化程度高，且具有一國兩制政策優勢

珠三角 9 市一直是全國市場導向改革的先行者和試驗田，是內地

自由市場意識最濃烈和市場體系最完備的地區，從而形成民富國強的良性循環。未來大灣區規劃必會充份考慮這一特點，只會完善而不會削弱自由市場功能。大灣區規劃把港澳兩個特別行政區納入其中，增添了「一國兩制」的政策優勢和與完全國際市場接軌的制度安排，形成了多元互動的混合體制，可以取長補短，相互學習借鑒，這也是其他地方不具備的巨大優勢。

3. 擁有具世界競爭力的生產要素和產業集羣

大灣區已發展成為具有全球影響力的商品和服務供應鏈。這裏既有中低端的生產要素、基於全球分工、支援跨國公司運營的加工貿易基地，又有高端生產要素、基於自主創新的全國科技產業創新與技術研發平台；既是世界聞名的產品供應基地，也是亞太區首屈一指的現代服務業中心。按照美國哈佛大學波特教授的競爭力模型，粵港澳大灣區的生產要素和產業集羣具有相當強的國際競爭力，這是未來進一步發展的重要條件。

在粵港澳大灣區規劃框架下，廣東的發展目標是：強化廣東作為全國改革開放先行區、經濟發展重要引擎的作用，構建科技、產業創新中心和先進製造業、現代服務業基地。香港的發展目標是：鞏固和提升香港國際金融、航運、貿易三大中心地位，強化全球離岸人民幣業務樞紐地位和國際資產管理中心功能，推動專業服務和創新及科技事業發展，建設亞太區國際法律及解決爭議服務中心。澳門的發展目標是：推進澳門建設世界旅遊休閒中心，打造中國與葡語國家商貿合作服務平台，建設以中華文化為主流、多元文化共存的交流合作基地，促進澳門經濟適度多元可持續發展。

綜合而言，未來要努力將粵港澳大灣區建設成為更具活力的經濟區、宜居宜業宜遊的優質生活圈和內地與港澳深度合作的示範區，攜

手打造國際一流灣區和世界級城市羣。以此為基礎，未來大灣區有七個重點合作領域：(1) 互聯互通：推進基礎設施建設。強化內地與港澳交通聯繫，構建高效便捷的現代綜合交通運輸體系。發揮香港作為國際航運中心優勢，帶動大灣區其他城市共建世界級港口羣和空港羣。優化高公路、鐵路、城軌交通網絡佈局，推動各種運輸方式綜合銜接、一體高效。共同推進包括港珠澳大橋、廣深港高鐵、粵澳新通道等重點建設項目，進一步提升資訊網絡基礎設施水平。(2) 開放引領：培育國際合作新優勢。一方面是對內開放。未來大灣區將在開放發展上繼續領跑全國。廣東市場將向港澳進一步開放，灣區內貨流、人流、資金流、資訊流將更加順暢，統一市場逐步形成，這將增強其利用國際市場和資源的綜合能力。另一方面是對外開放。大灣區是「一帶一路」建設的重要節點，香港是亞太區首屈一指的國際投資及管理中心，今後將深化與絲路沿線的互聯互通和商貿往來。廣東企業將更多的借港出海／拼船出海，以香港為基地到「一帶一路」沿線投資發展，香港將提供各種服務，使大灣區成為「一帶一路」的投融資基地和境外服務樞紐。(3) 創新主導：打造世界級科技產業創新基地。(4) 以金融合作為重心，推動粵港澳服務貿易自由化。(5) 打造世界優質生活區和旅遊休閒目的地。(6) 支持重大合作平台建設。推進前海、南沙和橫琴等重大粵港澳合作平台建設，充份發揮其試驗示範和引領帶頭作用，並複製推廣。推進港澳青年創業就業基地建設，支援港深創新及科技園、江門大廣海灣經濟區、中山粵澳全面合作示範區等合作平台建設。(7) 體制機制加強協調。未來將透過體制機制創新，把軟硬障礙 (過境關卡、一國兩制、經濟水平及文化差距、地域要素不對稱) 降到最低；建立共商共建共用機制，在規劃、資金及政策上緊密合作及提供強有力條件；建立跨境支付系統；統一知識產權保護規則；達成有利於灣區一體化發展、企業跨境運作的個人、企業及投資所得稅務安排；建

立專業資格認可、專業人士異地執業機制和解決商業爭端機制。

限於篇幅，下面我們重點討論創新驅動、金融合作和優質生活圈這三個大灣區的核心議題。

（二）創新驅動：大灣區主旋律

必須強調指出，創新驅動是大灣區規劃發展的主旋律，科技產業創新發展是核心內涵，以創新科技和創新金融的深度融合為主要特徵的舊金山灣區，則是大灣區最重要的參照系。無論是五中全會提出的新發展理念，還是十九大報告，都把創新驅動作為第一發展動力。大灣區一向是全國創新發展的先行者，未來在創新驅動上將繼續走在全國前列。

與上海和北京等地希望建立科技創新中心不同的是，大灣區更加重視創新科技成果的產業化，今後將突出創新主導，向打造世界級科技產業創新平台的方向邁進。

近年來廣東創新能力不斷得到提升，已基本達到創新型國家和地區的水平。2017 年全省 R&D 佔 GDP 比重提高到 2.65%，科技進步貢獻率達到 58%，提前實現國家「十三五」規劃的預期目標，湧現一批具有強大創新能力的優秀企業，不少企業已走在全國乃至世界同行前列。

值得注意的是，廣東科技產業的崛起，主要依靠本土企業的培育發展、政府政策的引導推動以及科技與產業的密切對接，依靠內源型經濟的發展壯大，使開放型創新體系得到不斷完善。2017 年全省全年專利授權總量 33.26 萬件，也居全國首位；新增高新技術企業 1.3 萬家，使全省高新企業總數增至 3.3 萬家，高新技術產品產值 6.7 萬億元，均居全國第一。

如果說廣東是全國科技產業的龍頭，那麼深圳無疑是龍頭的龍頭。

目前深圳高新技術產業涵蓋新一代資訊技術、生物醫藥、互聯網、新能源、新材料以及環保產業等六類，擁有萬家高新企業，包括華為、中興、騰訊、華大基因、比亞迪等具有國際競爭力的知名企業。2017年全市新興產業創造的增加值為 9,184 億元，佔 GDP 比重超過 40%，對經濟增長的拉動作用接近一半，相當於香港金融增加值的 2 倍以上；就連深圳南山區（華為、騰訊等巨企所在地）的經濟總量也超過香港金融業，充份顯示出新興產業的巨大力量。

但作為全國製造大省，廣東既面對全球新興產業發展帶來的重大機遇，也受到發達國家先進生產力和發展中國家低要素成本的雙重擠壓，決定把建設國家科技產業創新中心列為今後創新驅動發展的第一任務。深圳計劃進一步擴大優勢，目標是建設國際領先的創新型城市。

2017 年是落實上述發展遠景的第一年，省政府在年初就把建設國家科技產業創新中心列為驅動發展的第一任務。2018 年廣東繼續大力實施創新驅動發展戰略，透過加快推進珠三角國家自主創新示範區建設、着力提升基礎研究和應用基礎研究能力、全力打造創新人才高地和營造良好創新生態等舉措，加快建設國家科技產業創新中心。

深圳計劃進一步擴大優勢，並確立更加遠大的目標——建設國際領先的創新型城市，到 2020 年 R&D 佔 GDP 比重進一步提升到 4.25%，培育一批新的跨國企業，進入世界 500 強企業達 8-10 家。包括集成電路、新型顯示、基因技術、新能源汽車在內的戰略性新興產業規模增至 3 萬億，包括生命健康、機器人、可穿戴設備及智慧裝備在內的未來產業規模增加到 1 萬億。

應當看到，今後 5-10 年是全球產業變革的關鍵時間節點，以新一代資訊、生物科技、新能源等新興產業為代表的新生產力發展格局將逐漸形成，新興產業將成為國際經濟、貿易和投資的主導力量。麥肯

錫公司預測，到 2025 年僅移動互聯網、物聯網、雲計算、先進機器人以及新一代基因等 12 項重大技術的突破，每年就將產生 14-33 萬億美元的直接經濟價值。

廣東新興產業的迅速崛起，不但符合世界發展的大方向，而且在不少領域已是後發先至。未來大灣區將以創新科技和創新金融的深度融合為主要方向，香港若能與廣東共同打造創新科技產業鏈，就有機會把大灣區打造成為世界級的科技產業創新基地。具體而言：

一是更好地把粵港獨特優勢結合起來。香港擁有國際一流的高等教育、研究資源、科技轉移、專業服務、人才配套、法制稅制以及知識產保護等優勢，創新及科技上游產業之基礎研究，已晉升至世界級水平。然而，由於土地、成本和環保等制約，令中下游的應用型創科產業起色不大。這一點又是廣東的強項。未來雙方應加強科技創新合作，把兩地優勢更好地結合起來，發揮創新和產業協同效應，在研發、資金、測試到生產全過程展開合作，打造具全球競爭力的科技產業集羣。

二是重點合作打造「港深創科園」。2017 新年伊始，港深兩地政府簽置合作備忘錄，雙方將在深圳河以南、接近落馬洲口岸的河套地區共建「港深創新及科技園」（簡稱「港深創科園」），以創新和科技為重點，聯合打造科研合作高地，並將配套建設相關高等教育、文化創意和其化配套設施。這是目前香港最大規模的創新科技園區，也是兩地最重要的科技合作平台。

三是深化科技產業投融資合作。作為最早開放的地區之一，廣東、尤其是深圳率先建立起一套比較完善的市場經濟體制，並針對科技創新的特點和需求，發展了多層次、多形式的科技資本市場，初步建立以政府為引導，企業為主體，銀行、證券、創業投資、產權交易等為依託的科技投融資體系。香港不僅要吸引成功的科技企業來港上市，

也希望通過創新及科技基金的方式去支援創科初創企業，香港金融機構也可在銀團貸款、項目貸款、發行基建債券以及基金等傳統領域，以創新方式向大灣區科技企業提供融資。未來粵港兩地應在投融資方面加強合作，香港可發展成為大灣區的金融中心。

四是在走出去和引進來方面攜手共進。國家通過「一帶一路」建設營造有利中企的投資環境，香港可以透過新思維支持大灣區科技企業走出去，通過股權、債權相結合，直接融資、間接融資相結合等方式，並提供顧問諮詢、品牌管理、現代物流和專業服務等多方面支援。隨着大灣區新興產業的進一步崛起，未來將會有更多的境外企業以香港為橋頭堡到大灣區投資發展，香港有機會成為全球企業管理和服務大灣區新與產業相關業務的平台。粵港雙方應攜手共進，更多更好地利用國際資源，儘快把大灣區打造為世界級科技產業創新基地。

(三) 打造全球金融重鎮

大灣區城市羣建設將進一步推動區內服務貿易自由化，在現代服務方面展開深度合作，打造世界級現代服務基地，這將進擴大香港企業進入廣東以至整個內地市場的空間。

推動粵港澳服務貿易自由化，金融合作最為關鍵。香港已是全球三大金融中心之一，廣州及深圳也是金融重鎮，各類金融資源豐富，跨境業務空間很大。區內銀行保險、資本市場、財富管理和人民幣業務等也將不斷擴張，支持大灣區打造國際金融平台。未來要發揮香港金融引領作用，鞏固提升香港 IFC 地位，強化全球人民幣業務樞紐和資產管理中心功能。

在粵港澳大灣區，金融是中國乃至亞太區最具競爭力的產業。這裏既有全球三大國際金融中心之一的香港，也有在全球金融中心最新

排名中居第 22 位的深圳和居第 37 名的廣州。世界上幾乎所有的金融活動，這裏差不多都可以找到。具體可分為如下兩種金融類型：一種是香港為代表、為成熟企業和居民消費服務的傳統金融，包括銀行、保險、主機板市場、外匯交易以及財富管理等，類似美國紐約金融中心（納斯達克交易所除外）。另一種是以深圳為代表、為科技企業服務的創新金融，包括創業資本、風險投資以及中小企業板和創業板等，相當於美國舊金山金融市場 + 納斯達克交易所。

與此同時，由科技產業創新發展而不斷增加的經濟總量和趨於扁平化分配的社會財富，也將帶動企業融資、消費金融和財富管理等傳統金融的進一步發展（具體內容見第三章，這裏不另贅述）。

（四）打造世界優質生活圈

上面闡述的重點，是粵港澳大灣區「如何發展」這一提升生產力的重要問題；我們在這一章擬討論另一個重點，則是大灣區「為誰發展」這一社會普遍關心的重大議題，其中最重要的實現方式，是打造綠色共用、宜業宜遊、文化繁榮、管治良好的優質生活圈。此乃大灣區發展的落腳點和歸宿，實不可等閒視之。

隨着港珠澳大橋和廣深港高鐵的開通，粵港澳大灣區「一小時生活圈」即將形成，珠江口西岸城市羣與港澳地區的融合將進一步深化，大灣區一體化將進入全新發展階段。從國家城市羣發展戰略和區域協調發展的綜合角度看，在粵港澳大灣區打造世界一流的優質生活圈，是中國經濟發展到消費主導、追尋共用階段的客觀要求，也是大灣區內六千多萬民眾的共同願望，其帶來的政經意義和示範作用，自然非同凡響。

但也要看到，由於優質生活圈涉及面很廣，內容複雜，需要以五

大新發展理念和十九大報告精神為指導，從粵港澳實際情況出發，借鑒國際先進經驗，深入探討大灣區優質生活圈的核心內涵及其實現方式。具體而言，主要包括如下幾個方面：

1. 率先打造民生灣區

根據粵港澳和國家發改委四方簽署的大灣區建設框架協議，「共建宜居宜業宜遊的優質生活圈」是其中的一個合作重點領域，要求「以改善民生為重點，提高社會管理和公共服務能力和水平，增加優質公共服務和生產生活產品供給，打造國際化教育高地，完善就業創業服務體系，加強人文交流、促進文化繁榮發展，推進區域旅遊發展，支持澳門打造旅遊教育培訓基地，共建健康灣區，完善生態建設和環境保護合作機制，建設綠色低碳灣區。」可見，改善民生是提升生活品質的基本要求，打造民生灣區是共建優質生活圈的首要內容。

從國際經驗看，民生問題包括住屋、教育、醫療和退保等重要範疇。對粵港澳大灣區來説，住屋是重中之重，因為這裏的樓價高不可攀，香港樓價更是全球之最，買不起房子者俯拾皆是，如何解決居住難題，乃是當務之急，澳門、深圳、廣州等中心城市也面對樓價過高、普羅大眾難以置業等問題。建設粵港澳優質生活圈，打造民生灣區，首先需要從解決民眾普遍關心的居住問題開始。

習近平總書記在十九大報告中明確指出：「堅持房子是用來住的、不是用來炒的定位，加快建立多主體供給、多管道保障、租購並舉的住房制度，讓全體人民住有所居。」這 49 個字為樓市發展方向定下基調。粵港澳大灣區不僅要按照這一基調行事，因為這只是一個基本條件，而且由於經濟發展程度較高，應當讓民眾生活在一個更好的居住環境裏，讓大家生活得更舒適、更富足。

更重要的是，粵港澳大灣區城市羣規劃建設為解決居住問題提供

了條件，因為未來大灣區將形成「一小時生活圈」，有利於對經濟活動和生活居住統一進行區域規劃和協調，比如可把主要經濟活動放在各城市中心區，而把居住放在城市邊緣地區和小城鎮，然後用高速交通連接起來。大灣區內的土地也可進行調劑使用，如香港嚴重缺地，而珠海擁有 100 多個島嶼，大部分少人居住，尤其是香港南部的萬山羣島，不少是荒島，可考慮租給香港使用，或先進行大規模填海外再租給香港，主要用於解決住房問題。

打造民生灣區的第另一項行動，是打造國際化教育基地，讓區內民眾享有平等的優質教育。一方面，要對區內民眾在就學方面逐步實行國民待遇，尤其是在教育機會和教育收費方面。另一方面，應鼓勵和支持更多的大灣區學校異地辦學，與此同時，共同爭取國際著名大學來大灣區設立分校或研究院，協助大灣區培育更多高層次人才。

打造民生灣區的第三項行動，是把香港較成熟的做法延伸至珠三角，使之與國際化醫療體系接軌，逐步實現優質醫療資源的共用。最重要的是參照香港的做法，在區內儘快恢復醫療事業的社會屬性，建立以公共醫療為主體、與非牟利私立醫療相結合的現代醫療體系，讓區內普通民眾享有優質的公共醫療服務。與此同時，可在區內逐步實行香港的醫生執業制度，最大限度釋放醫生的生產力。

打造民生灣區的第四項行動，是推動退休保障和社會福利資源在區內可攜帶使用。現有在廣東計劃下，香港長者的生果金可攜帶到廣東使用，未來其他社會福利也應當是可攜帶的。推而廣之，將來香港居民在珠三角工作和生活，應當享受與當地居民同等的退保待遇，使這些異地工作和生活的民眾有更多的獲得感，真正融入當地生活圈。

2. 共建就業創業灣區

就業和創業既是極為重要的民生問題，也是經濟發展的重要引擎，

因而是粵港澳優質生活圈的重要組成部分。從就業角度看，雖然目前香港的失業率不到 3%，廣東省城鎮登記失業率更只有 2.5%，但就業結構仍存在不少問題，無法滿足打造優質生活圈的要求。基於此，未來打造就業創業灣區，主要方向是提高就業質量和勞動者收入水平。

以香港為例，從整體來看，本世紀以來香港新增就業人數持續大於人口增量，大量就業人員向四大支柱產業集中，經濟增長的就業彈性則有所下降；但經濟放緩並未影響就業穩定，反而勞動市場還出現輕微緊張局面，這主要是受到通脹上升的影響和內需擴張的拉動，而兩者都與高樓價密切相關。香港勞動就業高度依賴於房地產並非健康現象，將來難以避免大起大落的風險；未來香港經濟只有加快向知識經濟轉型，就業結構和質素才能得到改善。

要解決香港就業結構存在的問題，未來需要與大灣區打造優質生活圈結合起來，循着如下途徑去加以解決：

一是要大力合作發展創新經濟，提升高科技和文化創意產業在整體經濟中的比重，因為創新經濟具有較高的增值能力，而收入分配往往是扁平化的，有利於提升區內中高端人口就業比重。

二是共同採取積極政策鼓勵創業，尤其是年輕人創業，通過提供創業基金和完善創業服務體系，使創業成為工作首選和社會時尚，並以此帶動高端就業。建議粵港澳三地政府聯合設立一個較大規模的創業基金，用於扶持區內民眾、尤其是年輕人創業，同時在區內設立更多的創業基地，為民眾創業提供更好的平台。

三是根據近年來香港就業年齡結構急速老化、整體失業率下降與勞工收入增長緩慢同時並存、年輕人失業率持續偏高與教育質素不斷提升形成強烈反差等問題，採取針對性措施加以緩解，特別是要推出特殊政策，鼓勵年輕人到珠三角尋找發展機會，甚至開創自己的事業，

減少他們在區內其他地方工作和生活的後顧之憂。

3. 優化綠色低碳灣區

國際一流灣區的生態環境，往往也是一流的。粵港澳大灣區要打造國際一流灣區，良好的生態環境是最基本的條件，也是優質生活圈最起碼的要求，因為生態是利益共同體，需要共同保護才能成事。

習近平總書記在十九大報告中提出：「我們要建設的現代化是人與自然和諧共生的現代化，既要創造更多物質財富和精神財富以滿足人民日益增長的美好生活需要，也要提供更多優質生態產品以滿足人民日益增長的優美生態環境需要。必須堅持節約優先、保護優先、自然恢復為主的方針，形成節約資源和保護環境的空間格局、產業結構、生產方式、生活方式。」根據這一要求，未來大灣區可考慮從如下幾個方面採取行動：

一是在粵港澳大灣區率先建立健全綠色低碳循環發展的經濟體系。包括構建市場導向的綠色技術創新體系、進一步壯大基於節能環保、清潔生產、清潔能源的現代產業，同時建立清潔低碳、安全高效的能源體系。

二是落實和深化空氣質素改善措施，包括進一步收緊車輛排放標準和本地出售的船用柴油的標準，加強管制印刷業和建築業使用溶劑的揮發性有機化合物排放優化區域大氣監測網絡。

三是大力發展綠色金融，為優化綠色低碳灣區提供支撐。香港具備獨特條件發展成為區內綠色金融的先導者，未來可通過發行基準「綠色債券」、舉辦有關綠色金融及投資的全球會議、為綠色金融項目和證券設立「綠色金融標籤計劃」以及培育綠色金融人才等途徑，打造香港為區內首要的綠色金融中心，帶動粵港澳大灣區綠色金融發展，為建設綠色低碳灣區提供資金和融資標準。

當然，共建優質生活圈的內容遠不止這些，它還包括共同打造健康灣區、養生灣區、旅遊灣區、安全灣區、文化灣區以及文明交流高地等，這些都需要在未來詳細規劃並一一加以落實。

綜合而言，未來粵港澳大灣區不僅要在「開放引領」和「創新驅動」等重大發展策略層面繼續走在全國前列，更要在打造優質生活圈這一廣大民眾最關心的社會民生議題上為全國提供經驗。這是粵港澳大灣區的歷史使命，也是不可推卸的社會責任。

習近平總書記在 2012 年甫擔任總書記時就明確表示：「人民對美好生活的嚮往，就是我們的奮鬥目標！」大灣區要深入貫徹中央提出的新發展理念，以開放為引領，以「共用」和「綠色」為核心，共同打造世界一流的優質生活圈，為區內六千多萬民眾提供美好的生活環境，為全國提供建設理想社會的良好示範，這是粵港澳大灣區規劃發展的最終目標，也是貫徹習總書記講話精神的具體行動。

四．結語：兩地經濟關係新定位

在邁向建設現代化強國的新時代，為了深化香港和內地的經濟合作，有必要全面反思並確立兩地經濟關係的新定位。習近平主席提出要把香港重新納入國家的治理體系，可以考慮把確立兩地經濟關係新定位作為重要切入點之結合點。

自回歸以來，香港和內地的經濟關係的性質實際上已出現重大變化，即轉變為一國之內兩個相對獨立的經濟體的關係。香港經濟上的高度自主是一國之下的制度性安排，並不能改變「一國」的事實；香港作為單獨關稅區也是基於歷史現實，並沒有超出一國的範圍。因此，回歸後兩地之間的經濟往來的定位仍維持舊貫，實際上並不合理。從主權的角度看，香港一旦回歸祖國，香港和內地之間任何關係，包括

政治、經濟、社會各方面的關係都已轉變為內部關係。雖然香港作為獨立關稅區的性質和地位受到國際性組織或協定特別是 WTO 的嚴格規範，但香港和內地經濟關係的性質仍主要由「一國兩制」方針政策和《基本法》作出規定（《基本法》只規定香港保持原有的資本主義制度和生活方式五十年不變，並沒有規定香港和內地的經濟合作屬於中國的外部事務，香港作為單獨關稅區也是以「中國香港」名義設立的），因此，正確的做法是先確定香港和內地經濟關係的「一國」性質，然而再考慮解決由兩個不同的單獨關稅區在融合過程中存在的現實問題。「一國」是原則問題，「兩關」是現實問題，孰輕孰重，不言自明。

總言之，按照「一國」原則，香港和內地的經濟關係應是一個國家內部的經濟關係。但由於香港是單獨關稅區，享有經濟上的高度自主權，因而兩地關係是一國之內特殊的經濟關係。根據這一新定位，香港和內地的經濟合作就不宜作為對外經濟事務來處理，而應當作為特殊的內部事務，由內地和香港進行協商解決，香港投資者在內地的待遇就不能再視為外資，而應是特殊的內資，完全基於歐美貿易及投資規則的 CEPA 在簽署後出現的「大門開小門不開」等衍生問題應立即得到解決。國家在制定發展戰略和規劃時，也應把香港列入一併加以考慮。

把香港和內地的經濟關係重新定位為一國之內的特殊的經濟關係，意義重大，好處甚多。舉其要者，主要有：其一，真正把香港融入國家發展大局，充分利用香港的有利條件，尤其是高端服務和人才資源，協助內地推動高質量發展，強化中國的國家競爭優勢。其二，有利於推動香港經濟轉型升級，加快解決目前香港面對的困難和問題，提升港人的歸屬感和獲得感。其三，可以對台灣起到更好的示範作用，對台灣工商界和民眾的產生巨大的吸引力，對中國的和平統一大業起到極大的促進作用。

由於香港和廣東省的經濟聯繫十分密切，在新定位確定後可把推動香港和廣東的經濟合作作為優先處理事項，先行一步，取得突破，然後視情況向內地逐步推開。這樣做，可能更加符合粵港兩地的經濟現實和需要，使粵港兩地優勢更好地結合起來，把粵港澳大灣區打造成世界一流灣區和城市羣，更好地幅射泛珠三角地區，並形成更大規模和充滿生機活力的南中國經濟圈，進而為國家新時代加快現代化建設做出新的貢獻。

第 六 章

扶 助 青 年

年輕一代是香港的希望，扶持青年是香港走向未來的根本之道。當前香港年輕一代面對巨大壓力，主要表現在高學歷找不到好工作，有工作卻拿低薪水，有收入但買不起房子，想結婚生子卻望洋興歎。可以說，香港年輕一代似乎是發達經濟體中比較無奈及看不到希望的一羣，這對未來香港社會穩定將帶來不利影響，需要採取措施加以扶助，給每一個「香港的未來」實現人生理想的機會。

一. 面對的主要問題

多年來，香港整體社會整體環境沒有改觀，包括樓價不斷上升、消費物價高企、收入增長緩慢、上流空間不斷縮窄等問題，都直接影響年輕人對未來的盼望和信心。具體而言，當前香港年青一代面對的問題，主要表現在如下三個方面：

（一）樓價高居不下，收入卻增長緩慢

——上車難是時下年輕一代首先要面對的問題，原因是樓價高居不下，收入增長緩慢。過去 30 年，也就是在整整一代人的時間內，香港私人住宅樓價飆 9.5 倍，而人均名義 GDP 只增加 4.1 倍，遠遠跟不上樓價升幅。就最近 20 年而言，根據統計資料，2017 年香港私人住宅樓價比九十年代高峯期的 1997 年還要高出逾倍，但 20-24 歲具專上教育程度人士的月入中位數，僅由 1997 年的 1.1 萬元升至 2016 年的 1.18 萬元，近 20 年來只增加 800 元，住房購買能力幾乎下降一半。

另新論壇及新青年論壇曾比較由 1967 年至 1996 年出生共 6 代（每5 年為一代）大學生的收入狀況，發現扣除通脹後，2016 年整體勞工月入中位數比 1996 年上升 28%，但擁有大學學位者的收入中位數卻不升反降，較 20 年前下跌了 5.5%，其中收入最高 10% 的大學學位持有者，

其入息跌幅更高達 13.6%。至於有不少年青人慨歎，本地樓價急促上升，收入卻未見明顯增加，上車置業只是一場夢。

（二）教育程度提升快，失業率卻持續偏高

雖然近些年來香港就業人口的收入增長較為緩慢，但教育程度提升速度卻極快。根據政府統計處《綜合住戶統計調查按季統計報告》提供的數字，本世紀以來的 17 年間，香港擁有專上教育程度的就業人口，從不足 80 萬人大幅增加到 158 萬人，佔香港全部就業人數的比重從 24.6% 提高到接近 40%，提升足足 15 個百分點；其中，擁有大學學位的就業人口從 49 萬人大幅增加到 124 萬人，前後共增加 76 萬人，猛增超過 1.5 倍，佔全部就業人員比重從 15.2% 提升至 31.4%，提升速度大大超過許多發達經濟體。到目前為止，香港高等教育勞動力佔全部就業人口比重已超過德國（27.5%）和新加坡（28.3%），但仍低於亞洲的韓國（35%）、日本（41%）和歐洲主要發達國家（均在 30% 以上）的水平。

香港就業人口教育程度的提升，主要是由青年就業人口帶動的。據上述調查統計報告，目前年齡在 15-24 歲的就業人員，持有大學學位的比重為 46.1%，25-39 歲就業人員持有大學學位的比重更高達 50.5%。這是香港社會高度重視子女教育的結果，也預示着未來香港就業人口的教育程度將會進一步提升，假以時日，有機會趕上歐洲和日韓主要發達國家的水平。

然而，值得注意的是，香港年輕人失業率持續偏高情況沒有很大改善。15-19 歲就業人口的失業率在 2000 年大約為 24%，2003 年 SARS 期間曾升至 33%，2017 年第四季度仍保持在 11% 左右；20-24 歲就業人口的失業率目前也高達 7.5%，大大高於整體失業率。綜合來

看，現時 15-24 歲年輕人的平均失業率是整體失業率的 2.8 倍；年輕人的就業壓力仍比較大，對未來社會穩定將帶來不利影響。

（三）產業結構空心化，青年難盡展所長

從經濟結構看，正如我們在第一章提到的，香港以高樓價為重心的經濟結構衍生的問題，早已浮現，近年來不斷趨於激化，突出表現在經濟結構出現空心化的現象。經濟結構空心化始於上世紀八十年代香港把工業轉移出去，本地則樂於依照「前店後廠」分工模式發展支援服務，沒能積極打造品牌和運用科技創新推動轉型，致使產業結構單一化問題變本加厲。由於資本熱衷於追逐資產收益以及缺少科技及產業政策，導致在歐美和其他三小龍蓬勃發展的資訊科技等新興產業，在香港難以立足。高度依賴服務業的結果，是經濟結構存在極大脆弱性。由於香港產業結構空心化和泡沫化，缺少科技創意等新經濟增長點，無法提供更多適合年輕人的工作崗位，加上樓價高企、租金昂貴，創業機會及中小企發展空間較小，使具創意的青年人無法充份發揮所長，造成極大的人力資源浪費。這也是香港生產力不斷下滑的根本原因所在。

香港青年面對的諸多困難，不少是結構性的。由於長期得不到解決，影響到香港政治、經濟和社會的方方面面。以婚姻家庭為例，香港家庭計劃指導會公佈一項調查數據顯示，本港 18 至 27 歲組別青年，少於一半表示將來會結婚，延續過去 20 年來一直下降的趨勢；當中表示不會生育的男受訪者由 10 年前的 29% 上升至 46%，而女受訪者由 29% 升至 43%。有專家直指本港的社會氣氛不鼓勵年輕人生育，工時長收入低，青年因經濟困難、怕責任感和對前途沒有信心等原因，對生育失去信心。

二．應推出扶助政策

有鑒於此，香港有必要制定並推行扶持青年的特殊政策，為年輕一代提供出路。具體包括：

第一，大力發展科技創新和文化創意等產業，儘可能釋放年輕一代創新創業能量。如前述建議，特區政府每年撥款 200 億元注入「三創基金」，支持香港科技創新和文化創意產業加快發展，為年青人提供施展才能的廣闊舞台。

第二，儘快推出如第一章所述的「新居屋計劃」，以可承擔的價格向年輕一代提供住所，解除年青人的後顧之憂。新居屋可優先照顧首次置業人士，以便直接幫助年青一代圓置業夢。

第三，利用推行粵港澳大灣區規劃的機會，鼓勵香港年青人到大灣區發展。香港智經研究中心委託香港中文大學香港亞太研究所調查，發現 65% 受訪香港青年不願往內地就業，願意的僅有 33%，不願意往內地就業的受訪者當中，主要原因與內地社會、政治及其個人層面有關。建議由內地政府採取更多鼓勵措施，如提供個人所得稅優惠和人才房等，吸引香港年青人到內地創業、工作和生活。

第四，研究推出鼓勵青年婚育的政策，尤其是要考慮為婚育提供更多補貼和稅務減免，減輕其經濟負擔。

三．結語：需對症下藥

當然，扶持青年的政策措施還很多，關鍵是要對症下藥，使青年一代看到曙光。他們是有理想、有知識的一代，一旦機會降臨，自會充滿熱情和鬥志，必將奮然而前行！

第 七 章

保 護 社 會

在歐美等發達經濟體，保護社會早已成為政商學各界的自覺行動。雖然歐洲和美國的具體做法有不少差異，但在平衡社會發展和資本利益層面，卻有異曲同工之妙。二戰以後，歐洲各國紛紛建立「福利國家」，使之成為一種廣受各方讚賞的公民社會權利，也是最終擺脫原始資本主義危機的關鍵出路。美國則採用較為低調和彈性的社會保障方式，這是另一個與公民社會權利相關的概念，得到國際勞工組織的認可，並於 1952 年由國際勞工大會通過《社會保障 (最低標準) 公約》，確立了社會保障的基本準則，並取得相當廣泛的國際共識。[33] 其後，隨着生產力的發展，社會保障的內容超出社會救助、社會保險和社會津貼三要素的傳統思維，涵蓋了更廣泛的醫療和社會服務，其目標是建立一個全面防範所有可預見的社會經濟風險，保障全體公民基本生活需要的國家制度。

上世紀九十年以後，在國際勞工組織、世界銀行等國際組織的帶動下，「社會保護」這一更為重要的議題，進入各國知識界和決策層的視野。英國發展研究所 (CDI) 給「社會保護」的定義是：社會保護是指為應對脆弱、風險以及社會無法容忍的剝奪而採取的一種公共行為。世界銀行的定義則更為具體及更具針對性，指出僅在遭遇風險時向低收入者提供臨時性的救助和津貼是遠遠不夠的，應當對人力資本投資 (如對教育和醫療衞生投資) 的主張進行公共干預，幫助個人、家庭和社區更好地管理風險；對受到社會剝奪的低收入者提供支持，創造更多的就業機會。

由此可見，當前國際社會主張的社會保護早已超過防範未然、應對不測事件的範疇，而是從公共政策的視角出發，去應對社會遭受市

---

33 詳見康鈞：〈從社會保障到社會保護〉，〈中國改革論壇網〉，2015 年 1 月 14 日。

場的各種衝擊，促進社會成員的福利和保障，維護社會公平和正義的政策措施。

一．保護社會刻不容緩

正如上述，由於全球最自由開放的資本主義走向極致，能量巨大的資本衝破了市場和社會的嚴格界限，滲透到社會生活的諸多領域，包括房屋、教育、醫療、退保、學術、社團等，到處充斥着資本邏輯和商業規則，使本應按不同規則運作的社會受到很大衝擊，因而保護社會尤為重要。在香港所受影響更為嚴重，因而需要迅速地採取如下兩項行動：

一是明確方向，制定保護社會的總體政策。雖然目前國際社會對社會保護的內涵和外延仍未達成共識，但大方向卻是一致的，即認清市場和社會的嚴格局限，在市場領域實行市場規劃，在社會領域實行社會規則，切實維護社會公平和正義。過去香港在社會救濟方面做了大量卓有成效的工作，NGO 和社工在助困濟貧方面深受好評，但僅此還遠遠不夠，因為本港缺乏一整套保護社會的先進理念和公共政策，致使許多社會領域的運行出現嚴重扭曲，住房這一最大民生領域放任炒賣是其典型表現，政府否決社會專家提出的程度較溫和的全民退保計劃、僅以救濟方案替代全民退保計劃，也是沒有完全明白到保護社會的極端重要性。

應當看到，保護社會不是單純的技術性問題，而是公民社會的一項重要權益。香港有需要從這一角色去檢視各項社會政策，儘快樹立維護社會公平正義和建設和諧共享美好社會的新思維和新理念，借鑒先進經濟體的成功經驗，制定保護社會的總體政策，並全面付諸實行。

二是突出重點，在重大民生問題上取得突破。香港在社會民生問

題上欠債太多，的確需要拾遺補漏，照顧到最基層人士、尤其是「三無人士」的需要。但更重要的，是要在房屋、醫療、教育、退保等重大民生問題上迅速採取行動，保證所有港人的發展需要。除了我們在前面談到的房屋問題外，還有兩個很重要的議題——退休保障和醫療領域，需要儘快解決。

二．以新思維加強退保

在香港，雖然政府於本世紀初推出強積金制度，但退休保障仍是一個長期困擾市民的大問題，強化退休保障已是刻不容緩。主要基於如下兩個「嚴重」的緣由：

其一，本港老齡化問題日趨嚴重。香港早已步入老齡化社會，且人口老化趨勢十分明顯，據政府統計處公佈的最新人口推算，到 2064 年本港 65 歲或以上的人口佔比，將由 2017 年底的 16.2% 大幅升至 36%，即屆時每 3 人中就有 1 個長者，加強退保無疑是應對老齡化問題的關鍵舉措。

其二，本港貧富差距也相當嚴重。據政府統計，目前香港 65 歲及以上人口中，貧困人數高達 30.5 萬，平均每 3 個長者就有 1 個是貧窮者，只有儘快加強退保，才能縮小貧富差距，彌合因貧富而造成的政治分野，讓這些曾為香港發展做出重大貢獻的老年人安享晚年。

（一）退保制度急待改善

眾所周知，雖然香港已躋身發達經濟體之行列，但由於種種原因，目前退保制度仍是百孔千瘡，急待改善。特區政府於本世紀初推出強積金制度，彌補了香港沒有政策性退保制度的缺憾，然而這也一直為人所詬病，主要是強積金制度保障不足，難以滿足絕大多數人的退休

保障需要。具體而言：

1. 保障範圍和程度有所不足

本港強積金採用的是私人專戶、私營管理的強制性供款制度，目前有工作的 396 萬勞動人口才有機會擁有強積金帳戶。值得一提的是，這一制度並非香港獨有，因為此乃全球新趨勢，採取類似制度的國家和地區正在不斷增加，如澳洲、丹麥和瑞典等國家也是採用類似制度。不過，香港存在的問題是：

一是未能保障未有參與勞動市場的各類基層人士，如家庭婦女、長期失業人士和傷殘人士等。目前香港勞動人口參與率約為 61%，還低於美國約 63% 的水平，說明還有 252 萬 15 歲及以上非住院人口尚未有強積金，扣除就讀全日制課程的學生和外傭外，仍有超過 100 萬人未能享受這方面的退休保障。

二是未能改變在職貧窮狀況。按照香港強積金的安排，日後滾存的退休金數額，直接取決於其退休前的收入水平及供款年限，特別是強積金設定 7,100 元的最低供款水平（僱主按工資的 5% 供款，僱工則無需供款），這就出現了越貧窮的在職人士可獲得的退休保障越低、在職貧窮人士於退休後只能延續貧窮狀態，難有改善空間。

三是由於強積金在 2000 年才開始推行，且需要較長時間積累才能真正發揮退保作用，在強積金推行時已退休或參與強積金較短的市民，無法受惠或不能完全享受這項制度。

2. 回報率偏低，且面對較大市場風險

自強積金成立以來，其回報率一直偏低。根據香港積金局的資料，在 2000 年 12 月 1 日至 2017 年 12 月 31 日期間，強積金年率化回報為 4.8%，雖高於同期 1.8% 的通脹率，但遠遜於期間香港股市 7.1% 的年均回報率（恆生指數年均上升 4.1%+ 盈富基金每年平均約 3% 的派

息），雖然目前在強積金的資產分配中，有近七成是股票資產，也難以保證有更高的回報。

本港強積金回報率偏低的一個重要原因，是強積金的資產配置全部放在金融市場，沒有投向收益更好、更穩定的實體經濟領域，尤其是基建項目上。從政府統計處提供的《香港國際支平衡國際投資頭寸及對外債務統計》可以發現，本世紀以來香港金融投資（包括證券投資、金融衍生工具、其他投資和儲備資產）的收益率（按資產頭寸計算，下同）出現逐年下滑趨勢，即從 2000 年的 4.62%，一路降至 2017 年的 1.65%，而直接投資的收益率則從 4.56% 上升到 6.01%，其中 2008-2012 年的收益率達 8% 以上。按綜合加權平均計算，2001-2017 年的 17 年間，本港直接投資的平均收益率為 7.25%，而金融投資的平均收益率只有 2.01%，直接投資的收益率是金融投資的 3.6 倍。強積金投資全放在金融市場，無疑降低了整體回報率。

本港強積金回報率偏低的另一個重要原因，是基金開支比率偏高。在 2008 年以前，包括行政費在內的強積金平均基金開支比率都在 2% 以上。

香港直接投資和金融投資收益率比較 （單位：億港元）

年份	資產頭寸			收益金額			收益率（%）		
	總頭寸	直接投資	金融投資	總收益	直接投資	金融投資	總收益率	直接投資	金融投資
2000	92,493	33,974	58,699	4,260	1,549	2,711	4.61	4.56	4.62
2005	120,940	42,717	78,223	5,080	2,765	2,315	4.20	6.47	2.96
2010	232,300	80,780	151,520	9,271	7,114	2,157	3.99	8.81	1.42
2015	338,245	132,308	205,937	12,715	9,433	3,382	3.76	7.13	1.64
2017	427,351	159,056	268,295	13,973	9,558	4,415	3.27	6.01	1.65

近幾年雖然逐步調低收費，但截止 2017 年 10 月底，平均基金開支比率仍高達 1.55%，而世界上絕大多數經濟體退休金的行政管理費都在 1% 以下，如美國只有 0.83%，墨西哥為 0.62%，以色列更只有 0.57%。香港強積金的行政管理費顯然偏高，在 2001-2016 年間，強積金年均總收益率（未扣除管理費）為 4.64%，但期間按簡單平均計算的基金開支比率高達 1.84%，佔總收益的 40%，從而大大降低了強積金的回報率。

與此同時，強積金資產全部投入金融市場，容易受到金融市場起伏波動的影響，尤其是 2001 年 IT 泡沫爆破和 2008 年全球金融海嘯的衝擊。根據公積金管理局的資料，強積金推出 17 年來，有 5 年錄得投資虧損，虧損比例高達三成，其中最嚴重的是 2008-2009 財政年度，虧損高達 26%。而在 2017 年，由於股票市場大幅回升，強積金回報率高達 22.3%，但進入 2018 年，強積金表現又是強差人意。由於可見，把強積金全面置身於十分不穩定的金融市場環境裏，難以配合市民穩定可靠的退休需求，是強積金資產配置的一大缺憾，説明單靠金融市場的力量，並不能確保市民擁有較好的退休保障水平。

3. 難以擇優流動，市場機制無法發揮作用

強積金缺乏流動性主要包括兩個方面：一方面是無法自由選擇強積金管理公司。多年來本港僱員的強積金管理公司主要由僱主選定，員工基本上沒有選擇權，即使離職後也大都不懂如何選擇。另一方面是不知如何選擇投資產品。雖然強積金開放讓打工仔自由選擇各種投資產品，但許多人實際上不懂得選擇，尤其是基層員工更不知如何選擇，大多把資金放在回報率極低的保本基金裏，然後置之不理。

近年來，政府為了彌補這一缺陷，相繼推出強積金半自由行和管理費率在 0.75% 以下的核心基金（後改名為預計投資策略），旨在吸引

這部分強積金，以提高回報率。然而，到目前為止轉移到核心基金的強積金並不多，難以達到應有的效果。由於強積金管理公司並非根據市場原則擇優選定，實行優勝劣汰，加上僱員大都不懂得選擇投資產品，令市場機制保法真正發展作用，從而難以達到資源最優配置的效果。

（二）強化退保新思路

必須看到，退休保障是讓香港市民分享經濟發展成果的重要一環，強化退保可在一定程度上縮小貧富差距，緩和社會矛盾，促進社會和諧，體現關愛互動，有利於增強市民的歸屬感，薈萃更多人才扎根香港，為長遠經濟發展帶來良好的社會環境，完全符合香港的整體利益。換句話說，強化退保是一舉多得的良藥，需要儘快採取行動。

當然，強化退保不是簡單的收入再分配，而應當看做是提升效率、做大蛋糕，並以此增強港人退保水平的好機會。鑒此，未來應以新思維去強化退保，並可從如下三個方面入手進行：

1. 設立公共投資基金，調整完善公積金投資結構

從市場價值角度看，由於近些年來全球股票市場和債券市場均出現急劇波動，不確定性大幅增加，亞洲大型退休基金都增加了多元化投資策略，另類投資、尤其是房地產以及風險程度較低的避險基金、私募股權基金和日用商品的全球分配比率大幅上升。根據專業風險管理顧問公司韋萊韜悅（Willis Towers Watson）發表的《全球退休金資產研究 2018》報告，從 1997 年的 4% 成長至 2017 年的 25%，總額躍升 19 倍之多，而股、債佔比則從 1997 年的 92% 下滑至 2017 年的 73%，顯見傳統資產難以滿足退休投資的低波動收益需求。[34] 其中美國從 17%

---

34 詳見富蘭克林華美投信 2018 年 4 月 2 日提供的資料《全球退休金資產突破 40 兆美元，目標日期基金成投資首選》。

增至 27%，加拿大從 14% 增至 27%，英國從 7% 增至 18%，瑞士從 18% 增至 29%，可見多元化投資策略獲得了世界各地退休基金的強力支持。

強化退保的第一項建議，是由香港特區政府成立一家公共投資基金，先把現有歸政府所有的各條收費隧道（如紅磡隧道、東區隧道等，2023 年西區海底隧道也將收歸政府所有）、政府持有的地鐵股權以及香港機場等具有穩定收入的資產注入其中，再將其作為強積金的重要投資標的，借鑒新加坡的做法為強積金提供一個保證回報（如不低於 5%），吸引強積金管理公司把部分資產投入該基金，或由市民個人藉助強積金半自由行的便利，直接把部分強積金資產投資到該基金。隨着強積金資產的不斷注入，未來公共基金可尋找更多有長期穩定收益的投資項目，尤其是基建項目作為投資目標的，確保該基金獲得良好且穩定的投資回報。設立該基金將為改善公積金投資結構提供一條出路，應以法定機構營運，實行專業化管理。

2. 推動公積金自由行，由市民擇優選定管理公司

強化退保的第二項建議，是分階段推動公積金戶口在本港認可的各管理機構自由轉移，強積金管理局定期公佈各管理機構投資收益率排名，由市民擇優選擇公積金管理公司，促進公積金資產得到最優配置，並得到更佳的回報。截止 2018 年 3 月底，本港強積金計劃核準受託人數目有 17 個，註 計劃數目有 32 個，核準成員基金數目則有 469 個，有條件可以讓市民自行選擇管理公司。為了減少衝擊，這項工作可以分階段進行，逐步過渡公積金戶口可自由轉移。

3. 進一步調低行政管理費，實行按投資回報高低收取

為了提升公積金收益水平，應促使公積金管理機構繼續降低公積金的行政管理費，到 2025 年宜調低至 1% 以下，最好能調至美國 0.8%

左右的水平。隨着公積金累積淨值資產值的增加，逐步調低行政費，並不會影響強積金受託人的收入。如 2017 年底達到 8,435 億元，估計當年收取的行政管理費大約 120 億元。預計到 2025 年，公積金累計淨資產值有機會增加到 1.8 萬億元，按 0.8% 行政費計算，強積金受託人仍可收取 144 億元行政管理費。另外，可考慮按公積金投資回報收取行政費，回報高的受託人可以收取略高一點的管理費，回報低的則按較低行政費比例收取，以鼓勵強積金受託人善用資源，獲得較好的投資回報。

長遠而言，還應當研究設立全民退保的可行性。因為在發達經濟體，全民退保被當作是市民的一項權利，而不是救濟，可以更好地發揮穩定社會的作用。香港實行高水平的全民退保不具備現實條件，但可考慮設立有限的全民退保計劃，作為強積金計劃的重要補充，讓強積金計劃無法覆蓋的低收入人士，尤其是三無人士，可以享受有最低保障的退保生活，盡顯香港作為文明社會的關愛之心。

三．切實改善醫療系統

香港醫療領域對比房屋和退保，相比要好一些，但目前還是有很多問題，難言滿意。香港正面對加快邁向老齡社會的嚴峻挑戰，醫療行業不僅要應對本港老齡化問題，還要發揮優勢打造區域性醫療中心，醫療制度的改革和創新有必要先行一步，儘快取得突破。

香港醫療制度的創新，關鍵是實行雙軌制，即一方面對香港本地市民執行社會政策，實行更加完善的全民醫療保障制度，尤其是要縮短公共醫療服務的輪候時間，提高醫治水平；另一方面，應積極打造區域醫療服務中心，對來港就醫的外地人士，以市場規則辦事，按國際慣例收取合理醫療費用，但也要貫徹以人為本原則，保證提供高端優質的醫療服務。

而要做到這一點，目前最重要、最急迫的事項，是要先治好香港長期醫護人員不足這一頑疾，迅速增加醫護人員數量。香港每逢流感高峯期，公私醫療院所均大排長龍。以醫生為例，現時香港每一千人當中，只有 1.91 名醫生，而其他先進發達地區如日本為 2.36 名，美國是 2.57 名，英國為 2.79 名，德國更達 4.2 名。香港要達到美國的水平，大約需要增加 5,000 名醫生，而目前本港醫科生每年只有 470 個學額。

護士不足情況更為嚴重，截止 2017 年底，香港共有護士 54,231 名（其中註冊護士 40,505 名，登記護士 13,726 名），到 2026 年僅醫管局就需要增加逾 6,000 名護士，全港共需增加超過一萬名護士（只計算維持基本服務，還不包括改善醫療條件及打造區域醫療中心之所需），但目前本港每年只有 600 多名護士學額，遠遠不能滿足需要。

要增加醫護人士，最理想的辦法是加大本地培訓力度，大幅度擴大醫生、護士和護工招生規模。其中醫科生學額應從 2017 年的 470 個，迅速增加到 800 個，護士學額應增加到 1,200 個。當前香港不少人立志從醫，但苦於入學無門，擴大招生規模既可以解決醫護人手不足問題，又能滿足更多優秀學子從醫的願望。

增加醫護人手的另一個辦法，是有限度引入外地醫生。目前香港的外地醫生執業試不單不能吸引歐美有質素的醫科生，甚至連本港往外地受訓的醫科生也因為執業試而不願回港，說明了過度保護的繁瑣制度確實需要改進。新加坡就容許包括美、英、日，甚至香港著名大學畢業的醫科學生申請成為「有條件註冊」醫生，可免去執業考試，主要在公共醫療體系服務，四年後表現達標者便能轉為正式註冊醫生，比香港的刻板制度明顯更具吸引力。[35] 香港可以允許世界上與本港醫學

---

35 詳見香港 01 觀點：〈醫管局醫生待遇差 難掩醫生不足問題〉，2018 年 3 月 18 日。

院同等或以上水平醫學專業（如哈佛大學醫學院、牛津大學醫學院、劍橋大學醫學院、約翰‧霍金斯大學醫學院、史丹福大學醫學院和瑞典卡羅琳醫學院等）的畢業生得到豁免，尤其是允許香港人在這些大學拿到醫學學位的，可以率先得到豁免執業試，與本地醫務專業畢業生實行同等的就業待遇。

與此同時，改善港人醫療保障還需要增加公共投入。目前香港投放於公營醫療系統的金額只佔到 GDP 的 2.8%，遠低於美國的 8.0%，英國的 7.8%，日本的 8.5% 和加拿大的 7.6%，甚至與台灣的 3.8% 和韓國的 3.9% 相比也是大有不如。未來香港這一比例應提升至不低於台灣和南韓的水平，以保證港人享有更全面、更優質的醫療服務。

四 . 結語：打造美好社會

總體而言，社會是一個獨立於市場經濟的有機系統，保護社會的最終目標，不僅是居有其所，病有所醫，學有所教，老有所養，還要不斷完善社會系統，不斷提升社會發展水平，造就一個充滿溫情和活力的美好社會。在這方面，香港雖然走了許多彎路，錯過了不少時日，但只要建立新思維和新理念，並儘快採取行動，就可以迎頭趕上，再創輝煌。

第八章

制度創新

回歸以來，香港社會出現了兩種相互矛盾的現象：一方面是中央制定的「一國兩制」方針政策不折不扣的得到貫徹實施，縱橫一個半世紀、曾創下經濟奇跡的香港資本主義基本制度得以延續；但在另一方面，香港也出現經濟放緩、貧富分化、社會撕裂、民生困頓等深層次矛盾和問題，政府管治面對愈來愈多的挑戰，社會各界要求改變的呼聲不絕於耳。

針對各樣情況，社會各界雖然都做出各種不同的解讀，但大多未觸及到一個最核心的問題，即香港過去一向被奉為萬應靈丹的自由資本主義制度，早已出現重大變化，不能適應新的歷史條件下香港進一步發展的需要，有必要採用新思維，大膽進行制度創新。

根據香港的實際情況，現階段要推動制度創新，可考慮在優化資本和良好管治等兩個方面率先展開。

一. 優化資本

在香港，優化資本首先必須把握資本主義的演進軌跡和發展方向，這就需要從資本主義的不同形式說起。眾所周知，資本主義作為一種制度體系，五百多年前萌芽於歐洲。但從英國資產階級革命推翻封建統治計起，資本主義社會歷時尚不足四百年，前後出現了四種資本主義形式：

第一種是產業資本主義。這是最早出現的資本主義形式，其優劣利弊在思想家馬克思的《資本論》裏已有全面闡述。概括而言，產業資本主義發揮了驚人的生產力，在最初崛起的一百年間，創造的財富超過了過去幾千年的總和；但由於剩餘價值盡歸資本所有，造成社會有效需求不足，進而頻頻出現生產過剩的危機。雖然歐美傳統理論不時告訴我們，危機是企業留強汰弱的好機會，市場出清有利於經濟更好

地發展，然而 1929-1933 年發源於美國、隨後波及整個資本主義世界的大危機和大蕭條，宣告產業資本主義已走到盡頭，取而代之的是新的資本主義形式——科技資本主義。

第二種是科技資本主義。這主要是二戰以後出現的、以科技創新為主導的資本主義形式、凱恩斯主義的國家干預政策以及以社會福利 / 保障為核心的收入再分配一道，挽救了處於險境的資本主義制度。科技資本主義不但創造出更多的社會財富，極大地推動着經濟和社會發展，而且收入分配也是扁平化的，因為科技是第一生產力，也是一種更為重要的資本，無疑要參與初次收入分配和再分配，使生產成果在更大範圍內實現共享，有效緩解了資本主義的基本矛盾。最典型是美國矽谷的興起，帶動了舊金山灣區的發展，目前人均 GDP 逾十萬美元，大大超過紐約大都會，而且這裏的收入差距比紐約要小得多。

第三種是金融資本主義。上世紀七十年代，隨着《布林頓森林條約》的解體，脫離金本位的美元成為純粹的信用貨幣，以美國華爾街為代表的金融資本逐漸佔據經濟活動的主導地位，金融資本主義成為當代資本主義制度的核心，掌控並攫取最多的社會財富。以外匯交易為例，外匯交易本來主要是為貿易和投資而做的，然而目前全球每年外匯交易總量高達 2,000 萬億美元，是全球貿易總額的 100 倍，可見大多數外匯交易並非為了貿易和投資的實際需要，而是貨幣市場自身的炒賣活動。2008 年金融海嘯爆發時，全球金融業的總資產高達 600 萬億美元，是全球 GDP 的十倍。可見，金融資本主義本質上是投機至上、炒風濃烈的資本主義，是虛擬經濟佔主導地位的資本主義形式。

有位偉人形象地說，金融是經濟的血液，說明金融是經濟正常運作不可或缺的元素，但也要知道，真定決定人體行為的是大腦，而不是血液，況且若人的血液過多，血壓過高，容易出現心血管問題，甚

至導致中風或腦溢血。金融資本主義本質上是血液控制了大腦，出問題是遲早的事，2008 年全球金融海嘯就是金融資本主義的「腦溢血」，是一場類似 1929 年的資本主義大危機。以美國為代表的金融資本主義實際上已走到盡頭，只因病死的駱駝比馬大，短期內仍難真正退出歷史舞台。

第四種是地產資本主義。這是一種以香港為代表、地產資本佔主導地位的資本主義形式。地產資本主義建基於港英管治時期極具殖民色彩的地產制度安排，並在香港後過渡期逐步形成，隨後擴散到周圍地區。地產資本主義雖不具備全球意義，但由於它是另一個極為典型的虛擬經濟形態，且影響極大，因而備受全球關注。在向地產經濟轉變的過程中，香港資本主義制度出現了如下兩個重大變化：

（一）從經濟制度層面看，香港由早期自由競爭的商貿資本主義，演變為高度投機炒賣的地產資本主義

必須看到，房地產市場在歐美國家都是經濟繁榮的最終結果，在香港卻居於經濟活動的中心地位，成為香港經濟的晴雨表和指揮棒，對私人消費、企業投資、通脹走勢、財政收支和就業狀況等都具有決定性的影響。八十年代中以來，香港房地產已經歷了一個半的週期循環，帶動香港經濟進入毫無經濟學意義的循環變動：

- 1985-1997 年為第一個循環的上升期，私人住宅樓價飆升 8.5 倍，私人寫字樓也猛漲 8.2 倍。其中 1990-1997 年私人住宅樓價狂升接近 3 倍，粗略估算，這七年間包括私人住宅、寫字樓、商鋪和工廠大廈在內的整個地產市值虛增約四萬億港元，相當於當時四年的 GDP 總量，帶動通脹每年急升 8.8%，私人消費一片興旺，財政收入飛速增加，失業率也降至 2% 左右的超全

民就業水平。

- 1998-2003 年為第一個循環的下降期，私人住宅樓價大跌三分之二，泡沫破滅使地產市值減少約 4.5 萬億港元，也相當於當時四年的 GDP 總量，大量業主身陷負資產困境，帶來長達 68 個月的通縮，消費市場極端低迷，投資更是連年收縮，財政連續數年出現巨額赤字，失業率急遽攀升，至 2003 年創下 8.7% 的歷史高位。

- 2004 年以來是第二個循環的上升期，從 SARS 期間的最低谷到 2018 年 3 月份，香港私人住宅、寫字樓、商鋪和工廠大廈的價格又分別大幅飆升 5.3 倍、8.4 倍、6.3 倍和 11.5 倍，地產市值激增超過十萬億港元，差不多等於期間平均五年的 GDP 總量，結果是通脹率掉頭回升，消費和投資成為經濟增長的主要動力，財政收入總是大大超出政府預算，勞動市場恢復到接近全民就業水平。

目前香港私人住宅樓價比 1997 年的高峯期還要高出一倍以上，早就與市民購買力脫節，已處在危險境地；美國正在加快推動利率正常化，一旦利率恢復到正常水平，本港樓市必會進入週期下行軌道。從市場週期波動來看，樓價出現像樣調整是難以避免的，但香港社會又害怕樓價大跌會帶來亞洲金融風暴後的慘況重現，政府也擔心動輒得咎不敢強力打壓樓價，香港經濟已經被投機炒賣的房地產市場緊緊綁着。

香港雖然是國際金融、貿易和航運中心，但相關企業要支付日益高昂的寫字樓租金及相關費用，致使這些主導產業的盈利水平不斷下降。以香港最大支柱產業——貿易及物流為例，近 20 年來由於本地租金等成本居高不下，迫使香港貿易從高附加值的本地貿易轉向較低附

加值的轉口貿易，近些年來又進一步轉向極低附加值的離岸貿易，物流業以租金為主的中間消耗佔該行業生產總額的比重，從 2000 年的 52.8% 進一步勁升至 2016 年的 63.4%。

即使在本港經濟中最具對外競爭力的金融領域，也不得不付出高昂的經營成本，本世紀以來中間消耗佔金融業生產總額的比重從 2000 年的 31.1% 增加到 2016 年的 38.9%，16 年來以當年價格計算的金融業增加價值平均每年只增加 6.2%，遠低於生產總額每年 7% 以上的增速。

由於地產投機炒賣帶來高額利潤遠大於實體經濟，致使資產投資凌駕於生產投資之上，企業和個人對風險較高的新興產業欠缺興趣；與此同時，地產投機炒賣大大抬高了創新活動的成本，使香港新興產業無法大規模發展，第一任特首提出的科技創新、中藥港以及第二任特首提出的發展六大優勢產業，最後都未能取得實質性進展。近些年來其他三小龍一直致力於發展科技創新和文化創意，努力把本地經濟結構提升為知識型經濟，香港卻一直熱衷於炒樓炒股，大搞泡沫型的虛擬經濟，新興產業難以大規模生成和壯大。

香港經濟制度演變的結果，是經濟活力嚴重不足，競爭力每況愈下，結果是經濟增長速度迅速下降。近 20 年來香港年均經濟增長率僅 3.3%，只有前 20 年平均升幅（6.6%）的一半；即使是擁有高額利潤的地產及相關行業，由於長期處於滯脹狀況，其創造的增加值佔本港全部 GDP 的比重，也由 20 年前的 30% 大跌至目前的 18% 左右，拖累香港經濟增長每年超過一個百分點。亞洲「雙城記」中的另一個主角新加坡，在二十年前的經濟總量遠不如香港，人均 GDP 和香港相若，但到 2017 年人均 GDP 已高達 5.8 萬美元，而香港只有 4.6 萬美元。香港昔日為四小龍之首，現今已被新加坡拋在後面。

（二）從社會制度層面看，香港從相對和諧的共用型社會，演變為高度分化型社會

高度炒賣的地產經濟的形成和發展，衝破了經濟和社會之間的嚴格界限，導致香港社會制度出現急遽轉變，因為無論在任何國家或地區，尤其是在發達經濟體，住房、醫療、教育和社會保障等都是由政府主導的社會領域，需要實行有別於經濟領域的社會政策，才能真正確保社會穩定和進步。但在香港，這些十分重要的社會領域，卻在積極不干預的舊思維下，不少被市場規則所主導，出現過度商業化甚至壟斷，尤其是住房作為最重要的社會領域，卻成為投機炒賣的工具，使本應受到保護的社會領域遭到嚴重破壞。具體來看：

首先，香港市民的居住條件不但沒有改善，而且不斷惡化。在1985年以前，香港樓價升幅經常要慢於收入增長，因而市民居住條件對比工業化初期改善甚大，政府還通過發展公屋和居屋為中低收入階層解決住房問題。但從八十年代中起香港樓價開始急速上升，在差不多一代人的時間，市民家庭的房屋購買能力縮少了一半以上，居住條件大大下降。按照聯合國人權公約，居住權是一個國家或地區民眾最重要的一項權利，香港居住條件是發達經濟體中最差勁的，甚至連許多發展中經濟體都不如，說明地產資本主義影響了市民的基本權利，成為社會怨氣上升的一大誘因。

其次，導致收入分配差距不斷擴大。八十年代中以來隨着地產經濟的逐步形成，香港貧富分化情況日趨嚴重，僱員報酬佔 GDP 比重從上世紀末的 55.6% 降至 2016 年的 51.3%，說明國民收入分配更多的向資本傾斜；堅尼系數由 1981 年的 0.451 升至 2016 年的 0.539，創 45 年來新高，也是世界上少數幾個貧富差距最大的經濟體之一。與此同時，近十多年來低收入人羣不斷壯大，中產階層日益縮小，富者則愈來愈

富，形成極大的反差。從世界經驗看，國民收入第一次分配對社會穩定具有決定性的影響，如果第一次分配做得不好，第二次分配就很難彌補過來，從而造成了嚴重的社會分化。

再次，把民眾分為「有房族」和「無房族」兩大陣營，加劇了社會分化。目前香港擁有自置住房和不擁有自置住房的家庭差不多各佔一半，陣營十分明顯，這在歐美國家並無不妥，因為其樓價升幅一般要慢於收入升幅，購房自住和租房居住並沒有太大差別。但在香港，樓價升幅長期高於收入增長，購房者因此而積累了不少財富，租房者不但沒有住房升值收益，還要支付高昂的租金，從而造成社會嚴重分裂，因為基於資產的財富分化並不與個人能力及收入掛鈎，而只是和有否自行置業擁有資產有關，其造成的社會分裂程度永遠大於由個人能力決定的國民收入分配不平衡。

最後，退休保障是香港市民關心的另一個重點，但如上一章所述，在這一社會領域，市場化程度比房屋有過而無不及。香港並沒有像歐美國家樣實行政府全力承擔的全民退休保障計劃，也沒有像同類型的國際城市新加坡那樣推行由政策主導的中央公積金制度，而是實行由金融市場主導的強制公積金制度。由於強積金推行 18 年來效果強差人意，無法滿足市民退休後的生活需要，成為急需改進的一項社會政策。

推而廣之，當前香港社會的深層次矛盾，集中表現為地產資本主義與廣大民眾要求發展經濟、改善民生和公平公正的矛盾。從根本上講，要保持香港長期繁榮和穩定，必先優化香港資本主義制度。優化資本的主要途徑，是在中央政府的堅定支持下，以香港整體利益為依歸，通過特區政府自覺及強而有力的行動，同時切實依靠香港廣大民眾，儘快進行制度改革和修正，把香港資本主義制度改變為更加人性化的現代資本主義制度。

至於具體的政策措施，我們在前面各章節均已作出詳細討論，這裏再次強調：一方面，轉變房地產發展模式，把注重投機炒賣、扼殺居住空間和妨礙經濟增長的發展模式，轉變為以改善市民居住條件為核心、並能促進經濟增長的發展模式。另一方面，加快推動香港向知識經濟轉型，把自己定位為中國和亞太區的知識型經濟服務中心，為本地經濟更好發展奠下穩固的根基，也為國家推動高質量發展做出更大貢獻。與此同時，還要在醫療、教育、退保等重要民生問題上大膽採取行動，爭取重要突破。此外，中產階層其實是最困難的一羣，應通過大幅度減稅來減輕其壓力，未來可把個人所得稅率逐步降至 10% 左右。

二. 良好管治

　　香港經濟和社會制度的演變，歸根結底是與政府管治的轉型直接相關。1841 年以來香港長期經歷殖民管治，並為英國謀取最大利益，由於港英政府需聽命於宗主國政府，以及為達致有效管理之目的，在制定和實施具體政策時，努力在表面上維持政治中立，在社會各利益團體之間、尤其是資本與勞動、資產與生產之間保持微妙的平衡。其後為了提升管治認受性，港英政府主動任命本地精英進入決策和諮詢架構，從而獲得一定程度上的政治整合，這就是所謂的「行政吸納政治」治理模式。需要指出的是，儘管這一模式在政策過程中加入了利益表達功能，但當時政府最終決策權仍由宗主國把控，加上本地精英只是政治陪襯性質，因而基本上沒有出現既得利益主導政策議程的情況。

　　香港回歸以來，「行政吸納政治」的治理模式迅速被新的政治模式所取代。由於工商界在行政長官和立法會選舉中佔居於主導地位，香港政治模式迅速演變為由公務員和工商界共同主導的精英政治。在這一政治模式下的社會精英，支持國家對香港的方針政策，同時也使香

港政治、經濟和社會結構出現重大改變，從而提出了強化良好管治的迫切要求。

現階段強化良好管治，需要內外兼修。就外部而言，關鍵是要全面、完整地認識和發揮「一國」的功能作用。必須強調，雖然香港特區依法擁有高度自治權，但這一權利是由中央政府授予的，只有香港特區能用好高度自治權去維護國家安全和利益、為香港謀求更大發展、為港人帶來美好生活，這一授權才是有意義的。換句話說，維護香港的繁榮和穩定，是香港實行「一國兩制、港人治港、高度自治」的根本目的，國家可以把香港是否維持繁榮和穩定作為主要標準，在此基礎上努力發揮「一國」的功能作用。比如，國家可以在港人最為關心的經濟和民生領域設立考核指標，衡量香港特區在經濟增長、創新能力、收入分配（堅尼指數等）、居住水平（人均居住面積等）以及退休保障等方面的具體表現，並不時提出改進和提升的要求，督促香港特區加快發展經濟，真正化解深層次矛盾。

就內部而言，需要在確保國家認同和政局穩定的基礎上，對現有管治架構大膽進行改革：例如，可考慮適當擴大行政長官提名委員會的規模，組成能更有效平衡社會各界利益的選舉委員會；取消立法會議員擔任政治任命官員必須辭職的規定，允許行政長官任命一些立法會議員擔任正副局長等政治任命官員，並在立法會為政府政策保駕護航；進一步擴大問責制，吸納更多社會精英加入管理團隊等等。此外，還可考慮立法會地區直選劃小選區，甚至可按區議會選舉的十八個選區分別選出立法會議員。其好處是參選人需走入羣眾，更重視地區民眾的具體利益訴求，而不是過份提倡意識形態的東西，這對長期紮實做地區工作的政團有利，也使政府制定政策更加合符絕大多數民眾的需要。

三．結語：力推結構改革

　　香港經濟社會發展中的深層次矛盾，根源在於長期推行高地價和積極不干預政策，核心是資本主義制度的退化，結果是實際創富能力下降和民生困頓。化解之道是大膽進行結構大調整，下決心轉變房地產發展模式，推動香港儘快邁向知識型經濟，讓民眾分享實實在在的發展成果，同時對現有管理架構進行改革和修正。香港始終是個經濟城市，大多數民眾都把經濟和民生放在第一位，只要儘快修正制度缺失，認真化解深層次矛盾，就能夠真正實現長期繁榮和穩定。

總 結 語

從亞洲都會到世界都會

本書在前面論述的八大新思維和行動中，保護居權事關全局，是破解香港問題的關鍵措施；激勵創新是提升香港生產力和經濟結構的重大舉措，也是協同消弭「超級滯脹」的一把利劍；提升金融、促進投資和深化合作等三項行動，都是為了更好地發揮香港優勢，進一步提升競爭力；扶持青年、保護社會和制度創新旨在化解深層次矛盾，消除制度性障礙，為香港經濟社會的長遠發展提供可靠保證。所有這些新思維和行動，都將推動香港從亞洲國際都會向世界級都會邁進。

應當看到，當前世界經濟格局也正在發生歐美國家主導世界數百年來最重大的變化。其主要標誌有三方面：

第一，2017 年東亞地區的經濟總量已超過北美地區，成為世界上最大的經濟區域，意味着自 2008 年全球金融海嘯引發經濟增長中心東移之後，全球經濟重心正式轉移到涵蓋中日韓、港澳台和東盟十國等 16 個經濟體的東亞地區。未來東亞地區的中產人數、消費能力和財富積累將進一步加強，技術創新和生產能力也會加快提升。預計到 2035 年，東亞地區的 GDP 將佔到全球的 40% 左右，成為全球財富增長的源頭活水。

第二，隨着創新驅動戰略的實施，中國經濟將真正走上高質量發展之路，科技創新、新型城鎮化、區域協調發展等都將帶來源源不絕的增長動力。到 2035 年，中國基本實現現代化之時，經濟總量佔全球比重將從 2017 年的 15% 增加到 25%，成為全球經濟的龍頭；包括香港在內的粵港澳大灣區也將建成世界上經濟規模最大的灣區，並將形成全球科技產業創新中心、環球金融重鎮、世界首要商貿平台以及首屈一指的優質生活圈。

第三，國家「一帶一路」建設將是未來 20-30 年影響中國、亞洲乃至全球的一件大事，發展潛力巨大，前景備受看好。預計未來絲路沿

線國家 GDP 以兩倍於全球平均的速度增長，20 年後這一區域的 GDP 總量將佔全球接近一半，形成「絲路半球」。不僅全球經濟流向將因此而發生重大轉變，而且本區域將形成真正的命運共同體和利益共同體，進而帶動人類社會進入更和諧、更均衡、更美好的發展階段。

香港若能抓住這樣一個「三機（會）疊加」的歷史性機遇，背靠祖國，融合大灣區，立足亞洲，服務全球，就有機會從亞洲都會進一步提升為世界級都會，享有媲美紐約和倫敦的國際地位。未來這一全球最開放、最自由、最多功能的大都會，將是金融之都、投資之都、科技之都、創意之都、教育之都、商貿之都、服務之都、購物之都、旅遊之都和生活之都等「十都合一」的綜合性都會，是充滿生機活力和人性關懷的美好城市。

當然，香港要成就這樣一個美好都會，需要大膽進行結構改革，切實推動科技創意和制度創新，徹底根治「超級滯脹」這一頑疾，全力推動香港從虛擬經濟回歸實體經濟、從地產資本主義轉向創新型資本主義，更好地保護社會和關愛年輕一代。苟能如此，香港就能鳳凰涅槃，再造輝煌，為普羅大眾帶來優質生活，為民族復興大業再做貢獻。這是筆者的熱切期待，也是 740 萬香港市民的共同心願！